Talking to North Korea

Talking to North Korea

토킹 투 노스 코리아

우리는 북한을 정말 제대로 이해하고 있는가

글린 포드 지음 | 고현석 옮김

생각의날개

『한반도의 평화와 통일을 고대하는 여러분께』

북한 정부의 패러독스는 경제 건설과 핵 억지력 구축을 동시에 시도하려는 데 있었다. 하지만 후자는 자동적으로 전자의 달성에 방해가 됐다. 북한의 핵과 미사일 프로그램이 한 단계씩 진전을 보일 때마다 국제사회가 북한 경제의 목을 더 바짝 졸랐기 때문이다.

2010년 아버지 김정일의 사망 후 권력을 승계한 김정은은 국가와 당 지도부에 새로운 자신감과 방향성을 제시하고 새로운 시대를 시작했다. 그의 아버지가 어쩔 수 없이 허용해줬던 시장(경제)을 김정은은 두 팔 벌려 수용했고, 북한의 도시 곳곳은 점차 시장 주도적으로 변하고 있다.

아버지 시절 핵 억지력 개발은 불만족스러운 협상으로 중단을 거듭하며 개발은 뜻대로 되지 않았고, 간헐적으로만 발전이 이뤄졌다. 이와 대조적으로 김정은은 2013년에 모든 것을 다 걸었다. 김정은의 의사결정은 핵 억지력 프로그램을 동반한 경제 성장이 장기적으로 가망 없다는 사실을 받아들인 결과다. 그가 북한의 핵 억지력을 팔아넘기기로 마음먹었으니 경제적 족쇄는 곧 풀릴 것이다.

그런데 어떻게 하면 핵의 판매가를 최고로 높일 수 있을까? 일확천금의 행운을 얻으려면 미국 본토에 그럴듯하게 핵 타격을 가할 수 있는 완성된 (핵)무기와 미사일 프로그램 정도는 있어야 했다.

어차피 일어날 일이라면 빨리 일어날수록 좋은 법이다. 핵개발에 대한 경제적 압박도 마찬가지다. 당장은 더 많은 제제의 장벽이 북한 경제를 막아서겠지만, 북한 정부가 그들의 핵 억지력을 인도주의적 손길과 개발 지원, 안전 보장 등과 맞바꾸는 대응 거래에 성공한다면 제재의 장벽은 한 층씩 철회될 일이다.

이 외교 전략은 여전히 유효하다. 김정은이 원하는 바는 세 가지다. 정권의 안전과 국제사회의 존중, 그리고 북한의 번영이다. 이를 위해 그는 실제 군사용보다는 비즈니스 계약의 거래 수단으로 쓰려고 구축한 핵 억지력을 기쁜 마음으로 맞바꿀 것이다.

그러나 미국 정부는 북한이 무엇을 내주려는지 알아차리지 못했다. 싱가포르 정상회담에 뒤이은 초기의 낙관주의, 심지어 일부 집단이 얻은 희열은 쓸모없는 곳에 허비됐다. 미국과 세계 언론은 북한 정부의 약속을 풍자의 핵심 삼아 과장하고 꾸며댔다. 북한을 마치 속이 보이지 않는 상자에 구멍을 뚫어놓고, "손을 넣어서 잡히는 것은 무엇이든 가져라."라고 하는 사람처럼 이야기했다.

이제는 북한에 하나 가격에 두 개를 주는 특별 할인이나 '깜짝 선물'을 기대할 수 없다. 김정은의 2018년 신년연설은 아주 명료했다. 그는 핵 억지력 구축을 완료했으며 핵무기와 대륙간탄도미사일(ICBM) 시험을 더 할 필요도 없다고 했다. 이제는 대량생산 단계로 넘어갈 것이다. 풍계리 핵실험장 파괴, 소해 위성 발사시설의 로켓엔진 시험대 해체 등 김정은이 추가로 보여준 일방적 행동들은 모두 그런 기조와 확고하게 일치한다. 힘쓰고 땀 흘리는 작업 과정은 모두 끝났고, 마침내 핵 억지력은 그의 손에 들어왔다.

미국 정부는 진행 순서도 지키지 않으려 했다. 김정은에게는 북한의 비핵화 노력을 시작하기에 앞서 '종전' 선언이 꼭 필요했다. 싱가포르 정상회담 성명서에는 이 입장이 그대로 반영됐다. '미국과 조선민주주의인민공화국은 지속적이고 안정적인 평화체제 구축 노력에 동참할 것'과 '북한은 한반도의 완전한 비핵화를 위해 노력할 것'을 약속했다. 하지만 미국은 평화에 앞서 핵물질/핵무기 재고와 핵사찰, 비핵화 검증 등을 요구하는 교묘한 술책을 꺼내 들었고, 이는 지난 7월 마이크 폼페이오 미 국무장관이 '폭력배'로 취급당하고 8월 방문이 취소되는 결과를 낳았다.

트럼프의 '참모진'은 여전히 과거의 전쟁을 지속하고 있다. 김정은이 아니라 그의 아버지와 할아버지와 협상하던 시절처럼 생각한다.

그간 북한 정부는 남한 정부와의 긴밀한 관계 회복을 포함해 수많은 평화의 신호를 계속 보내왔다. 마찬가지로 지난 9월 9일 북한의 정권 수립 70주년 건국절 기념식은 모든 군인이 평양 시민과 함께 김일성광장을 행진하고, 사회주의 국가에서는 유행과도 같은 군대 포스터를 옥외간판에서 모두 제거하는 등 북한 역사상 가장 적의를 적게 드러낸 행사였다.

하지만 북한은 1945년 8월의 일본 같이 '항복하는 나라'가 아니다. 어떤 해결책을 택하든 협상은 서로 주고받는 방식이어야 한다. 김정은은 두 번째 정상회담을 통해 고립에서 벗어나려 하지만, 그에게는 비타협적 태도에 직면했을 때 끝없이 인내심을 가질 여력이 없다. 트럼프와 미국 정부를 잘못 판단했는지는 최근 북한 최상위 지도층 내에서 격렬하게 논쟁하는 사안이다.'

북한 정부의 이런 회의주의는 미국이 자신들의 북한 관련 선동을 스스로 끊임없이 신뢰한다는 데서 비롯된다. 여기에는 미국의 정책이 베이징을 향한 2차 제재가 추가된 '최대 압박'으로 돌아갈 위험성도 한몫하고 있다. 미국은 유엔을 통해 과정을 통제하는 방식 대신, 한반도 주변 지역의 국가들 사이에서 경제적 이익과 정치적 긴장감을 부추기는 방식으로 그들의 조기 단결을 무너트리려고 했다.

김정은은 영리하게 처신했다. 짧다면 짧은 지난 10년간 서로 반감을 품었던 시진핑과 지난 3월 북경에서 화해한 일은 매우 충격적인 사건이었으며, 미국 정부의 서투른 외교와 맞물려 힘의 균형을 흔들었다.

북한을 상대로 한 연합전선은 와해 중이다. 러시아와 중국은 역할을 나눴다. 시리아 사태에서 러시아가 주도적 역할을 맡았다면, 한반도 문제에서는 중국이 그런 위치다. 두 나라는 북한 정부가 지금까지 해온 일들만으로도 제재 완화를 받을 자격이 충분하다고 분명하게 밝힌 바 있다. 남한 정부는 두려움과 선호에 의해 움직인다. 그들은 자국의 기회가 미국 정부의 요청을 받은 유엔에 의해 거부되고 북한 경제에 대한 중국 정부의 통제력이 증가할까 봐 두려워하지만, 한편으로는 포괄적 참여를 선호한다.

미국과 일본, 유럽연합은 서로 얽히고설킨 채로 남을 가능성이 있다. 상황이 나빠져서 미국 정부가 중국과 러시아의 동조가 없는 북한 정권 제재는 한 손으로 손뼉을 치는 격이고 남은 유일한 각본은 물리적 방법뿐이라고 인식한다면, 정말 위험한 일이 벌어질지도 모른다.

그러므로 마지막이자 최고의 희망은 두 번째 정상회담이다. 말 그대로 '대타협'이 필요하다. 미국에서 전달할 만족스러운 타협안에는 '종전' 선언과 평화회담의 시작, 제재 해제를 위한 초기 일정 전달 등이 들어가야 한다. 미국의 경영과 첨단기술, 대학교육의 리더들이 북한에 방문해 과학기술과 근대화, 투자 등에서 김정은의 손을 덜어준다면 금상첨화다. 북한 측에서는 영변 흑연감속원자로와 관련 시설 폐기 및 무력화, 파괴와 더불어 국제 전문가들의 풍계리 시험장 조사, 장거리 미사일 발사와 핵실험 영구 중단 등이 포함되어야 한다. ICBM의 파괴를 TV로 생중계한다면 큰 보너스가 될 것이다.

터널의 끝에는 빛이 있는 법이다. 한때 누군가 말했듯이 유일한 문제는 그런 터널이 없다는 점이다. 가장 가까이에 있는 사람들이 구조에 나서야 할지도 모른다.

한 가지 더. 밥 우다드는 북한 정책 결정의 역기능을 하나하나 명확히 설명한 그의 책 《공포(Fear)》(Simon & Schuster, 2018년)에 H. R. 맥매스터 전 국가안보보좌관이 백악관에서 경고 메시지를 받은 적이 있다고 썼다. 북한 정치국 부부장 이수용이 중재인들에게 '북한은 미국 민간인의 피난을 즉각적인 공격의 징후로 받아들일 것'이라고 말했다는 내용이었다. 트럼프 대통령은 막 트위터에 대피하라고 쓰려던 참이었다. 그런 일은 벌어지지 않았다. 세계는 운 좋게도 불안해하고 의심 많고 까다로운 북한이 어떻게 반응했을지 확인할 기회를 피해갔다.

따스함과 쌀쌀함이 공존하는 2018년 11월의 어느 날, 글린 포드

차례 ★

★

서문

내가 조선민주주의인민공화국을 처음 알게 된 것은 1966년 잉글랜드 월드컵에서 열린 북한 대 이탈리아 경기였다. 북한에서 나라는 사람의 존재를 알기 훨씬 전이다.

1984년 유럽의회 의원으로 선출된 후 대외관계위원회(현 국제무역위원회)에서 내가 처음으로 했던 제안 중 하나는 유럽연합과 북한 간의 무역관계보고서를 만들자는 것이었다. 하지만 위원회는 이 보고서에서 북한과는 어떤 관계도 무역도 없다는 결론을 내렸다. 북한은 보이지 않는 곳에 있었고 관심 대상도 아니었던 것이다. 유럽의회 보고서들이 다 그렇듯이 이 보고서도 한 부씩 '집행위원회, 이사회, 회원국 그리고 조선민주주의인민공화국 정부로 발송된다.'라는 표준문구로 끝을 맺었다. 2년 후 프랑스 파리의 조선민주주의인민공화국 유네스코 대사관에 처음 방문했을 때 나는 이 유럽의회 보고서에 대한 북한의 입장을 물었다. 그들은 보고서를 본 적도 없다고 대답했다. 브뤼셀로 돌아와서 나는 유럽의회 행정부서에 자초지종을 물었다. 공식 답변은 '주소가 없었다.'였다.

변화가 필요했다. 2004년 유럽의회는 한반도에 상주대표단을 파견했다. 하지만 그 조치만으로는 상황을 개선하기에 부족했다. 현재 북한은 이데올로기가 아니라 핵무기와 미사일로 온 세상을 확실하게 협박하면서 25년째 전 세계 신문의 1면을 장식하고 있다.

이전에 《벼랑 끝에 선 북한(North Korea on the Blink)》(플루토, 2008년)을 쓰기로 작정했던 이유는 그때까지 나온 북한 관련 서적 대부분이 완전히 암울한 내용이거나 아주 드물게 완전히 밝은 내용이거나 둘 중 하나였기 때문이다. 한마디로 '악의 축' 아니면 사회주의 유토피아였다. 하지만 그 두 가지 모두 아니다. 북한은 《그레이의 50가지 그림자》 같은 나라다. 적 또는 친구의 이미지에서 생겨난 흰색이나 검은색보다는 다소 어두운 색조를 띤 회색에 가깝다. 지난 10년 사이에 역사는 많이 진보했다. 모든 것이 변했다. 그리고 아무것도 변하지 않았다. 지난해 한반도는 평화보다 전쟁에 더 가까웠다. 《벼랑 끝에 선 북한》의 내용을 업데이트한 새로운 책이 필요했다.

북한은 국민을 제대로 살피지 못하는 불친절한 정권이 다스리는 가난하고 고립된 나라다. 하지만 북한의 적들이 제시하는 대안은 북한의 고통을 더 심화할 것이다. 유럽연합 인구보다 더 많은 사람을 빈곤에서 구제한 덩샤오핑 정권과 그 후속 정권이 기대수명을 10년이나 떨어뜨리고 '강도 억만장자' 한 명을 위해 수천, 수만 명을 빈곤 상태로 몰아넣은 옛 소련의 정실자본주의보다 나쁘다고 할 수 있을까? 이라크, 리비아, 시리아의 국민 대다수는 현재 자신들이 겪고 있는 잔인하고 가혹한 혼란 상태가 과거의 질서정연했던 권위주의보다 더 낫다고 생각할까? 이라크의 보통 사람들은 내란과 내전이 10년 가까이 벌어지고 있는 현재 상황이 가혹했던 사담 후세인 정권 시절보다 더 안정적이라고 생각할까? 이런 의문들은 답하기가 쉽지 않지만, 제기해볼 가치는 충분히 있다.

내 첫 책에서 의도한 것은 두 가지였다. 첫째는 북한이 민주주의나 왕 없는 세상을 경험해보지 못하고 봉건주의 시대와 식민지 시대를 거쳐 바로 공산주의 국가로 변했다는 점을 고려해 북한의 역사, 정치, 경제에 대한 이해를 높이는 것이었다. 둘째는 '하드' 파워가 아닌 '소프트' 파워를 써야 한다는 주장을 펼치는 것이었다. 내 주장은 '최대 다수의 최대 행복'을 위해 '비판적 개입', 즉 '정권 교체하기'가 아니라 '정권 변화시키기'를 해야 한다는 것이었다.

지금도 여전히 나는 이 두 가지 기대사항을 이 책《토킹 투 노스 코리아》를 통해 다시 한번 전달하고자 한다. 하지만 핵 위기는 똑같은 물에 두 번 발을 담글 수 없는 강물과도 같다. 상황도 나 자신도 급속하게 변해왔다.《벼랑 끝에 선 북한》을 썼을 때

나는 북한에 열댓 번 정도밖에 못 가본 상태였다. 하지만 지금은 방문 횟수가 50번쯤 되고, 지난 7년간 조선로동당 국제부 부부장과 폭넓은 정치 관련 대화를 나눠왔다. 더 많이 알게 된 부분도 있고 그렇지 않은 부분도 있다. 하지만 두 경우 모두 더 정교한 이해가 가능해진 것은 사실이다.

제1장

서론: 평양 패러독스

평양은 패러독스에 갇혀 있다. 북한이 장기적으로 확실하게 생존하는 데 필수라고 생각해온 바로 그 방법이 단기적으로 북한을 위험에 빠뜨렸다. 핵 억지력 구축과 경제 발전에 동등한 비중을 둔 김정은의 '병진노선'은 경제 성장을 위한 안보 환경과 시간· 공간을 마련하기 위한 것이었다. 근본적으로는 북한을 베트남이나 중국의 변형 모델로 만들려는 의도였다. 하지만 이 병진노선에 따른 북한의 핵 정책은 미국의 '예방' 타격과 '의지 연대'를 촉발해 매우 파괴적인 결과를 동반하는 제2의 한국전쟁을 일으킬 우려가 있다.

미국은 북한을 철 지난 헤어스타일의 부유한 천덕꾸러기 청년이 통치하고 중국에 빚을 진 저개발 공산국가, 그래서 인과관계라는 정상적인 정치적 지렛대에 둔감하고 외면당하게 된 위험한 집단으로 보고 있다. 하지만 조선민주주의인민공화국은 선택의 여지가 별로 없는 상황에 갇혀 있다고 해야 더 정확할 것이다. 산업 경제가 부상하지 못하면서 북한 정권에는 외부 세계를 믿지 않을 정당한 이유가 생겼으며, 명백한 생존 위협에서 확실하게 살아남기 위해 필사적인 노력을 기울이고 있다. 북한의 처지에서 자신들의 행동은 생존 투쟁의 불가피한 부산물이다.

그리고 바로 이 지점에서 북한의 정치적 층위가 드러난다. 기저를 이루는 봉건주의적 계층 위로 잔혹한 일제 식민주의의 교훈이 덮여 있다. 그 위에는 제2차 세계대전의 여파로 미국이 경솔하게 강요한 분단이라는 층이 있다. 한국전쟁 초기 이래 모든 일은 결국 반세기의 교착상태를 초래한 문명 간의 대리전 성격으로 변했으며, 북한은 붕괴하는 소련의 잔해 밑에 묻힐 위험을 겪기도 했다. 북한의 최근 행동은 돌격을 위한 외침보다는 도움을 청하는 외침에 가깝다.

북한을 설명하려는 시도는 그동안 수없이 많았다. 제대로 된 설명도 있었고 그렇지 않은 것도 있었다. 그중 가장 한심한 것은 존 스위니의 《북한 잠입취재(North Korea Undercover)》다. 휴일을 이용해 이뤄낸 과감하고 영웅적인 업적은 대담하다고 할 수 있지만, 그 이상은 아니다. 빅터 차는 의심의 여지 없는 이 분야의 전문가지만, 그의 《불가능한 국가(The Impossible State)》는 미국의 북한에 대한 시대에 뒤떨어진 잘못된 인식을 상당 부분 드러내고 있다. 하지만 북한은 자신들에 관한 최첨단 분석도 전혀 달가워하지 않는다. 북한 정부의 시장 개혁을 깊게 다룬 제임스 피어슨과 대니얼 튜더의 《조선자본주의공화국(North Korea Confidential)》은 북한의 심기를 크게 건드려 남한 정부는 저자들의 24시간 보호를 고려하기도 했다.

전쟁으로 가는 길에 관해 순수한 백과사전적 지식을 얻으려면 브루스 커밍스의 《한국전쟁의 기원(The Origin of the Korean War)》만큼 좋은 책이 없지만, 북한 정권의 처음 10년을 기록한 이정식·로버트 스칼라피노 공저의 《한국 공산주의 운동사(Communism in Korea)》도 한쪽 한쪽이 그에 필적할 만하다. 서방 국가들이 더 최근에 얻은 지식에 도전하려면 안드레이 란코프의 책들이 가장 적당하다. 소설에서 팩트를 얻고 싶은 사람이라면 제임스 처치라는 필명을 쓰는 작가의 초기작인 《오 수사관(Inspector O)》 연작물이 도움이 될 것이다.

내가 북한을 처음 방문한 것은 1997년이었다. 한국전쟁 이후 가장 어두운 시기, 기근의 정점에 있을 때였다. 그 뒤로도 다양한 구실로 거의 50번가량 다녀왔다. 1997년부터 유럽의회 특별대표단의 일원으로 여러 번 방북했으며 2004년에는 현재도 유지되고 있는 한반도 상주대표단 설립을 제안했다. 방북 초반부터 나는 북한에서 권력이 어디 있는지 분명하게 알 수 있었다. 중국과 마찬가지로 영향력이 있는 곳은 정부 부처가 아니라 당이었다. 내 방북의 대부분은 조선로동당 국제부의 후원으로 이뤄졌다.

2012년에는 유럽연합의 정치인들과 대화를 주선해달라는 요청을 받았다. 나는 토니 블레어 전 영국 총리의 비서실장을 지냈고 국제중재단체 인터미디에이트(Inter Mediate)를 설립한 조녀선 포웰과 함께 이를 성사시켰다. 그 이후로 우리는 1.5트랙 회의(정부 관리와 민간 전문가가 함께 참석하는 반관반민 회의 - 편집자 주)를 지금까지 계속하고 있다. 현재 이 회의는 조선로동당 중앙위원회 정치국 위원이 주최한다. 한편, 남한에 대한 북한의 시각은 조선아시아태평양평화위원회(통일전선부)에 의해 전달된다. 이 책의 출간을 준비했던 지난 열두 달 동안에도 나는 5번이나 평양에 갔다 왔다. 이런 특이한 접촉 기회 덕분에 백악관에서 청와대로, 일본 내각에서 중국 외교부로, 유엔에서 미국 태평양사령부로, 유럽연합 대외관계청에서 미국 국가안전보장회의로 통하는 문을 열 수 있었다.

내가 알게 된 점 중 하나는 북한이 역사와 선례에 갇혀 있다는 사실이다. 북한은 역사가 중요한 나라다. 북한 사람들은 태어날 때부터 외부 세계와 적들에 대한 인식을 형성하는 국가 차원의 서사를 흡수한다. '비전'이 다음 선거 이후에 관한 생각을 의미하는 서양과 달리 북한 사람들은 장기적으로 사고한다. 과거는 현재의 열쇠가 된다. 따라서 조선민주주의인민공화국과 그 국민들을 이해하려면 최소한 그들의 눈을 통해 보이는 현실을 볼 수 있어야 한다. 이 책이 그렇게 하는 데 도움이 됐으면 한다.

우선 잘못된 생각부터 떨쳐 버리자. 조선민주주의인민공화국에 대한 가장 큰 오해 다섯 가지는 다음과 같다.

(1) 북한은 마르크스-레닌주의를 바탕으로 한 스탈린주의자들의 국가다. 아니다. 북한은 김일성주의-김정일주의를 교리로 하는

공산주의 성격을 띤 신정국가다.

(2) **중국과 북한은 '입술과 이' 같은 관계다.** 아니다. 북한 정권은 중국에 대한 불신이 깊으며 중국을 원망하고 있다. 지난 10년 동안 북한과 중국은 거의 대화가 없었다. 심지어 북한은 필요하면 언제든지 맞설 준비가 되어 있다.

(3) **북한은 조기 통일을 원한다.** 아니다. 북한 지도부는 북한의 국내총생산(이하 GDP)이 남한의 2%를 겨우 넘는다는 사실을 너무나 잘 알고 있다. 그들은 조기 통일이 흡수 통일의 다른 이름에 불과하다고 생각한다.

(4) **북한은 통제경제국가다.** 아니다. 지난 1990년대 후반의 기근 이래 북한 경제는 점점 더 기형적인 시장경제 형태로 변해왔다. 북한 정부가 '빠른 경제 성장'과 풍부한 광물 자원으로 남한의 경제력을 따라잡기 전까지 한반도의 미래는 '2국가 1체제'다.

(5) **미국의 제재 해제가 열쇠다.** 아니다. 북한은 미국을 대상으로 수출입을 한 적이 한 번도 없다. 북한이 미국 정부에 원하는 바는 비핵화의 길을 걸을 수 있을 정도의 확실한 안전 보장과 중국과 남한의 제재 해제 용인이다.

제2장에서 자세히 설명하겠지만, 북한의 20세기는 격변의 시기였다. 1910년부터 1945년까지 일본에 점령됐던 한반도는 제2차 세계대전 이후 소련과 미국의 합의에 따라 편의상 지도에 임의로 그은 선에 의해 분단됐다. 북한도 남한도 반쪽에 만족하지

않았다. 둘 다 한반도 전체를 원했기 때문이다. 남한은 민족 통일을, 북한은 민족 해방을 원했다. 이는 한국전쟁(1950~53년)이란 결과를 낳았고, 곧 세계 초강대국 두 나라와 매카시즘에 사로잡힌 미국이 주도하는 반(反)공산주의 십자군 사이의 대리전으로 변했다. 한국전쟁 이후에도 북한과 남한은 비무장지대(이하 DMZ) 너머로 정보원과 스파이, 테러리스트를 계속 보내 해를 입혔지만, 냉전 파트너가 사라지자 남북한은 서로에게만 위협이 되는 존재로 변해버렸다.

북한에는 의지할만한 민주주의 역사가 없었다. 또한 북한의 정치 구조는 소련의 '인민민주주의' 패러다임에 따라 구축됐다. 1956년 소련의 니키타 흐루쇼프 총리가 스탈린과 스탈린주의를 비난하자 김일성은 한국전쟁 이후 처음으로 위협을 느끼게 됐다. 김일성은 우선 자신을 위협하는 인물들을 당에서 숙청한 다음 주체사상을 기치로 걸고 빨치산 동료들과 함께 나라의 중심을 스탈린주의에서 자급자족 민족주의로 옮겼다. 중요한 점은 찰스 암스트롱이《북한 혁명 1945-50(The North Korea Revolution 1945-50)》(2003년)에서 지적했듯이 김일성이 소련의 사회주의를 한국의 토착 전통 및 문화와 융합해 서양의 모든 예측보다 더 오래 살아남은 국가 이데올로기를 만들어냈다는 사실이다.

소련과 중국은 동시에 북한에 구애했으며 중공업을 바탕으로 한 북한의 전후 경제는 호황을 누렸다. 북한은 전 세계 공산주의를 대표하는 국가가 됐다. 하지만 1960년대 후반부터 경제는 비틀거리기 시작했다. 중공업에서 경공업으로의 전환과 소비재 생

토킹 투 노스 코리아

산 증가가 계획대로 이뤄지지 않았기 때문이다. 김일성은 1970년 대 초반에 수십억 달러를 빌렸지만, 1973년 석유 위기가 세계경 제를 불황으로 몰아넣으면서 그가 투자한 대규모 사업들은 실패 를 보기 시작했다. 한때 세계 34위의 경제 규모였던 북한은 1980 년대 내내 곤두박질쳤으며 소련의 붕괴로 상황은 더 악화됐다. 소련의 원조가 끊기고 중국의 원조에는 브레이크가 걸렸다.

방치된 북한은 핵 억지력을 구축하려 했지만, 경제가 급격히 붕괴했으며 사람들은 기아에 허덕이게 됐다. 수백만 명이 사망했 고 김일성도 마찬가지였다. 김일성은 생물학적 이유로 죽었지만, 나머지 사람들은 정책 실패와 자연재해의 피해자였다. 사망자들 은 20세기의 마지막 25년 사이에 벌어진 최악의 인도주의적 비 극 속에서 이름 없는 희생자가 됐다. 미국 정부도 상황을 알고 있 었지만, 북한 사람들의 어려움을 전 세계 TV 화면에 띄워줄 자선 콘서트는 열리지 않았다. 북한 사람들은 침묵 속에서 서서히 굶 주려갔다.

3년의 유훈통치 기간이 지나자 김정일은 공식적으로 김일성의 자리를 세습 받았다. 김정일은 개혁에 대한 아버지의 선천적 불 신을 그대로 이어받았지만, 북한의 생존은 침체한 경기를 부양하 는 데 달려있다는 사실을 인정하지 않을 수 없었다. 김정일의 개 혁은 부분적이었으며 항상 성공을 거두지도 못했지만, 2010년 이 후의 더 광범위한 변화에 초석이 됐고, 정당성도 제공했다. 김정 일 통치하에서는 '매대 장사꾼'이 거리에 등장했고, 일본의 자이 바쓰나 남한의 재벌같이 다른 아시아 국가의 경제를 일으키는 데 도움을 준 모델인 다부문 복합기업이 태동하기 시작했다. 평양에서는 국가가 운영하는 상점에 부강, 대성, 승리, 능라88 같은 회사에서 만든 의약품과 오토바이 광고가 등장했다. 고려항공은 택시와 통조림 사업을 시작했다. 라선경제특구와 그 이후의 (더 성공한) 개선산업공단은 미래를 위한 모델과 현금을 북한에 들여왔다.

미국 정부가 목표로 삼았던 다른 지도자들과 나라들의 운명은 북한 정권의 뇌리 깊숙이 새겨져 있다. 이라크, 리비아, 시리아의 문제는 대량살상무기의 보유가 아니라 부재 때문이었음을 북한은 잘 알고 있다. 2003년 리비아가 공식적으로 핵개발 포기를 선언했을 때도 회의적인 북한은 핵 야심을 버리고 리비아 정부처럼 국제사회의 품에 안기라는 제안을 거절했다. 2011년 김정은이 김정일의 자리를 이어받기 한 달 전쯤 무아마르 카다피의 죽음을 담은 잔인한 동영상이 공개됐다. 북한의 시각에서 이 동영상은 '국제사회'를 믿는 것이 얼마나 위험한지 잘 알려주는 증거였다.

북한 지도부는 미국의 적대행위가 계속되는 한 정권 생존을 위해서는 독자적인 핵우산과 경제 성장이 필요하다고 믿고 있다. 하지만 이 두 가지는 서로에게 방해가 된다. 첫 번째가 두 번째를 불가능하게 만들기 때문이다. 하지만 핵 방어에는 다른 동기도 존재한다. 산업과 경제가 성장하려면 노동력이 필요하다. 중국과 달리 북한에는 공장에 유입되기를 기다리는 소작인 노동력이 많지 않다. 대신 노동자들은 북한의 100만 군대에 예속되어 있다. 이 노동 예비군을 제대시켜야 한다.

군 규모 축소와 핵무장은 강함이 아니라 약함을 나타내는 신호다. 북한은 재래식 무기 경쟁에서 패한 지 오래다. 북한은 GDP 중 4분의 1을 국방비로 지출하지만, 이 비용은 북한 경제의 50배가 넘는 경제 규모를 가진 남한이 지출하는 국방비의 5분의 1밖에 되지 않는다. 논란이 되는 북한과 남한 사이의 해양경계선인 북방한계선(NLL) 근처에서 남북한 해군이 충돌할 때마다 양측의 사상자 숫자가 다른 것은 이런 간극을 잘 보여준다. 북한의 국방비를 미국, 일본, 남한의 국방비를 모두 합친 수치와 비교하면 그 격차는 엄청나게 커진다. 북한의 국방비는 한미일 총액의 겨우 2% 정도다. 그래서 북한의 핵 억지력에는 두 가지 의도가 담겨 있다. 정권의 안전을 확실히 하고 노동력과 자원을 군대에서 해방해 산업과 경제 발전에 투입하기 위해서다.

하지만 이 모든 것은 경제제재에 의해 무의미해졌다. 김정은은 아버지 김정일의 경제 개혁과 군 개혁을 강화하고 더 확실하게 했다. 2013년 초반, 권력을 확실히 한 김정은은 경제 발전과 핵 억지력 구축을 동시에 진행하는 '병진노선'을 당이 채택하게 했다. 경제가 서서히 개방되고 최초의 핵실험이 진행된 것은 김정일의 통치 아래에서였지만, 그 두 가지의 속도와 심도를 더한 사람은 김정은이다. 과정이 힘들었어도 정상에 도달한다면 모든 것이 가치 있는 일이 될 수도 있다. 이제 문제는 김정은이 완성된 핵 억지력을 평화 합의와 안전보장, 제재 해제, 경제 발전 패키지와 교환할 수 있을지다.

북한은 거의 70년 동안 '관심국가'였다. 처음에 북한은 수많은 '공산주의' 위성국가 중 하나였다. 지금은 이들 중 5개국을 제외한 모두가 붕괴하고 불탄 상태다. 2001년 9·11 테러와 그에 따른 '테러와의 전쟁'이 계속되면서 미국의 외교 정책은 강경하고 일방적인 성격을 띠게 됐다. 북한은 부시 행정부가 세계 평화에 대해 명백하게 현존하는 위험으로 규정하고 이름 붙인 '악의 축', '깡패국가', '폭정의 전초기지' 중 하나가 됐다.

북한의 테러 활동은 1980년대에 멈췄지만, 미국은 2008년까지도 여전히 북한을 테러 지원국가로 분류했다. 그 이유에는 1983년 10월 전두환 대통령 암살 시도도 포함됐다. 북한 요원들은 미얀마 양곤의 아웅 산 묘소에 폭탄을 설치해서 남한의 4개 부처 장관을 포함해 21명을 사망하게 했다. 전두환은 살아남았다. 일정에 쫓기던 전두환은 폭탄이 폭발했을 때 현장에 도착하지 못했다. 이 공격으로 북한은 전 세계의 비난을 받았고 남한에서는 대규모 규탄대회가 열렸다. 북한 정부는 남한의 민심을 잘못 읽었다. 전두환이 1979년 군사반란으로 정권을 잡고 1980년 광주민주화운동의 진압 과정에서 최대 2000명을 죽이는 과오를 저질렀지만, 남한 국민은 북한에서 전두환을 제거해주기를 전혀 바라지 않았다.

대한항공기 폭파 사건도 또 하나의 이유가 됐다. 1987년 아부다비에서 방콕으로 가는 남한 비행기가 안다만해 상공에서 폭발해 승객과 승무원 115명 전원이 사망한 사건이다. 이 공격은 서울 올림픽 준비를 방해하기 위해 계획됐다. 혐의를 받은 북한 요원 2명은 바레인에서 체포되자 청산가리 캡슐을 삼켜 자살을 시도했다. 하지만 그중 여성 요원인 김현희가 자살에 실패했다. 서울에서 심문받던 김현희는 김정일이 관련됐다고 자백했다. 그녀의 사형 선고는 감형됐고 1993년 김현희는 참회록을 출판했다.

모든 일이 일방적이지는 않았다. 북한도 이보다 훨씬 전에 항공기 테러의 피해자였다. 1976년 미국 중앙정보부(이하 CIA)의 지원을 받은 쿠바인 망명 집단이 쿠바나 항공 455편을 폭파해 최고인민회의 외교위원회 부위원장을 포함한 북한 고위관리 5명을 살해했다. 모두 73명이 사망했고, 생존자는 없었다(당시 CIA 국장은 조지 H. W. 부시였으며 사건의 주모자들은 처벌받지 않았다).

또한 미국은 북한이 일본의 무장 집단인 적군파 조직원들에게 은신처를 제공했다고 주장하기도 했다. '테러국가' 지정은 버락 오바마가 해제했지만, 2017년 도널드 트럼프는 신경가스를 사용한 말레이시아 김정남 암살 사건을 들어 부활시켰다.

김정일은 북한의 에너지와 원자재가 고갈되면서 필요에 의해 계획한 경제 자유화를 도입했다. 하지만 '그 계획'을 단칼에 날려버린 사람은 그 아들이었다. 필요 때문이 아니라 야망 때문이었다. 김정은은 '모든 기업이 국가계획과는 상관없이 스스로 경영 활동을 펼치는 사회주의 기업책임관리제'를 원했다.[1] 2014년 김정은은 공장 관리자들이 임금을 정하고 고용과 해고를 하며 예비품과 원자재를 시장에서 구할 수 있도록 하는 개혁안을 도입했다. 하지만 이는 완벽히 성공하지는 못했다. 불규칙한 에너지 공급에 따른 병목현상이 일어났고 원자재 부족은 개혁의 긍정적 효과를 제한했기 때문이다. 안드레이 란코프에 따르면, 그래도 김정은은 '북한 역사상 가장 시장 친화적인 지도자'다.[2]

지난 세기말의 기근으로 촉발된 경제적·사회적 변화는 김정은이 통치하면서 가속도가 붙었다. 국민을 먹이고 입히는 중앙배급 체계는 여전히 공식적으로 평양에 존재하지만, 기능이 축소됐기 때문에 북한 주민들은 어쩔 수 없이 시장에 의존해야 하는 상황이다. 다른 지역에서는 제한된 형태로 가끔씩만 기능한다. 평양에서 가장 눈에 띄는 발전 양상은 '매대 장사꾼'이 길거리마다 등장했다는 점과 시계, 하이힐, TV, 스마트폰 같은 소비재들을 구할 수 있는 정식 시장이 증가했다는 점이다.

평양은 기념 석주, 기념비, 김일성에게 경의를 표하는 기념관, 기념물들이 들어선 북한의 놀이공원이자 군사 퍼레이드와 민간인 결의대회가 열리는 무대다. 김정은이 집권한 후 북한 주민들은 새로운 사회 계약에 따라 노동에 따른 보상을 받게 됐다. 어두운 북한의 야경을 보여주던 위성사진의 시대는 가고 이제 평양은 크리스마스트리처럼 밝은 빛을 내고 있다. 신호등 때문에 자리를 잃지 않았다면 지금쯤 평양의 멋진 여자 교통경찰들은 실제로 정리가 필요할 정도의 교통을 지휘하고 있었을 것이다. 휴대폰의 통화 시간 재충전하는 비용보다 새로 하나 사는 것이 더 싸서 휴대폰이 두 대인 사람이 많지만, 북한의 이동통신 가입자는 300만을 넘어섰다. 심지어 셀카봉 문화도 확실히 자리 잡았다.

북한의 2016년 성장률은 거의 5%였다. 제조보다는 무역에 의한 것이다. 당원 자격에는 여전히 프리미엄이 있지만, 당보다는 기업이 미래의 열쇠가 되고 있다. 오래 버티는 기업가는 정부 부처, 군대, 당과의 조인트벤처라는 보호막 안에 있는 기업가다. 수익이 보장되는 거래를 할 수 있기 때문이다. 운 좋게 한 10년 만에 부자가 되어서 자신의 부를 자랑하며 눈에 띄게 소비를 했던 떠돌이 매대 장사꾼들은 2009년 12월 화폐 개혁과 함께 생산라인으로 돌아가야 했다. (화폐 개혁의 주목적은 아니었지만,) 숨겨둔 돈이 가치가 없어졌기 때문이다.

평양 밖의 원산이나 함흥 같은 지역 중심도시의 생활수준도 서서히 올라가고 있다. 하지만 어느 정도 간극은 존재한다. 수도 밖에서는 운이 좋으면 영국과 유럽의 원조로 세운 '물가게'에서 수돗물 대신 산에서 퍼 올린 생수를 싸게 살 수 있다. 북한의 '러스트벨트(쇠락한 공업지역)' 안에 깊숙이 자리 잡은 흥남, 김책, 청진은 굶어 죽을 정도는 아니어도 배고픔에 시달리고 있다.

농업 개혁의 물결은 2002년에 처음 시작됐다. 식량의 국정수매 가격을 대폭 인상하고 농장의 식량 자체처분권을 확대했다. 2년

그림 1. 평양의 교통정체, 사진 마리아로라 드 안젤리스

도 채 안 되어서 고위관료들은 이 방법이 생산성을 높이는 데 비료보다 효과가 좋았다고 주장했다. 2012년에 일어난 두 번째 개혁 물결은 노동 집단의 단위를 4~6인 가족으로 줄이고 농부들이 생산량의 30%를 가질 수 있게 했던 점이다. 덩샤오핑의 1970년대 후반 농업 개혁의 변형이었다. 덩샤오핑은 '가정연산승포책임제'를 도입해 농업을 실질적으로 집단경영에서 제외하고 10년 만에 생산성을 25% 올렸다. 북한의 산업 개혁과 농업 개혁을 합쳐서 생각하다 보면 바람이 어디로 부는지 알기 위해 일기예보관이될 필요가 없다는 말을 떠올리게 된다. 숨겨진 진실이 보이지 않는 것은 제재, 홍수, 가뭄, 그리고 서방 정치분석가들의 근시안적시각 때문일 뿐이다.

북한의 경제 성공을 위한 노력의 중심에는 경제특구가 있다. 경제특구에는 두 개의 아주 다른 모델이 존재한다. 첫 번째 모델의 전형적인 예는 라선경제특구다. 싱가포르 정도의 면적에 중국, 러시아와 인접해 있다. 인구는 30만 명 정도로 북한의 다른 지역과 분리되며 별도의 치안이 이뤄진다. 두 번째 모델은 개성산업공단이다. 남한과 만든 조인트벤처다(제5장에서 자세히 다룬다). 개성공단에는 약 80개 기업이 입주해 있었다. 모두 중소기업이며 매일 5만3000여 명이 공단으로 출근했다. 2016년 2월 남한의 박근혜 대통령은 일방적으로 공단 전면 폐쇄를 발표하고 북한에 지원하는 연간 보조금 5000만 달러 지급을 중단했다. 문재인 대통령은 2017년 대선 운동 기간에 공단 재개를 약속했지만, 핵문제가어느 정도 풀리기를 기다리는 중이다.

핵과 미사일

핵무기에 관한 북한 정권의 관심은 오랫동안 계속됐다. 애초에 김일성이 핵무기에 관심을 가지게 된 이유는 쿠바 미사일 위기에서 소련이 미국에 비겁한 조건부 항복을 했다고 생각해서였다. 이 일로 인해 북한의 민간경제를 결국 거덜 내게 된 재래식 군대의 비용 급증이 이뤄졌다. 약 30년 뒤에 소련이 사라지자 북한의 불안과 피해망상증은 정도가 훨씬 더 심해졌다.

1980년대 초반 소련은 북한에 핵기술을 공급했으며 북한은 그 기술로 1986년에 임계상태에 진입하는 5MW(메가와트)급 마그녹스 원자로를 만들었다. 영국에서 개발한 이 이중원자로는 전력 생산 효율성이 그리 높지는 않은 편이지만, 무기급 플루토늄을 만드는 데 더 유리한 원자로다. 안정적인 전력망이 없었다는 점은 당시 북한이 어떤 용도로 이 원자로를 건설했는지 추측할 수 있는 근거다.

소련의 압력을 받던 북한은 1985년 핵확산방지조약(이하 NPT)에 서명했고, 결국 국제원자력기구(이하 IAEA)에 4차례 핵사찰을 허용했다. 이 협력관계는 오래가지 않았고, IAEA가 북한의 핵 활동에서 수상한 점을 감지하는 순간 끝났다. 예방 조치를 하겠다는 미국의 위협을 받자 북한은 '특수한 상황이 자국의 지상이익을 위태롭게 한다고 판단되는 경우에 본 조약을 철회할 수 있는 가입국의 권리'가 명시된 NPT 제 10조 1항을 들먹였다.[3] 그리고 북한은 미국과의 직접 대화를 조건으로 탈퇴를 연기했다. 그러던 중에 지미 카터 전 미국 대통령이 개인 자격으로 방북·중재해 1994년 북미 제네바 합의가 이뤄졌다.

이 합의 조건에 따라 클린턴 행정부는 2003년까지 1000MW급 핵확산 저항형 경수로 2기의 제조를 돕고 그사이에 매년 중유 50만 톤을 제공하는 데도 동의했다. 이에 대한 보답으로 북한 정부는 영변 원자로 가동을 중단하고 영변과 태천의 새 원자로 2기의 건설을 중지하기로 약속했다.

제네바 합의는 기본적으로 시간을 벌기 위한 수단이었다. 소련 붕괴 후 미국 고위관료 상당수는 북한을 그저 가장 마지막에 넘어질 도미노 블록 정도로 생각했다. 하지만 북한이라는 블록은 1990년대 후반 엄청난 기근에도 쓰러지지 않았다. 2001년 조지 W. 부시가 취임했을 때 경수로 건설은 이미 예정보다 거의 10년쯤 늦어진 상태였다. 2002년 부시는 북한을 '악의 축'으로 규정했다. 같은 해 10월 제임스 켈리 미 국무부 차관보는 북한이 대체핵무기 제조물질을 생산할 수 있는 비밀 고농축우라늄 프로그램 보유를 인정했다고 주장했다. 합의는 무너졌다(나중에 켈리는 북한에 필요한 핵 기술 반출을 미 의회가 결코 승인하지 않았을 것이라고 말했다[4]).

2003년 미국의 이라크 침공 이후 조선민주주의인민공화국은 핵무기 프로그램을 재가동했다. 동시에 2003년부터 중국 정부는 중국, 남한, 미국, 러시아, 일본이 북한을 설득해 1994년의 합의안보다 훨씬 낮은 수준의 제안을 받아들이고 더 고도의 핵무기 개발 프로그램을 포기하게 하기 위해 6자회담을 중재했다.

지극히 어려운 과정이었다. 2005년 북한은 핵보유국을 선언하고 이듬해에는 지하 핵실험에 부분적으로 성공했다. 하지만 2007년 2월 베이징에서 북한은 4억 달러의 원조를 받고 제일 큰 원자로를 폐쇄하는 데 동의했다. 영변의 냉각탑이 파괴되는 모습은 다음 해 6월 TV로 생중계됐고, 미국은 결국 북한의 '테러국가' 지정을 해제했다. 하지만 화해는 오래가지 않았다. 2008년 12월 회담은 결렬됐다. 북한이 핵시설에 대한 IAEA 사찰단의 자유로운 접근을 거부한 데 이어 2009년 5월 두 번째 핵실험을 시행했기 때문이었다. 북한은 결국 인내심을 잃고 2009년 회담장을 떠났다.

그 이후의 협상 시도는 성과가 거의 없었다. 웃음거리가 된 2012년 2월 2.29 합의가 있긴 했다. 북한이 표면적으로는 24만 톤의 식량을 원조해주면 미사일과 핵 프로그램을 폐기하겠다고 제안하면서 이뤄진 합의였다. 이 합의는 합의서에 서명이 마르기도 전에 깨졌다고 할 수 있다. 2013년 2월 세 번째(김정은 통치 기간 중 첫 번째) 핵실험이 있었다. 북한의 문제는 미사일 발사 플랫폼이 1세대 핵무기 배치에 필요한 하중을 견디지 못한다는 데 있었다. 그 후 2015년 북한 지도부는 과학자들과 공학자들이 핵무기를 소형화하는 기술을 개발했다고 발표했다. 속도가 빨라졌다. 북한은 2016년 1월 수소폭탄을 이용한 4번째 핵실험을, 같은 해 9월에는 5번째 핵실험을 했다고 주장했다.

2017년 여름 김정은은 '미제의 심장'을 타격하겠다는 위협과 함께 대륙간탄도유도탄(이하 ICBM) 2기를 포함해 여러 기의 미사일을 발사했다. 9월에는 중거리탄도유도탄 2기를 발사해 일본 상공을 통과하면서 사정거리가 미국령 괌의 미군기지에 닿고도 남는다는 사실을 보여줬다. 6번째 핵실험이 뒤를 이었다. 관찰자 대부분은 이 실험이 히로시마에 떨어진 핵폭탄 위력의 15~20배에 해당하는 250킬로톤 위력의 수소폭탄으로 진행됐다고 입을 모았다. 2017년 11월 28일 김정은은 미국 본토 어디나 공격할 수 있는 사정거리를 보여주는 ICBM을 발사하고, 곧이어 조선민주주의인민공화국이 이제 핵 억지력을 확보했다고 선언했다.

북한이 미사일과 탄두를 완벽히 결합할 수 있는지는 아직 검증되지 않았다. 필수 기술인 대기권 재진입 기술을 보유했는지도 확실하지 않다. 미국의 불완전한 미사일 방어 시스템에도 북한의 미사일은 상대적으로 쉬운 표적일 수밖에 없다. 북한 미사일의 하중 역량이 다탄두 각개목표설정 재진입 비행체는 고사하고 디코이(교란물체)를 배치하기에도 불충분하기 때문이다. 게다가 북한 미사일의 최대 약점은 정교한 유도장치가 없다는 데 있다. 미국 정부는 북한이 발사한 ICBM이 목표물의 반경 80km 안에 떨어질 확률을 50%로 추산한다. 북한은 현재 핵무기 15~25개를 제조할 원료를 가지고 있다. 비교해 보자. 탄도미사일을 탑재한 미국의 원자력 잠수함 한 대에서 발사할 수 있는 핵탄두가 128~196개다. 미국은 북한의 능력을 부풀리고 있으며, 북한은 자신들의 부풀려진 능력을 훨씬 더 크게 부풀리고 있다.

국제관계

일본과 미국의 보수세력에게는 속셈이 있다. 북한이 없었다면 그들은 북한을 만들어냈을 것이라고 말할 수도 있을 듯하다. 하지만 어떻게 보면 실제로 그들이 지금까지 해왔던 일이기도 하다. 그들은 증오의 대상이자 당연히 그런 취급을 받을 만한 세계 공산주의의 잔재, 구석에 몰린 실패한 국가를 가장 공격적이었을 때의 소련이 21세기에 다시 태어난 듯한 존재로 변장시켜 왔다.

워싱턴

미국의 태도는 현재 조선민주주의인민공화국과 똑같은 색깔과 형태의 적이 필요한 국내 사정에 의해 좌우된다. 탈레반 테러와 이라크 내란이 국가미사일방어체제(NMD)나 스타워즈 시스템(전략방위체계)을 정당화하지는 못한다. 최소한 ICBM과 핵무기를 가진 적 정도는 있어야 한다. 그 보유량이 미국의 몇백 분의 일에 불과하고 핵무기의 질이 거의 검증되지 않았다고 해도 말이다. 지역 군비 경쟁과 소련의 붕괴로 북한은 국민의 희생을 감수하면서까지 줄어들고 있는 수입의 더 많은 부분을 군비로 지출해야 했다. 그런 취약한 위치에 있는 북한이 재래식 군대를 유지하기 위해 선택한 값싼 대안이 핵 억지력이었다는 결론이 이상하게 들리지 않는가?

미국은 직접적, 그리고 (유엔 안전보장이사회를 통해) 간접적으로 북한의 핵·미사일 프로그램을 북한을 타도할 채찍으로 사용해왔다. 오바마 시절의 정책은 '전략적 인내'였지만, '악의적 무시'로 해석될 여지도 있다. 따라서 북한은 오바마 정부의 강경파 국무장관이었던 힐러리 클린턴이 대통령이 되면 상황이 나아지리라는 환상은 갖지 않았다. 트럼프는 예측 불가능이었다. 트럼프의 불안했던 처음 1년 동안 그가 쏟아낸 말에는 적개심이 가득했다. 2017년 9월 유엔 연설에서 트럼프는 김정은을 '자신과 자신의 정권을 위해 자살 임무를 맡은 로켓 맨'이라고 부르면서 초기에 언급했던 '화염과 분노'를 '북한을 완전히 파괴하겠다'는 협박으로 수위를 높였다. 북한의 즉각적인 위협이 없었는데도 미국은 '예방 타격'이나 '코피 전략'의 시연이나, '정권 교체'를 준비했다. 이런 시도는 2018년 3월 8일 유보됐다. 트럼프가 김정은의 정상회담 제의를 수락한 날이다.

서울

북한의 대남관계는 2010년대에 악화 일로를 걸었다. 남북 간의 소통은 적대적인 보수주의자 이명박이 대통령에 당선되면서 단절됐다. 이명박의 후임인 박근혜가 개성산업공단을 폐쇄하면서 상황은 더 나빠졌다. 2017년 가을 남한 해역으로 떠내려온 북한 어부들을 돌려보낼 때 남한 정부가 북한과 소통할 수 있는 수단은 확성기밖에 없었다.

박근혜 탄핵 후 2017년 5월 대통령에 당선된 문재인은 개성공단을 재개하고 새로운 대북화해협력정책을 도입하겠다는 공약을 내세웠다. '포 노즈(four nos)' 정책이었다. 북한에 대한 적대적 정책이 없고, 북한을 공격할 의도가 없고, 북한 정부에 해를 끼치거나 북한 정부를 교체하려는 시도가 없고, 한반도 통일을 인위적으로 서두르려고 노력하지 않는다는 정책이다. 6개월 후 김정은이 신년연설에서 조선민주주의인민공화국이 동계올림픽에 참가할 것이며 핵미사일과 장거리 미사일 시험을 일방적으로 중단하겠다고 선언하면서 돌파구가 열렸다. 남북정상회담으로 미국의 참여를 위한 무대가 마련됐다. 북한이 비자본주의 시장경제를 계속 끌고 간다면 북한과 남한의 미래는 '2국가 1체제'가 될 가능성이 높다. 적어도 한두 세대 동안은 말이다.

베이징

트럼프의 주장과는 달리 북한과 중국의 정치적 관계는 김정은이 권력을 장악한 이후로 서로에게 해를 끼치는 관계가 됐다. 2017년 9월 북한은 중국 외교부 부장 왕이의 방문을 거절했다. 북한 고위관료들은 중국과의 군사적 충돌 가능성도 개의치 않았다. 2017년 11월 중국공산당 중앙대외연락부장 쑹타오가 제19차 중국공산당 전국대표대회 결과를 '형제의 나라'에 설명하러 평양에 왔을 때도 그가 만난 사람은 김정은이 아니라 리수용 외무상이었다.

2018년 3월 말 물꼬가 터졌다. 김정은과 미국 국무장관 지명자 마이크 폼페이오 사이의 초기 상호작용을 보면 미국은 북한이 중국에서 멀어져 미국 쪽으로 가겠다는 대타협 제안을 받아들일 의지가 없었던 것으로 보인다. 거래가 이뤄질 거였으면 작은 부분들을 놓고 끊임없는 궤변을 늘어놓던 1994년에 됐어야 했다.

그럼에도 이 짧은 10년 동안 중국은 북한의 유일하고 중요한 무역 파트너로 남아있었다. 중국은 사실상 라선경제특구를 독립된 지역으로 인정하고 북한산 원자재를 다량 수입하고 있다. 중국에게는 북한의 비핵화와 현상 유지가 가장 이상적이다. 변화가 적을수록 좋다. 중국 정부는 미국이 기울수록 중국이 일어난다고 확신하고 있다. 정치적 대립을 오래 미룰수록 중국의 입지는 더 좋아질 것이다. 같은 관점에서 북한 경제의 조기 붕괴는 심각한 결과를 초래할 것이다. 수백만의 난민이 국경을 넘어오고, 통일된 한국은 적대국이 될 수도 있으며, 미군이 압록강변을 순찰하게 될 수도 있다. 제2의 한국전쟁이라도 벌어진다면 상황은 끝도 없이 나빠질 것이다.

도쿄

이론상으로 일본은 한반도의 위기에 대한 모든 외교적 해결방법에서 중요한 역할을 해야 한다. 다자간 협상을 앞으로 나아갈 방법이라고 생각하던 시절, 일본은 남한과 함께 모든 정치적 합의 구축의 경제적 기반이 될 재정 원조 패키지에 가장 크게 기여하리라는 기대를 받았다. 1964년 일본은 남한과 관계 정상화를 하면서 식민지배 보상금으로 수억 달러와 일본의 생산물과 일본인의 용역을 제공했다(현재 가치로는 100억 달러 이상에 달한다). 북한에 대한 미래의 보상을 예상한 수치였다.

북한과 일본 정부의 관계는 1977년과 1983년 사이에 납치된

17명의 일본인 문제로 거의 15년 가까이 악화된 상태다. 그중 현재도 실종 상태인 8명은 아직도 일본인들의 뇌리에 남아 있으며, 이 때문에 북한과의 관계 정상화에는 아직도 적대적 기류가 흐르고 있다.

하지만 이 문제 때문만은 아니다. 거대한 전략 또한 여기에 작용하고 있다. 일본은 고이즈미 준이치로 총리(2001~06년)와 더 공격적인 아베 신조 총리(2006~07년, 2012년~현재)로 대표되는 전후 세대가 주도권을 쥐고 있다. 이들은 이미 세계 5위의 군비 지출국인 일본이 미국이 주도한 평화헌법을 폐기하고 '보통국가'가 되기를 원하는 자신만만한 민족주의자들이다. 여론조사에 따르면 일본인 대부분은 국제관계에서 일본의 무력행사와 일정 수준 이상의 전력 보유를 금지하는 평화헌법 제 9조의 유지를 찬성한다. 아베

그림 2. 라선의 수산물가공공장. 벽에 걸린 포스터에 '전기절약'이라는 문구가 쓰여 있다.

와 신보수주의자들이 원하는 바를 이루려면 국민투표 이전에 일본인들의 마음을 움직여야 한다. 핵 억지력을 보유하고 미사일을 일본 너머로 발사하는 북한과 납치된 일본인들은 이 과정의 완벽한 촉매제다. 일본은 다네가시마 우주센터에서 언제든지 위성을 발사할 수 있다.

2017년 11월 재선된 아베는 협상을 통한 해결에 전혀 관심이 없으며 그럴 능력도 없는 인물이다. 아베는 일본 정치인 중에서 납치 문제를 가장 잘 이용해 경력을 쌓은 사람이며, 지금은 그 문제를 이슈화시켜 이룬 자기 성공의 피해자가 됐다. 일본이 변하려면 다른 총리가 나와야 한다. 아베의 자리를 보수적인 이시바 시게루나 더 온건한 전 외무대신 기시다 후미오가 차지한다면 앞으로의 양상은 달라질지도 모른다. 그 사이에 일본은 협상을 좌절시키기 위해 쓸 수 있는 모든 방법을 동원할 것이며, 더는 거부할 수 없을 때가 되어야 협상에 참여할 것이다.

뉴욕(유엔)

북한은 유엔의 덫에 얽혀 있다. 핵 프로그램과 인권 문제가 주요 이유다. 트럼프의 국가안보보좌관 존 볼턴 덕분에 북한의 미사일 시험은 주요 이슈에서 배제된 상태다. 북한은 국제사회와의 인권 문제 협상을 완전히 거부하지는 않는다. 대신, 북한은 2014년 유엔 북한인권조사위원회 보고서와 그에 따른 북한 인권조사 이후로 미국 주도의 정치 문제화라 여겨지는 모든 활동에 참여를 거부하고 있다. 북한인권조사위원회는 80명 이상의 증인으로부터 증언을 받아 '체계적이고 광범위하며 지대한 인권 침해가 있었다'고 결론지었다.[5] 북한은 이 보고서에 거칠게 반발했다. 조사위원회가 보고서를 낸 해에 북한 정부는 유엔 국가별인권상황정기검토에서 제안한 268개 권고안 중 113개를 완벽히 실행하고 더 많은 것을 부분적으로 실행했다.

또한 북한은 군수품과 사치품 수입 금지, 석탄·철·납 수출 금지, 주요 북한 인물의 자산 동결을 포함한 안전보장이사회의 제재에도 반발했다. 북한은 이 제재가 승인된 법적 근거를 묻는 서면질의를 여러 차례 하기도 했다. 당시 반기문 사무총장은 답이 없었으며 현재 사무총장인 안토니우 구테흐스의 임기 중에도 상황은 변하지 않을 것이다. 하지만 구테흐스가 이끄는 지금의 유엔은 어떤 형태든 합의 보장에 핵심 역할을 할 가능성이 있다. 구테흐스는 유엔의 개입을 간절히 원하는 사람이기 때문이다. 이미 어느 정도는 도움이 됐다. 2017년 12월 구테흐스는 제프리 펠트먼 유엔 정무 담당 사무차장을 평양에 보내 북한이 이듬해 김정은의 신년연설에서 11.28 미사일 핵실험 일방적 연기 선언을 다시 한번 확인해달라고 종용하게 했다.

브뤼셀(유럽연합)

북한은 유럽연합과 다른 관계를 구축하기 위해 노력해왔다. 2000년대 초반 조선로동당 기관지 〈로동신문〉은 2001년 유럽연합 트로이카(여기서는 당시 유럽연합 의장국이었던 스웨덴의 예란 페르손 총리와 대외관계 담당 집행위원 크리스 패튼, 외교안보정책 최고대표 하비에르 솔라나로 구성된 유럽연합 대표단 3인을 의미한다. - 편집자 주)의 방북 이후 유럽연합을 미국에 대항할 유일한 패권 세력으로 묘사하는 사설을 여러 차례 실었다. 유럽연합 트로이카는 2003년 중단되는 인권 대화를 마련 했으며 2001년부터 2004년까지는 국가전략보고서를 발간하기 도 했다. 하지만 이 대담한 시도는 미국 정부가 프랑스와 영국의 내부 조력자에게 도움을 받아 강경한 움직임을 보이면서 물거품 이 됐다. 가끔 열리던 정치적 대화도 중단됐다. 2014년 북한은 인 권 대화를 재개하자고 다시 제안했다(그 이후로 이 제안은 계속 반복되고 있다). 하지만 유럽연합이 예상하지도 기대하지도 못했던 이 제안 은 당황스러운 침묵 속에 묻혔다. 이 제안을 받으면 서양의 구상 이 흔들릴 가능성이 있기 때문이었다.

사실상의 유럽연합 외무장관인 외교·안보 고위대표 페데리카 모게리니(이탈리아 민주당 소속)는 더 미묘한 접근방법을 통해 손을 내밀고 싶어 한다. 모게리니는 2017년 8월 마닐라에서 열린 아세 안 지역포럼에서 북한의 리용호 외무상과 악수함으로써 실제로 그렇게 했다.[6] 하지만 브뤼셀로 돌아오자 프랑스, 영국, 스페인이 이끄는 유럽연합 이사회는 추가 제재안을 계속 내놨다. 여기에는 (유럽연합에서 북한에 석유를 수출한 적은 한 번도 없었지만,) 석유 수출 금지, 김정은에 대한 개인적 제재, 외교관계의 '격하' 등이 포함됐다.

한편, 2017년 영국 BBC 방송은 한국어 라디오 방송국을 열어 북한으로 전파를 쏘기 시작했다. 이미 그렇게 하는 방송국이 열 댓 개쯤 있었다. 영국 보수당의 허세와 BBC의 비열함을 보여주 는 전형적인 움직임이다. 영국의 테리사 메이 정부는 또 하나의

영국 레이버당 대외관계위원회 위원
여러곳 참관

글린 포드 영국레이버당 대외
관계위원회 위원이 만경대소년단
야영소를 참관하였다.
　그는 우리 당의 숭고한 후대
사랑, 미래사랑에 떠받들려 학
생소년들을 위한 종합적인 과외
교양기지, 아이들의 궁전으로
더욱 훌륭히 전변된 야영소의
여러곳을 돌아보았다.
　또한 그는 평양곡산공장, 평
양어린이식료품공장 등을 참관
하였다.

영국레이버당 대외관계
위원회 위원 만경대소년단
야영소 참관

그림 3. 2016년 나의 만경대소년단 방문을 환영하는 <로동신문> 기사

'의지 연대'에 가입했다. 2016년 영국 왕립공군의 타이푼 편대는
남한에서 열린 연합공군훈련인 '무적방패'작전에 참여했다. 영국
은 연합군사훈련에 계속 참여하기로 약속했다.[7]

이뤄질 합의가 있는가?

　정치적 고립이 더욱 심해졌던 2017년 하반기에도 북한 정권은
이라크, 리비아, 시리아의 선례에 집착하고 있었다. 2016년에 북
한은 재빠르게 몸을 낮춰 핵 억지력을 완성했다. 병진노선의 목
표 중 하나를 완수한 것이다. 이렇게 되자 북한은 핵 프로그램의
'유효한' 부분을 중단할 수 있게 됐다. 핵실험 중지 자체만으로
도 제재로 묶여 있는 경제관계를 완화할 수 있게 된 것이다. 안전
보장이사회의 투표나 거부권 행사를 통해서가 아니라 중국-북한

국경에서 실제로 경제 활동을 하는 사람들을 통해서 그렇게 할 가능성이 생긴 것이다.

2018년 3월 8일 모든 상황이 바뀌었다. 김정은이 비핵화 의지와 함께 '트럼프 대통령을 최대한 빨리 만나려는 의지'를 표시했다고 북한을 방문했던 남한의 정의용 국가안보실장이 트럼프에게 전한 날이다. 트럼프는 바로 이 제안을 받아들였고 두 사람이 5월에 만날 것을 즉시 발표하라고 정의용에게 말했다. 정의용은 정확하게 그대로 발표했다.

김정은-트럼프 정상회담 성사는 양측 모두 성공이라고 생각했다. 서로 다른 방향을 바라보고 있었지만 말이다. 트럼프는 지금까지 다른 미국 대통령들이 하지 못했던 업적을 성취했다. 그는 미국을 다시 안전하게 만들었고 돈도 아꼈다. 하지만 그 이후로 힘겨운 일이 시작됐다. 한반도 비핵화라는 궁극적인 결론에는 동의하지만, 그 일정과 과정에 관해서는 양측의 차이가 아주 컸다. 이 목표와 대업을 성취하는 경로는 기술적·정치적 이유로 오랫동안 질질 끄는 과정이 될 것이다.

양쪽 모두 신뢰를 쌓아야 한다. 그러려면 시간, 노력, 헌신이 필요하다. 핵이 없어지면 북한은 미국의 관심사가 아니게 된다. 따라서 베팅할 기회도 없어진다. 북한은 미국의 관심을 최대한 유지해 관계를 강화해야 한다. 아니면 최소한 안전보장이라도 받아내야 한다. 기대와 약속 이행 사이의 이런 신뢰 격차도 반드시 없어져야 한다. 가장 위험한 시기는 정상회담 이후다. 그때는 이 현실이 그대로 드러날 것이기 때문이다.

양측이 마지못해 서로 받아들일 수 없는 조건을 받아들이고 잊을 수 없는 것을 잊는다고 해도 여전히 과정의 문제가 남는다. 1994년 제네바 합의에서, 더 최근에는 이란과의 협상에서 봤듯이 서로 주장을 속이고 악의를 드러내고 방해공작을 할 가능성이 충분하다. 의도치 않은 계획 변경으로 합의사항에 없는 것들이 쟁점이 될 수도 있다. 그러면 미국과 북한은 과정과 진전을 포기하고 더 심한 대립 상태로 치달을 것이다.

합의안에 채워 넣을 세부 조건이나 과정 그 자체에서 정상회담이 한 번이라도 실패하면 미국은 고립될 것이며, 이전까지 미국 정부가 받아들일 수 없었던 상황, 즉 핵으로 무장한 북한을 인정하지 않는 한 미국에는 충분히 전쟁으로 이어질 수 있는 세 가지 적대적 선택만 남을 것이다. 트럼프가 아닌 그 누구가 미국 대통령이라도 그런 모욕을 참기는 힘들 것이다. 체면을 지키기 위해 수백만 명이 희생될 수도 있다. 그 결과는 한반도와 전 세계 모두에게 끔찍할 것이다.

첫 번째 선택은 미국이 주도하고 시작하는 군사행동이다. 미국은 '코피 전략'이라고 이름 붙인 타격을 시행해 북한의 미사일 발사대나 건설 중인 실험용 원자로, 잠수함 등을 날려버리면서 미국의 의지를 보여줄 것이다. 여기에는 김정은이 이라크의 사담 후세인, 리비아의 카다피, 시리아의 바샤르 알아사드처럼 대응하지는 않는다는 전제가 있다. 하지만 그렇기 때문에 김정은에게는 선택의 여지가 거의 없다. 북한은 대응을 강요받게 되고, 미군에 반격할 기술이 없으므로 남한의 민간인을 공격하는 방법밖에 없을 것이며, 확전은 거의 불가피해진다. 북한에는 제2격(보복 핵공격) 능력이 거의 없기 때문에 모두 다 살기 아니면 모두 다 죽기가 될 것이다. 북한 정부가 이라크로부터 배운 점이라면 바로 이것이다.

북한의 핵과 미사일 기지 타격과 더불어 북한 지도부의 제거를 시도한다고 해도 같은 결과는 같을 것이며, 진행 속도만 더 빨라질 것이다. 영국에서는 새로 총리에 선출되면 문서 하나를 작성해 밀봉해야 한다. 자신이 강력한 선제공격을 받아 사망하면 즉시 어떤 군사적 대응을 해야 하는지 구체적으로 밝히는 문서다. 총리는 그만둘 때 개봉되지 않은 상태로 그 문서 봉투를 돌려받는다. 북한에도 그런 절차가 있다면 김정은은 그 문서에 '항복하라.'라고 쓰지는 않을 것이다.

미국의 공격이 기적적으로 북한의 모든 핵무기를 완파하는 데 성공한다고 해도 이는 서울의 파괴 및 남한과 일본의 인구 밀집 지역의 심각한 피해를 의미한다. 북한은 서울을 포격할 수 있는 사정거리인 DMZ 바로 북쪽에 대포 발사용 참호를 1만4000개나 파 놓았다. 뒤이어 일어나는 전쟁은 수백만의 생명을 빼앗고, 수백만의 난민을 낳고, 남한과 북한을 붕괴시킬 것이다. 한반도는 기아와 질병으로 만신창이가 되어 무장 강도와 자경단이 설치는 피폐한 곳이 될 것이다. 예방 타격이 목표물을 놓쳐 북한에 핵무기가 조금이라도 남는다면 낙진과 방사능으로 인한 병이 뒤섞여 상황은 훨씬 더 나빠질 것이다.

두 번째 선택은 정권 교체를 도모하는 것이다. 미국이 비밀 작전을 벌여 김정은 정권을 무너뜨리거나, 미국이나 중국이 자신의 말을 더 잘 듣는 인물로 정권 지도자를 교체하는 '궁정 쿠데타'를 사주하는 방법이다. 김정은을 대체하기는 쉽지 않을 것이다. 중국이 그런 형태로 개입할 가능성이 보이자 김정은은 고모부인 장성택을 처형하고, 이복형인 김정남을 암살했다. 김정은이 쿠데타로 실각한다고 해도 그 결과로 탄생한 정권이 더 나으리라는 보장은 없다. 게다가 쿠데타가 신속하거나 깔끔하게 진행되지 못한다면 시리아에서처럼 내전이 일어날 수도 있다. 여기서 다른 점이라고는 한쪽은 핵무기를 가지고 있고 적이 코앞에 있다는 것뿐이다. 이 시나리오에서도 시리아 난민 대탈출 규모의 3~4배인 수백만 명의 난민이 발생하고 경제는 붕괴한다. 북아프리카의 '아랍의 봄'과 같은 민주화 혁명이 미국의 후원을 받아 일어난다 해도 내부의 잔혹한 탄압을 당할 것이고 외부의 개입은 강한 저항을 받을 것이다.

세 번째 선택은 무역 전면 금지 조치다. 조치의 핵심은 석유 수입 금지다. 김정은이 핵·미사일 프로그램을 재가동하지 않는 한 중국이나 러시아, 심지어는 남한이 미국과 뜻을 같이할지 현실적으로 의문이 생긴다. 미국은 2017년 9월 중순 유엔 안전보장이사회를 통해 이 같은 조치를 취하려고 했지만, 러시아와 중국은 금지 조치가 부분적이어야 한다고 주장했다. 석유와 관련 없는 제재로는 북한이 핵 프로그램을 완성하지 못하게 할 수 없었다.

아무리 중국과 안전보장이사회가 나선다 해도 북한은 1990년대 말 기근으로 수백만 명이 숨지는 동안에도 눈 하나 깜짝하지 않았던 나라다. 협상이 깨지면 북한을 다시 협상 테이블에 앉히

기가 쉽지 않을 것이다. 상황이 심각해진다면 항복보다는 모험적인 군사행동을 선택할 가능성이 훨씬 더 높다. 하지만 김정은이 군사행동을 하지 않는다면 내부에서 앞에 설명한 두 번째 시나리오를 따라갈 가능성이 높다. 빈곤과 물자 부족은 식량 탈취 폭동과 압제, 개입, 전쟁을 야기한 정권에 대한 보복 살인을 일으킬 수도 있다. 먼 길을 돌아서 가는 것일 뿐이다.

위의 세 가지 선택 모두가 전쟁을 유도할 수 있다는 점을 고려하면 마지막이자 최고의 선택은 협상을 통한 합의다. 이때 북한은 어떤 해결방법이든 미국에 의존해야 맞다. 북한은 주요 협상 방식으로서의 6자회담 재개에 전혀 관심이 없다. 북한이 필요한 것은 남북대화와 조선민주주의인민공화국-미국 간 양방향 협상과 그 후속으로 이어지는 평화 합의, 안전보장, 합의사항 이행을 위한 자금 지원 등과 같은 다차원적 노력이다. 그들의 목적은 포괄적 합의다. 소련과 서방 사이의 긴장 완화를 위한 1970년대 중반 헬싱키 프로세스의 혁신적인 정치적 청사진의 요소들을 활용하는 합의일 것이다(이는 1973년부터 1975년까지 수 차례 회담을 거쳐 주권 존중과 전쟁 방지, 인권 개선 등을 핵심으로 한 '헬싱키 최종 협약'을 체결한 과정을 말한다. 세계 35개국의 원수 및 행정수반이 서명한 이 협약은 소련과 동유럽 국가들의 사회주의 체제 탈피와 인권 개선에 크게 기여했다. - 편집자 주). 헬싱키 프로세스가 효과를 낸 이유는 일대일 맞교환이 아니라 경제협력과 인권, 안보에 이르기까지 다양한 분야에서 겉으로 보면 격이 맞지 않는 조건들을 서로 양보해 받아들였다는 데 있다.

북한의 핵 야심을 동결시킨 1994년 북미 제네바 합의를 모델로 하는 새로운 북미 합의 도출도 한 방법이다. 핵실험과 장거리 미사일 개발 중단 상태를 유지하기 위한 정상 간 합의 뒤에는 공식적인 대화들이 이어질 것이다. 미국과 동맹국들의 연합군사훈련 중단이 그 대가가 될 것이다. 북한은 플루토늄 생산 조기 동결, 원자로 폐쇄, NPT 재가입, IAEA 사찰 수용 등을 약속할 수도 있다. 북한의 ICBM과 제조공장을 파괴하는 장면이 TV로 중계될 것이다. 이 과정의 클라이맥스는 10~15년 후 경수로들이 실제로 가동되고 북한이 마지막 핵재료를 넘겨주는 것이다. 그 사이에는 많은 중간 단계가 있을 것이다. 완전히 다른 단계들이 될 수도 있다. 트럼프는 과거의 실수를 되풀이하길 원하지 않는다. 따라서 미국 정부는 제2의 제네바 합의처럼 해석될 수 있는 형태로는 합의하지 않으려 할 것이다. 하지만 분명한 사실이 하나 있다. 북한이 원하고 북한에 필요한 것은 장기적 관계지 하룻밤 관계가 아니다.

합의를 이루는 것은 어려운 일이다. 하지만 합의 내용을 실천하는 것은 더 어려운 일이다. 1994년 제네바 합의가 이뤄졌을 때 미국 측에는 합의사항을 실행해야 한다고 생각했던 사람이 거의 없었다. 그리고 실제로 실행하지도 않았다. 미국은 2001년 일방적으로 합의를 폐기했다. 그때의 경험에서 북한은 국제사회의 보증이 필요함을 깨달았을 것이다. 트럼프는 최종 합의에 들어갈 몇백억 달러에 이를 자금을 제공할 의사도 능력도 없다. 지난 제네바 합의 당시에는 쉽게 젖을 짜낼 캐시카우가 있었다. 남한, 일본, 그리고 유럽연합이다. 이들은 돈만 내고 발언권이 없었다. 이번에도 자금 지원의 대부분, 즉 비용의 최대 70%를 남한이 책임진다. 중국(일대일로 구상의 확장선 상에서), 아마도 일본(앞에 설명했듯이 피할 수 있는 한 피하다가), 유럽연합이 손을 보탤 것이다. 유럽연합 회원국 중에서는 독일의 앙겔라 메르켈 총리가 기여하겠다고 제안한 상태다. 이번에는 이들이 결정과정에서 역할을 요구할 것으로 보인다.

터널의 끝에는 빛이 있을지 모른다. 하지만 아직 그 터널이 있다는 보장이 없다. 북한 정부는 히로시마나 바그다드의 운명을 겪을 수도 있다. 그런 운명을 피할 수 있다면 북한은 장기적으로 중국이나 베트남, 알바니아나 헝가리가 될 수도 있다. 수천만 명의 운명이 이 균형 잡기에 달려 있다.

이 책의 구성

이 책은 모두 9개의 장으로 되어 있다. 제2장은 한반도의 식민 역사, 태평양전쟁 경험, 두 초강대국에 의한 분할, 그리고 38선을 사이에 둔 남북한의 좌우익이 그들만의 방식으로 어떻게 한반도를 통일하려 했는지를 다룬다. 현재의 북한을 이해하기 위한 필수 과정이다. 태평양전쟁의 종전은 한국 역사에서 아주 결정적인 순간이다. 종전에 이은 분단 때문이 아니라 종전으로 인해 한반도는 600년에 걸친 주변 강대국, 즉 중국, 일본, 러시아에의 종속 상태를 끝내기 때문이다.

소련이 북한을 점령했을 때 정치 공백을 채우기 위해 선택한 항일 게릴라 투사 김일성은 원래 열렬한 스탈린주의자였다. 그래서 김일성은 한반도를 붉은 깃발 아래 통일하기 위한 남침에 앞서 스탈린과 마오쩌둥의 허락을 구했다. 전쟁은 1950년 6월 25일에 터졌고 곧 국제전이 됐다. 북한이 한반도 남쪽 끝의 부산까지 밀고 내려가자 미국이 개입했고 뒤이어 유엔사령부가 인민군을 중국 국경으로 퇴각시켰다. 중국이 발을 담근 것은 바로 이 시점이었다. 2년간의 교착상태는 휴전으로 막을 내렸고, 65년이 지난 지금까지도 평화 조약으로 이어지지 않고 있다. 전쟁의 잔혹함과 북한과 미국 사이에서 계속된 교착상태는 현재도 북한의 정치와 일상생활에 어두운 그림자를 드리우고 있다.

제3장은 김일성 치하의 전후 경제적·사회적·정치적 전개와 그가 권력을 다지기 위해 당 안팎의 경쟁자들을 제거하고 적대 세력을 분쇄한 방식을 다룬다. 김일성은 유일지배를 정당화하고 유지하기 위해 강력한 개인숭배체제를 구축했으며 경제 면에서는 자급자족 정책, 정치 면에서는 주체사상을 주요 동력으로 이용했다. 이런 정치 혁명과 더불어 중공업을 바탕으로 한 북한 경제는 놀라운 성장을 기록했고 빠른 속도로 전쟁의 폐허에서 벗어나 남한의 무기력한 경제를 앞질렀다. 하지만 그 질주는 오래가지 않았다. 김일성이 사망한 1994년 북한 경제는 너무나 취약해져 있었고, 자연재해 몇 번이면 스스로 무너질 지경에 이르렀다.

붕괴는 빨리 일어났다. 제4장은 수백만 명의 목숨을 빼앗고 그보다 훨씬 더 많은 사람의 삶을 황폐하게 만든 북한의 기근에 관해 설명한다. 난민들은 중국으로 흘러들어갔고 국제단체들은 식량 원조와 인도주의적 도움을 제공하기 시작했다. 김정일은 기근의 원인을 계속된 홍수와 소련의 붕괴 탓으로 돌리고, 아래로부터의 경제 개혁을 막으면서 위로부터의 개혁을 시작했다. 김정일은 자신만의 개인숭배체제를 서서히 만들었다. 이 장은 북한의 인권 상황과 '탈북자들' 증언의 가치를 다룬다.

제5장은 경제 발전과 핵 억지력 보유라는 두 가지 목표를 가진 병진노선을 중심으로 세 번째 김 씨 지도자의 부상을 다룬다. 권력을 장악한 후 김정은은 시장을 장려하고 매대와 시장에서 장사하는 사람들을 눈감아줬다. 김정은 통치하에서 소비재와 서양의 패션 제품이 평양 상류층에 퍼지기 시작했다. 농업과 산업의 개혁이 계속됐지만, 더 성공적인 쪽은 농업이었다. 핵 억지력 개발이 우선이었고 결승선을 향한 질주가 이뤄졌다.

제6장은 북한의 일상생활을 다룬다. 시장 개혁에도 불구하고 정치체계는 여전히 강력한 통제를 받고 있다. 이 장은 당과 평양의 일상, 교육, 신문과 방송, 건강관리 정책, 범죄와 처벌 등을 자세히 다룬다. 서양의 영향과 전통적인 방식 모두를 다룬다.

제7장에서는 핵무기 개발 프로그램의 출발과 동기를 살펴보고, 미사일 개발과 화학전, 생물학전, 사이버전 등 북한의 전반적인 역량을 평가해본다. 또한 핵 프로그램을 중단시키기 위한 이전의 협상 노력, 핵에 대한 북한의 입장, 북한의 해외 군사 지원 제공 역사도 살펴본다. 끝부분에서는 남한과의 관계를 다룬다.

제8장은 대북제재와 소련 영향하에서 제3의 길을 찾으려던 시

도 등을 살펴보면서 북한의 대외관계를 중점적으로 다룬다. 이 장은 (관계가 나쁜) 중국, (관계가 더 나쁜) 미국, (관계가 가장 나쁜) 일본, 유럽연합과 유엔과의 관계를 고찰한다.

제9장은 전쟁 없이 한반도 위기를 해결하는 방법에 초점을 둔다. 매우 어려울 것이다. 선의, 신뢰, 헌신이 필수적이며, 그것만으로도 충분하지 않다. 합의의 틀, 자세한 순차적 계획과 그에 따른 실행 과정이 필요하고 국제사회도 당사국들 못지않게 그 과정에 주인의식을 가져야 한다.

제1부
현재 위기의 뿌리:
북한 역사에 관한 이해

제2장

철의 장막 열어보기

북한을 이해하려면 강력하고 적대적인 이웃 나라들 사이에서 북한이 벌이고 있는 생존 투쟁에 관해 잘 알아야 한다. 영국 정도의 면적에 일본, 중국, 러시아 사이에 위치한 한반도는 역사 전반에 걸쳐서 침략과 간섭, 개입의 대상이었다. 1905년 을사조약이 체결될 당시 한국(대한제국)은 민주주의나 시민사회 경험이 전혀 없는 봉건국가였다. 태평양전쟁이 끝난 1945년까지 한반도는 일본의 식민지였으며, 그 후 미국과 소련에 의해 38선을 기준으로 양분됐다. 하나였던 점령국이 둘이 된 셈이다. 포츠담 회담(1945년 7월)에서 스탈린과 트루먼이 합의한 대로 250km에 이르는 분단선이 나라를 북쪽 소련 지역(나라의 55%)과 남쪽 미국 지역(45%)으로 나눴다. 남한이 45%가 된 것은 소련이 정부가 수용할 만한 최소 면적을 55%라고 판단한 미국의 생각이었다.

　이어진 한국전쟁의 결과로 한반도에는 DMZ를 따라 철의 장막이 쳐지게 된다. DMZ는 38선과 대략 일치하지만, 서쪽에서는 약간 남쪽으로, 동쪽에서는 약간 북쪽으로 치우쳐 있다. 급박했던 휴전 당시 상황이 반영됐기 때문이다. 시간이 지나면서 이 극명하게 다른 두 나라는 한반도에서 따로따로 발전하게 됐다.

지리

　한반도는 만주 동부와 시베리아의 평원부터 일본 서부 규슈에서 110km 떨어진 지점까지 뻗어 있다. 1425km에 이르는 중국과의 국경에는 압록강과 한반도에서 제일 높은 백두산이 있으며, 서해(황해) 쪽에는 신의주가 있고 동해 쪽으로 두만강이 흐른다. 이 두 강의 발원지는 백두산 천지다. 백두산은 남한과 북한 모두의 국가 상징으로 일본의 후지산과 비슷한 정신적 위치에 있다. 백두산은 한때 중국과의 국경 분쟁 대상이었지만, 결국 북한에 유리하게 분할됐다. 러시아와의 국경은 1860년 니콜라이 2세가 중국으로부터 연해주 지역을 획득했을 때 생겼다. 두만강을 따라 그어진 19km 길이의 이 황량한 국경 지역에는 단선철도가 놓인 다리 하나 외에는 국경을 통과할 수 있는 곳이 없다. 중국-북한 국경을 형성하는 강의 상당 지역은 거의 1년 내내 헤엄치거나 물살을 헤치며 건널 수 있다. 겨울에는 걸어서 건널 수도 있다.

북한의 거의 80%는 산악 지역이어서 농사 지을 땅이 귀하다. 따라서 북한 인구 2230만의 대부분은 좁은 동해안 부근 평원과 그보다는 넓은 서해안 부근 평원에 몰려 있다. 이런 지리적 여건은 홍수, 삼림 파괴, 기근 등의 영향을 미쳤다. 석탄, 아연, 마그네슘 같은 북한의 풍부한 천연자원은 1960~70년대 중공업 성공의 기초가 됐다. 이와 대조적으로 남한은 광물이 부족하고 경작 가능한 땅이 풍부하다.

한국은 2500년 전 선사시대의 안개 속에서 처음 모습을 드러냈다. 왕국들이 흥하고 성했으며, 분리를 통해 새로운 왕국이 태

그림 4. 고려항공 비행기에서 본 중국-북한 국경

어나고 복속을 통해 사라졌다. 고구려 같은 왕국은 현재의 국경선을 훨씬 넘어 중국 내부 깊숙이 영토를 확장하기도 했다. 고구려의 발자취는 만주의 조선족을 포함해 더 큰 한국을 꿈꾸는 남한의 우익 실지회복론자들을 자극하고 있다. 반면, 중국인 일부는 북한이 붕괴하면 북한 땅이 더 큰 한국의 땅이 아니라 중국 땅이 될 것으로 기대하고 있기도 하다. 한반도에 존재했던 왕국들은 항공사, 호텔, 식당의 이름으로 아직도 살아있다.

미국의 개입

19세기 내내 서양 강국들은 크리스트교를 이용해 자연스럽게 무역 장벽을 제거하려고 했다. 1836년 중국을 통해 조선에 들어온 프랑스 가톨릭 사제들은 25년 만에 고종의 모후를 포함해 약 2000명을 개종시켰다. 외국인을 배척한 고종의 아버지 대원군은 유교 사상을 어지럽힌다는 이유를 들어 개종자들을 박해했다. 대원군은 너무 많은 신뢰를 주면 배신과 지배를 당한다는 것을 중국과의 관계에서 배운 상태였다. 외국의 배들은 도착하자마자 조선인들의 공격을 받고 떠나갔다. 19세기 중반 유럽 국가들과 미국은 아시아에서 새로운 무역로를 개발하기 위해 안달이 난 상태였다.

서양의 상인들과 무장 상선들이 들어오면서 중국의 입지는 더 좁아졌고, 제1차 아편전쟁(1839~42년)이 영국과 청나라 사이에서 발발하자 조선은 문을 굳게 닫았다. 이렇게 스스로 고립을 선택하는 것은 부정하는 것과 같았다. 나라의 경제 발전과 군사력이 얼마나 뒤떨어져 있는지 숨기는 행동이었다. 1853년 매튜 페리 제독은 '흑선(black ship)'을 이끌고 강제로 일본을 개방했지만, 부산 앞바다에 열흘간 정박했던 미국의 포함 USS사우스아메리카호는 조선의 환영을 받았다. 1855년과 1856년 조선 근해에서 난파당한 미국인들은 좋은 대접을 받았고 중국을 통해 본국으로 송환됐다. 하지만 누구에게나 보일 수 있는 이런 예의바른 인도주의적 행동을 미국은 문호를 개방하겠다는 의지로 잘못 읽었다.

이런 긴장관계는 1866년 미국의 사업가 W. B. 프레스턴이 USS제너럴셔먼호를 조선에 보냈을 때 최고조로 치달았다. 대동강을 거슬러 올라가던 제너럴셔먼호는 평양 근처 두루섬에 도착했다. 당시 평양 감사는 중군(中軍) 이현익을 보내 제너럴셔먼호 선장에게 즉시 떠나지 않으면 모두 죽이겠다는 뜻을 전달했다. 미국인들은 이현익을 인질로 잡았고 나흘 동안 전투가 벌어졌다. 결국 배는 불타고 배 밖으로 뛰어내린 나머지 선원들은 모두 살육당했다. 1871년 미국은 제너럴셔먼호 사건의 책임을 묻기 위해 650명의 병력과 군함 다섯 척을 보냈다. 전투의 결과로 조선인 350명이 사망했지만, 미국인들은 강제로 조선을 개항할 힘도 권한도 없었다. 어쨌든 조선은 미국의 의도를 파악하게 됐다. 1876년 일본의 원정군이 한성 근처에 도착하자 조선은 마지못해 강화도조약을 맺고 항구를 개방했다. 그 후 유럽 국가들, 미국과의 불평등조약이 체결됐다. 제물포에서 체결된 조미수호통상조약(1882

년)은 상호우호관계와 선교활동 불간섭을 내용으로 하고 있다. 선교활동 불간섭은 상호적용되는 조항이었지만, 미국에 가서 유교를 전도했던 사람은 거의 없었던 반면, 미국에서는 수많은 선교사가 건너왔다.

반란, 폭동 그리고 침략

조선은 19세기의 상당 부분 동안 반란과 식량 폭동을 겪었다. 그 최고조는 1894~95년의 동학농민전쟁이었다. 동학은 1860년대 초반 크리스트교 포교, 조선 왕조의 고질적 부패와 학정에 대항해 생겨난 토착 종교운동이었다. 반란은 한반도 서남 지역에서 급속하게 나라의 중심부로 확산되어 한성을 위협하기 시작했다. 절박해진 왕실은 청에 진압군을 요청했다. 청은 기꺼이 군대를 보냈다. 청의 군대가 떠날 기미를 보이지 않자 일본은 그 3배에 달하는 병력을 파견했고 제1차 청일전쟁(1894~95년)이 시작됐다. 일본은 조선인들에게 자유를 약속했지만 일단 조선에 들어오자 청처럼 나가지 않고 버텼다.

일본은 그다음에 나타난 러시아인들도 패퇴시켰다. 1890년 말 청은 만주를 가로지르는 시베리아횡단철도 연장 권리를 러시아에게 주고 포트 아서(현 뤼순)를 러시아의 태평양 해군기지용으로 조차해줬다. 이 라인이 완성된다면 러시아는 병력을 신속하게 만주와 조선으로 이동시킬 수 있었다. 일본은 진주만 공격의 리허설 격으로 포트 아서를 기습해 러일전쟁(1904~05년)을 일으켰다. 사상 최초로 동양이 서양을 이긴 전쟁이었다.

토킹 투 노스 코리아

일본군은 러일전쟁이 시작되자 한성을 점령하고 즉각적인 보호조약 체결을 강요했다. 사실상 일본의 '영향권' 안에 한국을 편입해 주권을 포기시키는 조약이었다. 일본은 통감부(나중에는 총독부)를 설치했고, 미국은 1905년 가쓰라-태프트 밀약을 통해 자신들이 체결한 조약을 위반하면서 필리핀의 지배권을 갖는 대신, 대한제국에 대한 일본의 지배권을 인정해줬다.

고종은 자신의 서명이 없다는 이유로 보호조약이 무효라고 선언했지만, 1907년 조선의 마지막 군주가 되는 자신의 아들 순종에게 강제로 양위하게 된다. 일본 지배에 대한 민중의 저항이 확산됐지만, 개인의 테러만으로는 별 소용없었다. 의병으로 알려진 비정규군이 주도한 저항은 가혹하게 진압됐다. 1909년 이토 히로부미 전 조선통감부 통감 암살은 저항세력이 약하다는 사실만 드러낸 채 한일병합조약(1910년) 체결의 구실만 제공해줬을 뿐이었다. 이 조약으로 한국의 지위는 보호령에서 식민지로 전락했다. 2만 명이 죽었고, 남은 의병들은 망명길을 떠났다.

이런 상황에서 군주제 복원을 거부하고 다른 미래를 꿈꾸는 새로운 형태의 민족주의가 부상했다. 제1차 세계대전이 끝나갈 무렵 미국 우드로 윌슨 대통령은 '민족자결주의' 원칙을 주장했다. 이에 자극받은 일본 내 한국 유학생들은 1919년 2월 조선 독립을 선언했다. 이에 호응해 1919년 3월 1일 서울에서 수십만 명이 집회를 열었다. 일본군의 발포로 시위대 수천 명이 사망했으며 수만 명이 체포됐다.

일본의 진압은 효과가 있었다. 하지만 민족주의 정서는 더 거

세지기만 했다. 상하이로 망명한 민족주의자들은 대한민국 임시
정부 수립을 발표하고 보수주의인 이승만을 대통령으로 세웠
다. 한편, 한국과 한국인이 사는 외국 지역에서는 공산주의가 부
상하고 있었다. 본토에서는 공산주의자들과 사회주의자들이 청
년단체와 노동자단체를 조직하기 시작했다. 1918년 1월 러시아
혁명이 일어난 지 몇 달 만에 민족주의 성향이 강한 조선공산당
이 소련공산당 지부 자격으로 설립됐다. 1925년 조선공산당은 서
울에서 다시 창건됐다. 당의 설립자 중 한 명인 박헌영은 1945년
남한 쪽 조선공산당을 재건한다. 미래의 주인공 두 명이 등장했
다. 한 명은 우익, 다른 한 명은 좌익이었다.

　　공산주의자들은 소작농과 얼마 안 되는 산업 프롤레타리아에
활동 역량을 집중했다. 조선공산당은 농촌을 중심으로 한 붉은
소작농 인터내셔널(크레스틴테른) 정신과 레닌의 노동계급 해방 이
론을 혼합해 조선공산당의 설립 이념으로 삼았으며 이는 당이 목
표로 하는 계층에 제대로 호소력을 가졌다. 조선의 농장과 공장
은 모두 일본인이 소유하고 있었기 때문이다. 압제 당하는 한국
인들에게 민족주의와 공산주의의 결합은 매력적일 수밖에 없었
다. 그럼에도 불구하고 1928년이 되자 소련은 조선 공산주의자들
의 종파주의와 내부 싸움에 염증을 느끼고 있었다. 조선노동당은
와해됐고 당원들은 일본이나 중국의 공산당에 가입하라는 지시
를 받았다. 하지만 너무 늦은 일이었다. 이미 일본은 자국에서도
공산주의자를 한국만큼 가혹하게 탄압하고 있었다.

　　1927년 온건파와 급진파 항일단체들이 결집해 연합전선조직

인 신간회를 결성했다. 신간회는 일본의 탄압으로 세가 꾸준히 축소됐지만 해산할 때까지 좌익 활동을 했다. 1931년 일본은 식민지배의 마지막 국면에 접어들면서 군대를 동원해 식민지들을 통제하기 시작했다. 일본은 신사참배를 의무화하고, 학교에서 일본어를 쓰게 하고, 한국어 사용을 금지하고, 창씨개명을 강요해 한국인들을 동화시키려 했다. 하지만 소작농의 봉기와 노동운동은 점점 더 규모가 커져갔다.

김일성, 좌익 활동을 시작하다

김일성의 가족은 1919~20년 사이에 조선을 떠나 만주로 망명한 수많은 가족 중 하나였다. 김일성은 타이타닉 호가 침몰한 1912년 4월 15일 태어났고, 본명은 김성주다. 그는 17세 때 만주에서 조선공산청년회 결성을 도운 혐의로 체포돼 8개월 동안 수감됐다. 석방이 되자 김일성은 1931년 중국공산당에 가입해 주로 선동 작업을 했다. 그해 일본은 만주를 침공했고 이때 생긴 무장저항세력은 점점 수가 불어나 중국인 항일유격대원 수만 20만 명이 넘어선다. 본토에서 의병이었던 한국인 일부도 이 세력에 가담했는데, 그중 한 명이 바로 김일성이다. 1933년까지 무장투쟁을 하던 김일성은 1935년 항일 투사로 잘 알려진 김일성의 이름을 가명으로 쓰면서 1만5000명 규모의 중국공산당 산하 동북항일연군 활동을 시작했다.

일본이 항일유격대를 탄압할수록 유격대는 고정된 위치를 포기하고 더 작은 단위로 조직을 쪼개면서 시골 깊숙이 숨어들었다.

1935~41년 사이에 김일성은 진급을 거듭해 장교가 됐다. 가장 유명하고 가장 규모가 컸던 그의 작전은 1937년 200명을 이끌고 중국-한국 국경 마을 보천보에 있는 일본군 주둔지를 습격한 것이다. 대부분의 전쟁에서 이 정도면 소규모 접전에 불과하다. 김일성은 운이 좋고, 단호하고 회복이 빠른 애국자였다. 일본인들도 김일성을 유능한데다 인기까지 있다고 평가했다.

 1941년 김일성이 이끄는 항일유격대는 소련으로 피신해야 했다. 당시 소련은 그해 4월 체결한 소련-일본 중립 조약으로 일본과 평화관계였다. 시베리아의 춥고 혹독한 환경에서 김일성과 그의 부대는 다시 무장하고 훈련받으며 정통 공산주의를 공부했다. 김일성은 소련-중국 국경 근처의 하바롭스크 보병학교에 배치됐다. 소련 자료에 따르면, 그곳에서 김일성은 동료 항일유격대원인 김정숙과 결혼했으며 장남인 김정일도 이때 태어났다(하지만 북한 역사 교과서에는 김정일이 백두산 밀영에서 태어났다고 되어 있다).

 김일성은 7살 때부터 사실상 망명 생활을 했다. 소련에서 보낸 시기를 별개로 하더라도 김일성은 마을이나 도시에서 산 적이 한 번도 없어 책, 신문, 라디오와는 단절되어 살았다. 따라서 국제 정세와 세계의 상황에 무지했다. 《공산당 선언》과 스탈린이 1938년에 쓴 《모든 연방 공산당의 역사: 단기 과정(볼셰비키)》을 성경처럼 생각하고 읽은 것을 제외하면 김일성이 마르크스-레닌주의를 일관성 있게 공부했다는 증거는 전혀 없다. 하지만 김일성은 실전에서 배웠다. 항일유격대원 경험은 김일성의 리더십 스타일을 형성하고 조선민주주의인민공화국의 미래 모습을 만들어냈다.

식민지배가 끼친 영향

일본은 막 자기 길을 가려던 나라를 빼앗아 해체하고 재구조화하고 병합하고 동화시키려 했다. 일본의 목표는 경제적 수탈을 훨씬 넘어 한국 사회와 문화를 파괴하고, 한국인들을 일본 천황의 '2등 신민'으로 재탄생시키는 것이었다. 조지 오웰이 비웃듯이 묘사한 바에 따르면 당시 한 일본 라디오 방송은 '조선인들의 (일본에 대한) 애국심에 제대로 부응하기 위해 일본 정부는 조선에 징병제를 도입하기로 했다'는 내용을 내보냈다[1]. 제2차 세계대전 기간에 조선인 240만 명이 일본군에 편입되어 싸웠으며 대부분 강압에 의한 것이었다. 수십만 명이 목숨을 잃었다.

일본 관료와 기업가들은 조선의 각종 기관을 넘겨받아 봉건제의 마지막 남은 부분을 파괴하고, 사회기반시설 구축과 함께 산업화를 추진하고 농업 생산성을 높였다. 쌀 생산량을 늘리기 위해 새로운 모내기 방법과 화학비료를 도입했다. 농업 발전은 남부에, 산업과 광업 발전은 북부에 집중됐다. 일본은 주택과 공장, 도로, 철도도 건설했다. 효과가 있었다. 한국의 경제 성장률은 일본의 경제 성장률보다 높았다. 하지만 그 혜택은 한국인이 아니라 일본 정부에 돌아갔다.

한반도는 일본의 대동아공영권의 한 축이 되어 일본 제국에 식량, 노동력, 전쟁 물자, 공산품을 조달했다. 한국에서 값싼 노동력을 이용해 전시 노동을 시키거나 값싼 노동력을 일본에 보내 전시 노동을 시키거나 둘 중 하나였다. 남자는 광산이나 공장으로,

젊은 여자는 일본군 '위안부'로 보내졌다. 한국은 일본 문서와 통계를 인용해 1945년까지 남자 80만 명, 여자 5~7만 명이 강제로 일본에 보내졌다고 추정하고 있다. 북한은 200만 명이 노예 노동자로 착취당했다고 주장한다.

일본의 지독하고 가차 없는 탄압, 특히 식민지배 마지막 15년 동안의 탄압으로 전통적인 민족주의자 지도자들은 거의 모두 망명해야 했다. 조국을 떠난 이 미래의 지도자들은 고립됐다. 한국의 변화는 이들을 배제한 채 이뤄졌다. 이들은 일본이 일으킨 현대화도 극적이고 비가역적인 사회 변화도 경험하지 못했다. 전통적인 지도자들이 조국에 돌아왔을 때 사람들의 기억에는 이들이 없었다.

일본의 식민지배는 한국의 정치 공백을 초래했다. 지도자들은 추종자 없이 망명했고, 한국에는 따를 지도자가 없는 추종자들뿐이었다. 또한 일본은 한국인을 기술자나 관리자로 교육하지 않았기 때문에 현대화 과정을 겪은 토착 엘리트들이 민족자본주의를 실천할 수 있는 길도 원천적으로 차단됐다. 이 공백은 공산주의자들과 공산주의가 채웠다. 공산주의자들의 민주집중제는 지도자가 없어도 집단이 살아남은 선례가 있는 제도로 소작농과 노동자들의 봉건제 이후의 열망과 맞아 떨어졌다.

일본의 점령은 미국이 태평양전쟁에서 승리하면서 끝났다. 1945년 8월 15일 일본이 무조건 항복을 선언하자 독립을 향한 한국의 희망이 솟구쳤다. 이미 1943년 카이로 회담에서 '미국과 미국의 동맹국들은 조선 인민의 노예 상태에 유의하여 적당한 시기에 조선을 자유롭게 독립시킬 것을 결정한다'는 내용의 선언문이 발표됐다. 하지만 승전국들은 '적당한 시기'가 지금은 확실히 아니라고 판단했다. 프랭클린 루스벨트와 이오시프 스탈린은 한국인들이 정치적으로 미성숙하고 분열되어 있으며 스스로 정부를 운영하는 데 필요한 기관이나 경험이 없다는 점에 동의했다. 미국은 미국, 소련, 중국, 영국의 5년 기한 공동 신탁통치를 제안했다(영국은 남부 오키나와섬 근해에서 벌어진 빙산작전에 참여한 보상을 받는 차원에서 들어갔다). 결국 한국은 독립이나 자치를 얻지 못했고, 심지어 신탁통치도 받지 못했다. 그냥 점령됐다.

일본이 항복하기 며칠 전 미국 전쟁부 관리들은 38선을 분계선으로 하는 미국과 소련의 공동 점령을 제안했다. 한국인 입장에서 보면 그 어떤 정치적, 지형학적 논리도 없는 분계선이었다. 승자들끼리 전리품을 나눴을 뿐이다. 수도 서울은 미국 쪽으로 떨어졌지만, 소련도 이 거래에서 더 원할 것이 없을 정도로 충분히 받았다. 한국의 운명에 대한 당시 스탈린의 무관심은 이 형편없는 거래를 받아들인 것으로 충분히 설명된다.

소련이 오고 가다

미국과 영국의 압력으로 소련은 1945년 2월 얄타 회담에서 유럽 전승기념일(5월 8일, 하지만 이 말은 1944년에 먼저 만들어졌다. - 역주) 3개월 후 일본에 전쟁을 선포한다는 비밀 합의를 했다. 소련은 제정 러시아가 1905년 러일전쟁 이후 일본에 빼앗긴 지역[2]을 되찾고 싶어 했지만, 스탈린에게는 이것이 최우선과제가 아니었다. 3개월을 기다리는 것이 문제였다. 빨리 개입했다면 소련은 한반도뿐만 아니라 홋카이도까지도 점령했을 것이다. 미국에게는 이 두 곳 모두 사소한 지역에 불과했기 때문이다. 소련은 1945년 8월 8일 일본에 선전포고를 했고, 8월 24일 소련군이 평양에 입성했다. 미군은 그보다 2주가 더 지나서야 인천에 도착했다.

스탈린은 한반도 북쪽 지역의 전후 정부에 관한 확실한 계획이 없었다. 김일성이나 그의 빨치산 동료들은 이 상황에서 주요한 인물로 인식되지 않았다. 소련군은 만주 동북항일연군 잔존세력과 한국인 대원들을 정찰과 침투가 주 임무인 88국제여단 4개 대대 중 제1대대에 배치하고 김일성을 대대장에 임명했다. 하지만 88국제여단은 처음 한국에 점령군으로 들어온 부대에 포함되지 않았다. 김일성과 그의 동료 장교들은 모든 상황이 다 끝난 다음인 6주 후에야 북한에 들어왔다. 김일성은 정치 지도자가 아니라 항일유격대 영웅으로 소개됐다.

김일성은 사반세기를 망명자로 살았고 공산주의 십자군이라는 좁은 집단 밖에서는 전혀 알려지지 않은 존재였다. 일본은 검열을 통해 제한적이긴 해도 영웅적인 김일성의 성공이 거의 알려지지 못하게 했기 때문이다. 소련인들은 소련의 '인민민주주의' 교본에 따라 공산당이 아닌 수많은 당을 포함시켜 과도연립정부를 세웠다. 조만식의 평남 건국준비위원회와 소련군 사령부와 지역 주민 사이에서 비공식적인 연락책으로 활동할 공산주의자 몇몇을 수용한 것이다. 하지만 이 과도정부는 루스벨트의 신탁통치 제안을 두고 극명하게 분열됐다. 소련의 노선에 동조하는 공산주의자들은 신탁통치를 지지했지만, 나머지는 분노를 표출하며 즉시 독립을 요구했다. 소련은 신탁통치를 포기하는 쪽으로 움직였다. 그 과정에서 북한 지역의 사령관들은 대립 상황에서 보여준 그의 헌신적인 노력, 절제력, 무자비함에 감동 받아 김일성을 '그들의' 지도자로 추대했다.

1946년 2월 8일 북조선임시인민위원회 위원장이 된 김일성은 변화를 일으키기 시작했다. 산업 노동자가 없었던 한국만의 특수 상황 때문에 프롤레타리아 전위 중심의 공산당은 선호되지 않았다. 대신, 소작농을 움직일 수 있는 대중 정당이 필요했다. 사회적·경제적 변화와 함께 정치 통합이 북한에서 이뤄졌다. 김일성의 핵심 강점은 소련 행정부와의 관계였다. 소련이라는 우산 밑에서 김일성은 국내파(대부분 미국이 점령한 남한에서 북한으로 피신한) 공산주의자, 마오쩌둥의 공산군과 함께 싸운 중국계 한국인, 소련의 한국인, 그리고 수가 적지만 결속력이 강한 김일성 자신의 빨치산 대원들을 한데 모아 연대를 구성했다.

김일성과 그의 동료들은 권력을 장악하자 조직적으로 반대파를 배제·제거하고 조만식 같은 공산주의자가 아닌 지도자들을 체포했다. 1946년 8월 북조선로동당이 남조선로동당과 합당하면서 어느 쪽이 패권을 가지고 있는지는 분명해졌다. 김일성은 합당으로 만들어진 조선로동당 중앙위원회 위원장이 됐고 남조선로동당 당수는 부의장이 됐다. 소련에서 태어난 소련파 위원 허가이는 소련공산당의 구조와 조직을 그대로 가져와 적용했다.

당은 수만 명에 이르는 가난한 소작농을 끌어들여 대중적인 개혁의 길을 걷기 시작했다. 또한 여성과 청년을 대거 기용하면서 가부장적이고 예의를 중시하는 한국 사회를 완전히 바꿔놓았다. 광복에서 한국전쟁 시작 전까지를 '해방 공간'이라고 명명한 수지 킴의 주장대로 당시 북한은 가능성이 넘쳤다.[3] 역사상 최초로 여성이 부엌에서 나와 최전선에 뛰어들었다. 대규모 문맹 퇴치 운동이 시작되어 학교 교육을 받은 적이 없는 80%의 한국인이 배움의 길을 걷기 시작했다. 1948년 3월이 되자 소작농의 92%가 읽고 쓰는 법을 배웠고, 이 비율은 그 뒤로도 꾸준히 늘어났다.

토지 개혁으로 땅이 소작농들에게 재분배되고 생산성이 급속도로 높아졌다. 그해 8월에는 국유화로 북한에 있는 기업의 90%가 정부의 통제를 받게 됐다.[4] 소련 모델을 그대로 따라한 경제는 농업보다는 중공업에 집중됐다. 소련은 총 2억1200만 루블(750만 달러)의 차관을 제공해 이 과정에 힘을 실었다. 1946~49년 사이 북한의 국민총생산(이하 GNP)은 두 배로 뛰었다. 소련의 정치 개입과 현금 수혈로 김일성은 인민의 열렬한 지지와 호전적인 민족주의자들과 과거 빨치산이었던 사람들의 충성을 얻게 됐다.

처음에는 미국과 소련 모두 일본이 자리를 잡아 놓은 행정구조 안에서 움직였다. 전국의 큰 기업은 거의 전부 일본인 소유였고 이들은 이미 한국인 협력자에게 관리를 맡기고 폐허가 된 본국으로 돌아간 상태였다. 김일성의 산업 국유화는 그런 상황을 변화시켰다. 하지만 이런 부역자들을 그대로 둔 남한 주둔 미군은 일제하에서 고통받은 사람들의 심기를 건드렸다. 남한의 인민위원회는 미 군정에 반대하는 대규모 대중집회를 열기 시작했다. 정치력이 집결되고 경제가 성장하면서 북한은 미완의 작업에 눈을 돌릴 시기를 맞았다.

게리맨더링 된 선거

원래 한반도 분할은 오스트리아에서처럼 임시방편으로 의도된 것이었다. 원래 미국과 소련은 단일정부 수립을 위한 전국 선거를 실시할 계획이었다. 하지만 미소공동위원회는 합의에 실패했다. 미국은 전국 선거에 난색을 표했다. 북한 인구의 거의 2배인 남한에서 좌익 진보 정당의 지지가 엄청나게 높았기 때문이다. '자유롭고 공정한' 선거를 하면 결과는 뻔했다. 김일성과 그의 좌익 연대가 압도적 승리를 거둘 것이었다. 공산주의자들과 좌익 협력자들은 항일투쟁을 주도했던 사람들로 널리 인식되고 있었고, 더 중요한 것은 이들이 인기영합주의적이고 대중적인 정책들을 채택하고 있다는 사실이었다.

1946년과 1947년의 평양 지역 선거에서 북조선로동당은 의석의 30% 이상을 확보하면서 최대 승자가 됐다. 의석 20%는 반서양민족주의를 표방하는 천도교청우당과 조선민주당에게, 나머지 50%는 무소속 후보에게 갔다. 1년 후 최고인민회의 대의원 선거에서는 로동당 후보가 36%, 천도교청우당 후보와 조선민주당 후보가 각각 13%, 무소속 후보가 38% 당선됐다.

미국은 유엔으로 눈을 돌렸다. 1947년 9월 유엔 총회는 결의안을 통해 유엔의 보장하에 국민투표 실시를 제의했다. 유엔을 미국이 완전히 소유한 조직으로 여겼던 소련은 미국의 대리 후보가 결국 '승자'가 될 것이라고 주장하면서 결의안을 거부했다. 총선거는 미국 점령 지역에서만 실시됐다.

미국은 미국의 대리인으로 이승만을 선택했다. 프린스턴 대학을 졸업하고 미국 대학에서 박사 학위를 받은 최초의 한국인이었다. 이승만은 1945년 10월 16일 더글러스 맥아더 장군의 개인 비행기에 실려 직접 서울까지 배달됐다. 그의 지독한 반공주의와 미국에서의 오랜 망명 생활이 선택의 결정적 이유였지만, 이승만은 한국에서 신뢰나 지지를 거의 못 받는 인물이었다. 1920년대 상해 임시정부의 대통령이었다는 사실을 기억하는 사람도 거의 없었다. 그래도 이승만에게는 자신을 말 잘 듣는 도구로 여기는 미국의 강력한 지원이 있었다. 미국은 이승만을 아주 잘못 평가했다. 이승만은 통제가 거의 불가능한데다 김일성이 소련을 고맙게 생각하는 만큼도 미국에게 고마워하지 않았다.

북한은 '민주주의'로 이 사기극에 대처했다. 북한 지역 선거는 1946년과 1947년에 열렸다. 북조선로동당은 의석의 39% 이상을 차지하며 최대 승자가 됐다. 1948년 9월 9일 조선민주주의인민공화국이 태어났다. 소련의 지원으로 김일성은 분계선 북쪽에 정부를 조직했다. 남북 경계선은 통행이 폐쇄됐다. 양쪽 정부는 서로를 인정하지 않았다. 두 정부 모두 한반도 전체를 대표한다고 주장했다. 남한은 국회 의석 3분의 1을 미래의 북한 의원들을 위해 비워놓은 반면, 북한은 남한 전체 국회의원 572명 중 360명이 '비밀' 투표로 당선됐다고 주장했다. 북한은 미군과 소련군의 철수를 '요구'했고, 소련군은 오래된 무기와 새로운 무기공장들

그림 5. 1940년대 말의 북조선로동당 포스터

을 남기고 그다음 달에 떠났다. 뒤늦게 미군도 자국 여론에 떠밀려 500명의 '고문관'을 남기고 1949년 6월 떠났다. 서로 사이가 좋지 않으며 어떤 방법을 써서라도 통일을 하겠다고 양쪽 정부가 모두 약속한 상황에서 문제는 전쟁 발생 여부가 아니라 전쟁의 시점과 장소였다.

전쟁 전의 전쟁

존 하지 장군이 지휘하는 미 군정은 남한에서 공산주의자들이 정권을 잡는 것을 막기 위해 엄격한 지침을 세웠다. 미 군정은 남한 정권이 '용의자'들을 무더기로 체포하고 인민위원회를 완벽하게 탄압하면서 공산주의자들의 반란과 민중 시위를 똑같이 잔인하게 진압하는 모습을 조용히 지켜보기만 했다. 1946년 가을 남로당은 봉기를 선동했지만 실패했다. 혼란이 수습된 12월까지 수백 명이 죽음을 당하고 수천 명이 투옥됐다. 산발적인 폭력 사태는 제주도에서 발생한 봉기가 무장투쟁과 게릴라전으로 확산된 1948년 봄까지 계속됐다.

제주 무장투쟁 다음에는 여수와 순천에서 국방경비대(대한민국 국군의 전신) 14연대가 반란을 일으켰다. 이 반란을 진압하면서 이승만에 충성하는 정부 측 군대는 2000명의 가담자를 살해한 것으로 추정된다. 나중에 대한민국의 우익 독재자가 되는 박정희는 이 반란에 가담한 혐의로 무기징역을 선고받았다. 점점 더 독재자가 되던 이승만은 미국에 망명해 편하게 살지 않고 투쟁해온 김일성과 그 추종세력에게 공감하고 존경심을 가지고 있는 저항세력에게 자신의 존재를 확실하게 각인시키기 위해서는 남한에서 공산주의자와 공산주의를 깨끗하게 없애야 했다. 1949년 이승만이 감옥에 집어넣은 정치범은 10만 명이나 됐다. 한국전쟁 발발 전까지 남한의 민간인 사망자 수는 20만 명에 달했다(80만 명이라는 주장도 있다).

강화도에 살았던 미국 인류학자 코넬리어스 오스굿은 당시 상황을 다음과 같이 요약했다.

> '공산주의자'라는 말은 이 시대에서 이상한 말이 되어버렸다. 이 말은 정치적인 철학자, 러시아 스파이, 다른 모든 정당의 당원, 노조 조직 활동가, 조국을 배신한 사람 혹은 우연히 적으로 여기게 된 누군가를 의미하기도 한다. 강화도에서는 이 말이 그냥 '마을의 모든 청년'을 뜻하는 것 같다.[5]

내전은 불가피했다. 양측은 나라가 제멋대로 분단된 것이 매우 부당하다는 생각에 사로잡혀 있었다. 남과 북은 하나의 한국을 원했다. 이승만의 '북진 통일' 슬로건과 김일성의 '조국 해방' 슬로건은 둘 다 전투 준비 명령이었다. 주로 남측이 도발한 국경지대 충돌은 1949년 5월에 처음 시작됐으며 북측이 확실한 우위를 보이게 된 12월에 잦아들었다. 김일성은 족쇄가 풀리기를 기다리고 있었다. 이승만을 신뢰하지 못하고 그의 군사적 모험심 때문에 대규모 충돌에 말려들기 싫었던 미국은 1949년 6월 남한에서 미군이 철수할 때 대한민국 군대의 중화기를 수거함으로써 이승만의 야심에 제약을 가했다.[6]

김일성의 야심은 미국 국무장관 딘 애치슨의 1950년 1월 12일 내셔널 프레스클럽 연설에 의해 더 강화됐다. 이 연설에서 애치슨은 아시아에서 미국의 '방위 범위'에 일본과 필리핀은 포함되지만 남한과 대만은 포함되지 않는다고 밝혔다.[7] 애치슨이 미국의 방위 범위에 남한을 빼놓은 것은 남한이 공격받더라도 미국은 개입하지 않겠다는 확실한 신호로 읽혔다. 애치슨은 앞을 내다본 듯이 다음과 같이 덧붙였다. '그런 공격이 일어난다고 해도 먼저 기대야 할 것은 그 공격에 저항할 사람들이어야 하며, 유엔 헌장 아래 문명사회 전체가 한 약속은 그다음에 기대해야 한다.' 김일성은 절호의 기회를 발견했다. 김일성의 조선인민군에는 중국에서 마오쩌둥과 같이 싸운 베테랑 군인 수만 명과 그보다는 적지만 1940년대 초반 소련에서 훈련받은 군인들이 있었다.

한편, 이승만은 소련이 위협하고 있다고 절박하게 미국 정부를 설득하고 있었다. 어느 정도 성공하기는 했다. 1950년 3월 미 의회는 1100만 달러의 군사 원조를 추가하기로 결의했다. 이승만에게 힘을 더 실어 내부 동요를 잠재우면서 공격적인 전쟁을 일으킬 수 없게 하려는 생각이었다. 이 결의로 김일성의 공격 시점은 더 빨라졌다.

1949년 3월 김일성은 스탈린의 지원을 확실히 하기 위해 모스크바에 다녀왔다. 김일성은 북한이 신속하게 남한을 굴복시킬 수 있다고 주장했다. 스탈린은 김일성의 계획을 승인하려 하지 않았다. 스탈린은 아시아가 아니라 유럽에 집중하고 있는 데다 미국과의 직접 충돌은 피하고 싶었기 때문이었다. 대신, 스탈린은 조선인민군에 제한적 물자 지원을 약속했다. 그해 8월에도 김일성은 북한이 빠른 승리를 할 수 있다고 스탈린을 다시 한번 설득했지만 실패했다. 스탈린은 38선을 따라 벌어진 무장충돌에서 조선인민군이 계속 이기고 있다는 사실을 잘 몰랐다. 평양 주재 소련 대사가 모스크바에 제대로 보고하지 않았기 때문이었다. 그 결과는 김일성에게 치명적이었다. 스탈린이 그 사실을 알고 지원했다면 남침 시기를 앞당겨 더 유리해질 수 있었기 때문이다.

1930년대와 1940년대 항일전선을 함께 구축했던 중국과 한국의 공산주의자들은 관계가 좋은 상태였다. 김일성이 중국공산당 자격으로 동북항일연합군과 함께 항일투쟁을 했던 만주에서는 특히 더 유대가 끈끈했다. 만주에서는 수만 명에 이르는 압록강과 두만강 북쪽의 조선 이주민들이 항일투쟁을 했다. 이들 대부분은 1945년 8월 이후 재개된 국공내전에서 장제스의 국민당군에 저항하는 마오쩌둥의 인민해방군에 가담했다. 김일성은 도움과 원조, 자원병을 제공했다. 1946년 말 인민해방군 총사령관 린뱌오가 후퇴하자 북한은 남만주로 피신하던 군인들과 그 가족들에게 피신처를 제공했다.

마오쩌둥이 중국 본토에서 승리를 거두고 중화인민공화국을 세우자 김일성은 용기를 얻었다. 1949년 5월 마오쩌둥은 국공내전에 참가했던 한국인 2개 연대 1만4000명을 북한으로 돌려보냈다. 스탈린의 지원 약속을 확보한 김일성은 더 많은 군사 원조를 확보하기 위해 그다음 달에 베이징으로 갔다. 국공내전의 마지막 단계에 진입한 마오쩌둥은 처음에는 또 다른 전쟁에 엮이기를 꺼려했고, 미국이 개입할 수도 있는 전쟁은 특히 더 그랬다. 하지만 마오쩌둥은 대만 침공에 스탈린의 도움이 필요했다.

1950년 2월 14일 중화인민공화국과 소련은 중소 우호동맹상호원조조약을 체결했다. 이 조약으로 마오쩌둥에 대한 스탈린의 불신은 해소되고 중국은 아시아에서 일어나는 공산혁명의 종주국이 됐다. 스탈린은 아시아에 대리 전선을 구축하는 것이 유리하다는 판단을 내렸다. 이를테면 미국의 자원을 유럽의 냉전 교착상태로부터 떨어뜨려놓는 것이었다. 중국은 이 계획의 하청업자이자 대리인의 역할을 하게 됐다. 1950년 4월 애치슨이 분명하게 한국을 미국의 방위 범위에서 제외하자 스탈린은 김일성의 세 번째 부탁을 무시하지 않았다. 스탈린은 전쟁을 승인하고 무기와 장비를 앞당겨 지원했다. 마오쩌둥은 마지못해 김일성의 공격에 동의했다. 북한이 남침하면 바로 민중봉기가 일어날 거라는 남로당 당수 박헌영의 개인적인 보장이 마오쩌둥을 어느 정도 안심시켰다.

하지만 박헌영의 호언장담은 틀렸다. 남한 사람들은 공산주의자들을 기껏해야 문 앞에서 환영하는 척하는 데 그쳤다. 한국전쟁 이전의 대규모 반란은 진보 인사, 사회주의자, 이승만의 권위주의적 통치에 반대하는 공산주의자들의 연합전선이었다. 김일성이 남침해 남한 사람들이 어느 편을 들지 정해야 했을 때 자연스럽게 공산주의에 동조하는 분위기는 없었다. 1945년과는 달랐다. 공산주의자들과 자본주의자들은 38선을 서로 반대방향으로 건너 이미 어느 정도 분리되어 있었다.

제일 중요한 점은 남한에 남아 있던 공산주의자들과 다른 진보 세력이 잔인한 탄압을 받고 거의 제거됐다는 사실이다. 수만 명의 남한 공산주의자들이 조국해방전쟁에 목숨을 바칠 거로 김일성을 안심시킬 때 박헌영은 이 공산주의자 대부분이 이미 제거됐다는 사실을 제대로 파악하지 못했다. 2년 전만 해도 남한 공산주의자들은 남한의 심장부에서 활동하는 제5열로서 언제든지 싸우다 죽을 준비가 되어 있었다. 김일성의 침공은 너무 늦었다. 1950년에는 이들 대부분이 죽거나 도망친 상태였다.

김일성은 남한 공산주의자들의 지원만 계산에 넣고 미국의 개입은 계산에 넣지 않았다. 다른 공산주의 지도자들과 마찬가지로 김일성도 애치슨의 발언을 한국이 미국의 이익에 중요하지 않다는 의미로 받아들였다. 그래서 1949년 중국이 공산주의자들의 손에 떨어졌을 때처럼 이번에도 미국은 개입하지 않을 것이라고 판단했다. 김일성에게 불리하게 작용한 것은 이런 오판만이 아니었다. 남침 전후에 일어났던 일들도 김일성에게는 치명적이었다.

한국전쟁을 누가 시작했는지에 대한 논쟁은 지금도 계속되고 있다. 김일성은 1950년 6월 25일 남한이 공격을 시작했다고 주장했다. 남한이 선제공격을 했다면, 그 이후 남한이 붕괴하면서 정신없이 퇴각했다는 점을 고려했을 때 남한 지휘관들은 모두 하나같이 전술 개념이 없는 무능한 지휘관이었다는 의미가 된다. 사실 6월 25일에 김일성이 남한 침공을 시작했다는 데는 의심의 여지가 없다. 그보다 더 흥미로운 의문은 한국전쟁의 시작 시점이 언제인가다. 전쟁의 불가피성은 처음 분단됐을 때부터 존재했다. 분단으로 평화는 이미 물 건너간 상태가 됐기 때문이다. 전쟁의 기원은 1946년 총파업과 폭동일까? 1948년 제주도 사람 일부를 보호하기 위해 박헌영이 벌였던 게릴라전일까? 1948년 벌어진 남한과 북한 사이의 소규모 충돌들의 연장선상에 있던 여수·순천 사건일까? 언제 긴장이 고조되어 도저히 돌이킬 수 없는 지경에 이르렀을까?

내전에서 냉전까지

1950년 6월 새벽 4시 소련 무기로 무장한 북한 인민군이 탱크를 밀고 38선을 건넜다. 그들의 움직임은 전쟁을 위한 것이었다. 북한군은 남한을 휩쓸었다. 나흘 만에 김일성의 군대는 서울을 점령했고 한 달 안에 한반도의 아래쪽 끝까지 진격했다. '부산 교두보'로 알려진 부산 주변의 얼마 안 되는 지역만이 겨우 버티고 있었다. 지상군 침공과 함께 동해안에서는 상륙작전이 진행됐다. 병력 600명을 태운 북한의 전함은 속수무책인 부산을 쉽게 점령할 수 있었지만, 우연히도 남한 해군에게 침몰됐다. 한국전쟁의 결과를 바꿔놓을 수도 있었던 사건이었다.[8]

내전은 전 세계가 갈등을 빚는 문명 간의 충돌로 변했다. 한국전쟁은 냉전시대 최초의 대리전이자 미국의 처음이자 마지막 군사 개입이었다. 서방 국가들이 유엔을 통해 남한과 함께 싸우거나 지지를 보냄으로써 세계는 이데올로기를 두고 분열했다. 소비에트 블록과 중국은 북한에 물자 원조를 하고 지원군을 보냈다. 소련은 전투기와 조종사를, 중국은 압록강 북쪽에 비상활주로를 제공했다. 북한군이 미국의 반격에 무너지자 중국은 100만 명이 넘는 병력을 추가로 보냈다.

국제사회는 신속하게 반응했다. 유엔 안전보장이사회는 '적대 행위의 즉각 중지'와 '북한 당국은 당장 군대를 38선 이북으로 철수할 것'을 요구하는 결의안을 같은 날 통과시켰다. 안전보장이사회는 유엔 회원국들에게 '북한 당국에 도움을 주는 일을 자제하라'고 요청하기도 했다. 이틀 뒤의 두 번째 결의안은 회원국들이 '대한민국이 한반도에서 무장 공격을 물리치고 국제 평화와 안전을 회복하는데 필요할 수 있는 도움'을 제공해야 한다는 내용을 추가했다.' 당시 소련은 대만 대신 중화인민공화국을 인정하지 않는 유엔을 보이콧하고 있었기에 유엔 개입에 거부권을 행사할 기회를 놓쳤다. 소련이 거부했다면 미국은 개입하지 못했을 것이다.[10]

미국은 유엔의 통제력을 이용해 분쟁을 국제화했다. 한반도의 내전은 25개국이 참가하는 세계 차원의 충돌이 됐다. 전 세계의 공산당은 북한을 지원했지만, 냉전이 시작되자 좌파의 주류는 불분명한 태도를 취했다.

미국의 반응에는 자국 내의 정치 상황이 반영되어 있었다. 중국에서 공산당이 승리한 것은 미국에 엄청난 충격이었다. 특히 '철의 장막'이 동유럽 전체에 걸쳐 드리워진 이후라 더 그랬다. 자국 내 공산주의에 대한 공포, 즉 '적색 공포'와 매카시즘에 사로잡힌 미국은 소련 공산주의자들의 한국 '접수'를 저지해야 했다. 초기 '도미노 이론'에 따르면 소비에트 블록 외부에서 가장 큰 규모의 공산당이 존재했던 일본은 그 다음 접수 대상이 될 터였다. 싸우기 적합한 마지막 기회는 바로 그때였다.

당시 미국은 핵무기 제조법을 알고 있는 유일한 나라도 아니었다. 1949년 소련이 핵폭탄 실험을 마친 상태였다. 미국은 소련의 핵폭탄이 위험할 정도의 위력을 가지기 전에 최소한 대리전에서라도 소련과 붙기를 원했다. 미국은 소련의 핵무기를 터무니없이 과대평가했다. 1950년대 중반 CIA는 소련이 10~20개의 핵폭탄을 가지고 있다고 추정했으며 1953년도 중반이면 그 숫자가 135개 정도는 될 것이라고 예측했다. 하지만 소련의 아반가드 전기기계공장이 실제 작동되는 핵무기를 처음 만든 것은 1951년 12월이었다. 트루먼 대통령은 소련에 대응하기 위해 즉각 맥아더 장군을 미군 극동군과 남한군의 사령관으로 임명했다.

미국 지상군이 한반도에 처음 상륙한 것은 1950년 7월 1일이었다. 7월 7일 제3차 유엔 안전보장이사회 결의로 공식 개입이 승인되기 전이었다. 결의안은 유엔사령부를 설립하고 맥아더를 개입 책임자로 한다는 내용이었다. 미국의 '의지 연대'에 속한 국가는 호주, 뉴질랜드, 영국, 프랑스, 캐나다, 남아프리카공화국, 터키, 태국, 그리스, 네덜란드, 에티오피아, 콜롬비아, 필리핀, 벨기에, 룩셈부르크였다. 덴마크, 스웨덴, 노르웨이, 인도, 이탈리아는 의료시설과 의료진을 제공했다. 유엔군 34만2000명 중 30만 명이 미군이었고 실전에 투입된 군인의 92%가 미군 또는 영국군이었다. 나머지 나라들은 상징적인 규모의 병력만 보냈다.

미군은 한반도 도착과 동시에 제공권을 장악했다. 북한의 얼마안 되는 구형 전투기들이 일주일 만에 하늘에서 모두 사라졌다. 그 이후로 북한에는 중국의 공군기지에서 이륙한 소련 전투기들이 압록강 다리들을 보호하던 한반도 북서부의 '미그 통로' 밖에는 남지 않게 됐다." 미국과 남한은 9월 15일 미군이 전쟁의 돌파구가 된 인천상륙작전을 펼칠 때까지 부산 교두보에 갇혀 있었다. 2주일 만에 유엔군은 서울을 탈환하고 북한 인민군은 38선 이북으로 퇴각했다. 미국은 기회를 잘 포착했고 잘 잡았다.

봉쇄가 풀리고 반격이 시작됐다. 미국 정부 변호사들은 (이전에는 불가침이던) 38선이 '법적 근거가 없다'는 해석을 바로 내놓기 시작했다. 안전보장이사회 순환의장이자 인도 대표인 베네갈 라우는 유엔사령부에 무력으로 한국을 통일하지 말라고 촉구했다. 원래 유엔군은 바로 그런 일을 막기 위해 파견되는 군대다. 전 세계 언론은 '해방된 지역'에 관해 말하기 시작했다. 평양이 무너지고 인민군이 붕괴하면서 유엔군은 저항을 거의 받지 않고 신속하게 움직여 한반도의 거의 전부를 점령했다.

미국은 공산주의에 결정적 승리를 거두길 원했다. 미국이 김일성을 완전히 궤멸하지 못하면 북한은 개혁과 재조직을 통해 다시 일어날 것이었다. 하지만 김일성이 미국을 잘못 읽었듯이 미국도 중국을 잘못 읽었다. 미국인들은 중국이 전쟁에 개입하지 않을 것이라고 확신했다. 당시 중국은 아직 완전히 끝나지 않은 내전에서 막 회복을 시작했기 때문이었다. 10월 15일 트루먼 대통령과 맥아더 장군은 중국의 개입 가능성에 관해 논의했다. 맥아더는 미 공군의 전력이 우월하기 때문에 중국의 개입을 저지할 수 있으며, 개입하더라도 반격할 수 있다고 트루먼을 설득했다. 맥아더는 국경 지역의 중국군과 소련군 목표물들을 폭격하면서 병력을 압록강변의 중국 국경까지 전진시켰다.

미국의 공격적 접근법은 역효과를 일으켰다. 중국인들은 미국과의 전쟁을 피할 수 없다고 보고 자기네 땅보다는 한국 땅에서 싸우는 방법을 선택했다.[12] 중국 정부가 티베트를 공격하기 위해 병력 3만 명을 보낸 지 열흘도 채 안 되어서 최소 25만 명의 중국 인민지원군('지원군'이라는 말은 부적절하지만,)이 국경을 건너라는 명령을 받았고, 그들은 1950년 10월 26일 들키지 않고 그렇게 했다. 맥아더는 중국인민지원군이 인해전술로 전선을 밀고 내려오기 시작한 다음에야 중국의 개입을 알게 됐다. 당황한 유엔군은 혼란 속에서 무너졌다. 유엔군은 조직을 재정비해 전선을 안정시킬 수 없다고 판단했다. 험준한 산맥을 가운데 두고 병력이 동해안과 서해안으로 분리되어 있었기 때문이었다.

이 전쟁에서 가장 힘든 싸움을 한 때는 유난히도 추웠던 1950년 겨울이었다. 김일성과 그의 동지들은 평양에서 도망쳐 중국 국경 근처의 강계에 몸을 숨기고 있었다. 초반에 미국은 5톤짜리 '벙커 버스터' 폭탄을 계속 퍼부어 김일성을 제거하려고 했다. 이 시도는 실패했지만, 중국의 개입으로 김일성은 다른 문제를 안게 됐다. 전쟁수행능력에 대한 비판이 거세진 것이다. 1950년 12월 강계에서 열린 당 중앙위원회 총회에서 자신의 지도력을 비판하는 사람들을 전부 숙청해버린 뒤, 김일성은 다음과 같이 설명했다.

전쟁은 공격과 후퇴 모두를 전제로 한다. 축구 경기와 비슷하다. 경기에서 상대편에 밀려 균형을 잃으면 물러나서 회복한 후 유리

한 기회를 잡아서 밀어붙이는 것이다.[13]

　유엔군은 계속 처참하게 패했다. 남쪽으로 퇴각하면서 사실상
붕괴했다. 미국은 병력 10만 명과 민간인 10만 명을 흥남항을 통
해 철수시켰다(이때 철수한 사람들 중에는 문재인 현 대통령의 부모도 있었다).
1951년 1월 4일 공산군은 두 번째이자 마지막으로 서울을 점령
했지만, 중국군과 인민군 잔여 병력은 보급로가 취약한 채로 너
무 과하게 진격한 상태였다. 유엔군이 다시 재반격하면서 3월 15
일에 서울의 주인은 4번째 바뀌었고, 인민군은 다시 38선 이북으
로 퇴각했다. 늦봄이 되자 전쟁은 교착상태에 들어갔다. 양측 모
두 심각한 손실을 겪은 뒤였다. 제대로 된 겨울용 장비가 없는 중

그림 6. 중국인민지원군 파견 축하 포스터. 1950년

국군은 정도가 더 심했다.

맥아더는 미군 전투기를 국경 너머로 보내 중국군기지를 공격할 권한을 강력하게 요청했다. 전쟁을 공개적으로 확산시키겠다는 의지였다. 요청은 공식적으로 거부됐다. 트루먼이 제3차 세계대전 발발을 두려워했기 때문이었다. 하지만 '맹렬한 추격'은 계속됐다. 맥아더는 트루먼에게 공개적으로 도전했고 1951년 4월 11일 지휘권을 박탈당했다. 그의 자리를 대신한 매튜 리지웨이 장군은 대통령의 명령에 따라 전쟁을 한반도 내로 국한할 준비가 되어 있었다. 하지만 그렇게 함으로써 한국전쟁은 이길 수 없는 전쟁이 되고 말았다.

전쟁은 양쪽 모두에게 잔인했다. 교전 중 사망한 군인과 민간인 피해를 제외하고도 대규모 살상이 자행됐다. 남한 정부 관리도 공산당 간부도 예외가 아니었다. 양쪽 모두 사실상 한반도 전체를 점령했으며 국토 대부분이 두 번이나 쓸려나가는 동안 반대세력이 추려졌고 수십만 명이 처형당했다. 믿을 만한 보도에 따르면 북한은 두 번째 퇴각 전에 서울의 형무소에서 죄수들을 처형했다. 퇴각하는 북한군은 포로로 잡힌 유엔군 병사들도 처형했다. 중국군이 약탈과 강간을 했다는 기사도 있다. 하지만 이런 중요한 예외가 있긴 해도 일반적으로 북한군과 남한군은 모두 서로를 동포로 대했다. 양쪽 다 하나의 나라, 하나의 국민으로 통일하려고 싸우는 중이었기 때문이다.

하지만 미군도 항상 그랬던 건 아니다.[14] 육·해·공군 모두 유엔 라인을 통과하려는 난민들에게 기총소사나 폭격을 가했다(이에 관해서는 1952년 테이 가넷 감독, 로버트 미첨 주연의 영화 〈영호작전(One Minute to Zero)〉에 자세히 묘사된 바 있다. 피난 가는 민간인과 북한 침투요원이 폭격당하는 장면이 나오는 이 영화는 미국 국방부에 의해 상영 금지됐다.[15] 미군은 융단폭격으로 북한을 거의 초토화했다. 원산항은 861일 동안 연속으로 해군의 폭격을 당했다. 제2차 세계대전 때 독일에 떨군 것보다 더 많은 폭탄이 북한에 투하됐다. 60만 톤의 폭탄이 도시와 마을을 쓸어버렸다. 폭격기는 목표물에서 벗어나 폐허가 된 곳을 다시 뒤집어놓기도 했다. 이 폭탄 대부분은 액체석유 젤리가 아교처럼 붙어 피해자를 산 채로 태우는 네이팜탄이었다. 네이팜탄이 대량 살상무기로 사용된 최초의 예다. 어마어마한 양의 석유가 민간인들에게 부어져 수십만이 화상으로 사망했다.

　1950년 10월 중순부터 12월 초까지 신천 주변 지역에서는 수십만의 한국인이 학살당했다. 북한은 미군 소행이라고 주장하고

그림 7. '신천박물관참관'라고 쓴 종이가 차 앞 유리에 붙어있다 (2011년)

있으며, 신천에는 미제전쟁잔혹행위 박물관이라는 소름끼치는 박물관이 있다. 남한의 진실과화해위원회는 대량 학살이 일어나기는 했지만, 유엔군의 묵인 아래 우익 민병대가 저지른 짓이라고 주장했다. 1950년 여름에는 주로 여자와 아이들로 구성된 한 남한 피난 집단이 철로를 따라 이동하다가 미군의 무차별 사격 및 포격으로 400명 이상 사망한 사건도 있었다(한국에서는 '노근리 양민 학살'로 널리 알려져 있는 사건이다. - 편집자 주). 퇴각하던 미군 사령관들은 피난 행렬에 잠입한 인민군을 경계해 민간인이 가까이 오면 발포하라는 명령을 내린 상태였다.[16]

전쟁 기간과 그 이후에는 경제 붕괴와 자연재해로 기근이 극심했다. 미군이 수력발전소와 댐을 파괴해서 발생한 비자연적 재해도 기근의 한 요인이었다. 티푸스와 콜레라, 수막염과 결핵이 북한을 다시 덮쳤다. 전쟁의 마지막 6개월은 전선에서 사망한 군인보다 결핵으로 사망한 군인이 더 많았다. 전쟁이 끝났을 때 살아남은 군인 중 25만 명이 결핵에 걸린 상태였으며, 한국인 6명 중한 명이 이 병으로 사망했다. 결핵으로 북한은 산업사회로서의 생명이 끝났다. 묵시록의 네 기사 모두 자신이 할 수 있는 최악을 행한 것이다.

제2차 세계대전 동안 일본인에게 인종주의적 태도를 취했던 미군은 5년 후 한국전쟁 때도 한국인을 그런 식으로 형편없이 대했다. 반아시아인 인종주의는 짐크로법(흑인과 백인의 분리와 차별을 규정한 미국의 법)에 의해 더 강화됐다. 1948년 트루먼 대통령은 군대에서 인종차별 폐지를 명령했지만, 흑인으로만 구성된 부대는

1954년 여름까지도 존재했다. 한국에서 아프리카계 미국인들은 지저분하고 위험한 일을 했다.

어느 쪽도 완전한 승리나 완전한 패배를 할 수 있는 시점이 지나버렸다. 1950년 11월 트루먼 대통령은 핵무기 사용을 배제하지 않겠다고 밝혔다. 이에 영국의 노동당은 격분했고, 노동당 출신 총리 클레멘트 애틀리의 압력으로 트루먼은 입장을 명확히 해야 했다. 트루먼은 한반도를 비워야 하는 상황이나 군사적 재앙을 방지하기 위해서라면 핵폭탄 사용을 허용하겠다고 말했다 (1955년 중국이 핵무기 프로그램을 시작한 것은 이 말에 위협을 느꼈기 때문이었다).

미국과 유엔은 협상을 통한 해결방법이 필요했다. 유엔 초대 사무총장 트뤼그베 리는 소련 정부에 휴전 회담을 서두르라고 종용했다. 1951년 6월 23일 소련 대사 야코프 말리크는 다음과 같이 발표했다. '소련 인민들은 첫 번째 단계로 교전국 사이에서 휴전을 위한 대화와 38선에서 양쪽 모두 철수가 시작되어야 한다고 믿는다. 뒤로 물러날 수 있도록 휴전 준비를 해야 한다고 믿는다.'[17] 중국도 동의했다. 휴전 협정은 1951년 7월에 시작됐다. 협상은 2년 넘게 끌었다. 첫 번째 대화는 6주 후 멈췄고, 10월 25일에 재개됐다. 양측이 협상을 진행하던 1951년에서 1953년 사이에 군인들은 계속 죽어나갔다. 협상은 처음에 개성에서, 다음에는 판문점에서 열렸다. 지상전은 서로에게 폭격을 가하면서 계속됐고 군인들의 목숨은 얼마 안 되는 땅을 확보하는 데 낭비됐다. 이런 전투의 피비린내를 맡게 해주는 이름들이 바로 단장의 능선 전투, 펀치볼 전투, 폭 찹 힐 전투다.

중국과 북한의 협상단을 공식적으로 이끌었던 사람은 북한의 남일 장군이었다. 미국과 유엔사령부 협상단은 터너 조이 제독이 이끌었다. 그전에는 남한에 속했지만 협상 당시에는 북한에 속했던 개성을 협상 장소로 선택한 것은 미국의 전술적 실수였다. 애초에 미국은 덴마크 병원선에서 협상을 진행하고자 했지만, 북한은 이를 거부하고 개성을 제안했다. 자국민의 전쟁에 대한 관심이 없어진 미국은 제안을 순순히 받아들였다. 그 결과로 개성 인근에서는 군사행동이 금지됐다. 이 거래로 북한은 홈그라운드라는 이점을 가지게 됐고, 위험할 수도 있는 군사 지역에서 조용하게 차를 타고 다닐 수 있게 됐으며, 미래의 모든 충돌에서 전략적 이점을 확보하게 됐다.

가장 중요한 두 가지 이슈는 양측 간의 분계선 문제와 전쟁포로 처리였다. 유엔군은 당시의 통제선을 군사분계선으로 정하고 싶었던 반면, 북한은 38선을 주장했다. 북한은 38선이 전쟁 전부터 분계선이었기 때문에 '전 세계가 다 알고 있다'는 점을 들었다. 유엔사령부는 유엔의 개입 명분이 '이전 상태'로의 복귀였다는 입장을 뒤집으며 전쟁이 38선의 취약성을 그대로 드러낸다고 주장했고, 결국 유엔 주장대로 됐다.

하지만 해상 분계선은 합의를 보지 못했다. 유엔사령부는 경기도의 육지 부분과 거기서 약간 떨어져 있는 섬 사이에 일방적으로 경계선을 설정했다. 육지 부분은 북한 영토, 섬은 남한 영토였다. 나중에 남한은 단독으로 북방한계선(NLL)을 설정했지만, 북한은 해상 분계선의 근거로 육상 경계의 연장선을 채택하는 것을

토킹 투 노스 코리아

받아들이지 않았다(현재도 그렇다). 그때 이후로 NLL은 남한과 북한 해군 사이에서 계속 문제가 되고 있다(남한의 의지가 너무 강경해서 미국 정부조차 의혹을 품고 있다. 남북한 모두가 1980년대 가입한 해양법에 관한 유엔 협약에 따르면 해상 경계선은 NLL 훨씬 남쪽으로 내려가야 한다).

중국과 북한은 관례와 제네바 협약에 따라 전쟁포로의 전원 본국송환을 요구했다. 하지만 미국은 제네바 협약 준수를 거부하고 '자발적 본국송환' 원칙을 내세웠다. 어떤 전쟁포로도 본인의 동의 없이 송환되어서는 안 된다는 원칙이다. 이 부분이 협상을 가로막았고 살육은 계속됐다. 자발적 본국송환은 일부 미국인에게 거의 신념과도 같았지만, 회의적인 생각을 가진 사람도 있었다. 조이 제독은 다음과 같이 썼다.

자발적 본국송환은 과거에 공산주의자였던 군인들의 행복을 공산주의자들의 포로수용소에 갇힌 우리 유엔사령부 군인들, 그리고…당시 한국의 전투 현장에 있는 군인들의 행복보다 더 중요하다고 생각하는 것이었다. 나는 우리 군인들이 최대한 빨리 돌아오기를 원했다. 우리가 승리할 수 없는 전쟁이 멈추기를 원했다. 자발적 본국송환을 실시하는 데 전쟁 기간을 1년 이상 허비했고, 우리 유엔사령부 군인들은 포로 상태로 1년을 더 보내야 했다. 공산주의자였던 소수의 사람들을 보호해야 한다고 주장하는 동안 계속된 한국전쟁에서 유엔군 사상자는 최소 5만 명이 늘었다.[18]

남한에 수용된 전쟁포로에 대한 압력은 어마어마했다. 중국계 소설가 하진은 자기 아버지의 삶을 약간 가공해서 쓴《전쟁쓰레기》[19]에 남한의 전쟁포로수용소에서 몇 년을 보낸 중국 군인들의 운명을 다룬 바 있다. 중국인 전쟁포로가 선택할 수 있는 곳은 중국 또는 대만, 한국인 전쟁포로는 북한 또는 남한이었다. 중립국행이라는 또 다른 선택도 있었지만, 그런 선택이 있는지 아는 사람은 거의 없었고, 실제로 그렇게 선택한 사람은 더 적었다. 몇몇 공산주의자 전쟁포로가 인도나 브라질로 가기는 했다. 중국인민지원군과도 같이 싸우고 대만 정부를 위해서도 싸울 수밖에 없었던 전 국민혁명군 소속 군인들은 선택의 여지를 늘리기 위해 힘을 합치기도 했다. 수용소 안에서는 포로들 사이에서 패거리가 생겨 본국송환 찬반 여부를 두고 싸움을 벌이기도 했다. 중국이나 북한으로 돌아가길 원했던 사람 중에는 '마오쩌둥 죽어라'나 '김일성 죽어라'라는 문신을 강제로 새겨야 했던 사람도 많았다.

인민군 전쟁포로들은 자신들을 지휘하라는 명령을 받은 인민군 장성이 고의로 유엔군에게 잡혀 포로수용소로 들어옴으로써 지도부를 강화할 수 있었다. 사람을 조종하거나 강압하는 일이 양쪽 진영에서 자유롭게 일어났다. 이 와중에 일어난 폭동에서 전쟁포로 수백 명이 목숨을 잃었다.[20] 영국 신문 〈데일리메일〉은 1952년 12월 18일 자 기사에서 이것이 얼마나 어처구니없는 상황인지 보여줬다.

'유엔은 돌아가면 총살당할 것이 거의 확실한 포로들의 송환을 거부하고 있다.…하지만 이 인도주의 정책의 효과는 정당방위라고

하고 포로들을 계속 쏴버리는 일로 인해 줄어들 것이다.'

끝나지 않는 끝

1952년 드와이트 아이젠하워는 전쟁을 끝내겠다는 공약 덕에 1928년 이후 공화당 후보로는 최초로 대통령에 당선됐다. 하지만 최종 합의는 미국이 아니라 소련의 지도자가 바뀌었기 때문에 이뤄졌다. 1953년 3월 스탈린이 사망하자 뱌체슬라프 몰로토프가 다시 외무장관에 임명됐다. 몰로토프와 중국 외교부장 저우언라이는 1953년 6월 8일 '자발적 본국송환'에 합의했다. 양측에게는 본국송환을 거부하는 전쟁포로를 설득해 마음을 바꾸도록 시도할 기회가 주어졌다. 실제로 마음을 바꾼 사람은 거의 없었다. 몇 달, 몇 년 동안의 협박과 세뇌를 5분 동안의 면담이 이길 수는 없었다. 2만1374명의 중국 포로 중 거의 3분의 2는 대만행을 선택했고 북한 포로 상당수가 남한에 남는 편을 선택했다. 포로로 잡힌 남한 군인에게는 인민군에 입대하거나 고향으로 돌아가는 선택이 주어졌다. 5만 명 정도가 북한 잔류를 선택했다. 유엔군 중에서는 미군 포로 21명이 북한에 남거나 중국행을 선택했다. 앤드류 콘드론이라는 영국 해병 1명이 이 미군들과 함께 중국으로 갔다.[21]

본국으로 돌아간 사람 중에는 다른 의도를 가진 사람도 있었다. 1959년 미국은 본국으로 돌아온 전쟁포로 중 75명이 소련 요원이라는 사실을 밝혀냈다고 주장했다. 이들 중에는 영국 외무부에서 스파이가 된 조지 블레이크라는 악명 높은 인물도 있었다. 미국 정부는 미국인이 자발적으로 공산주의로 전향할 수 있다는 사실을 믿지 않았다. 그들은 세뇌와 최면으로 무엇이든 해결할 수 있다는 사실을 알아냈다.[22] 얼마나 많은 북한 사람과 중국 사람이 그 반대의 길을 통해 미국의 스파이가 됐는지는 앞으로도 아마 절대 알 수 없을 것이다.

한반도의 무력 통일에 유엔군을 이용하려 했던 이승만은 휴전 협상을 거부하고 이를 뒤엎기 위해 할 수 있는 모든 일을 했다. 이승만은 1953년 6월 18일 2만7000명의 북한 출신 반공포로를 석방함으로써 협상의 마지막 단계를 망치려고 시도했다. 이 일로 미국과 북한은 분노했지만, 그때는 이미 모든 당사국이 챙길 건 다 챙긴 상태였다. 휴전 합의는 이승만이 참석하지 않은 채 중국군, 북한군, 유엔군 사령관에 의해 1953년 7월 27일 판문점에서 체결됐다.

휴전은 평화 조약으로 이어지지 않았다. 미국과 북한은 이 책을 쓰고 있는 지금도 전쟁 중이다. 휴전 협정으로 통제선에서 양쪽 2km 지역에 DMZ와 휴전 합의사항 준수를 감시하는 군사정전위원회가 만들어졌다. 군사정전위원회 유엔군 측 위원 중 2명은 남한에 할당되어 있으며 미국과 영국에도 1명씩 할당되어 있다. 나머지 1명은 유엔사령부의 다른 구성원들이 돌아가면서 채운다. 군사정전위원회는 어두웠던 냉전 시대에 남한과 북한 사이에서 소통채널을 유지했다.

미국이 개입하지 않았다면 전쟁은 6주 안에 끝났을 것이고 500만 명이 아니라 5만 명 정도만 희생되면서 한국은 통일이 됐을 수도 있다. 하지만 '빨갱이가 되느니 죽는 게 낫다'고 생각하는 사람도 있을 것이다. 인명 피해는 엄청났다. 한국 군인과 민간인 400만 명, 중국군 100만 명, 미군 14만4000명, 나머지 국가 군인과 민간인 1만4000명이 죽거나 다쳤다. 생존자들의 삶은 황폐해졌고, 산업의 절반과 주택의 3분의 1이 파괴됐다. 불구자가 되고 상처를 입은 수많은 민간인, 전쟁고아, 네이팜탄 피해자가 배고픔과 절망에 허덕이며 폐허 사이를 돌아다니게 됐다. 1100만 한국인 가족이 70년이 지난 지금까지 이산가족이 된 채로 남아 있다.[23] 최악은 전쟁이 수십 년간 남북관계를 해친 공포와 적의를 만들어내 남과 북을 서로의 거울 이미지로 변하게 했다는 것이다.

남한과 북한은 무엇을 얻었을까? 존 할리데이와 브루스 커밍스가 말했듯이, '각자는 서로 이겼다고 주장한다. 하지만 실제로는 서로 졌다고 생각하는 것 같다.'[24] 북한의 상황은 매우 끔찍했다. 나라 전체가 파괴되고 스탈린과 마오쩌둥에게 약속한 신속하고 쉬운 승리는 전쟁터에 묻혀버렸다. 마오쩌둥의 아들 마오안잉은 중국인민지원군으로 참전했다 미군의 평양 공습 때 사망했다.

김일성은 북한이 전쟁에서 이겼다고 말했지만, 그렇게 느껴지지는 않았다. 남한을 접수해 한반도를 통일하는 데는 실패했지만, 김일성은 미국과 직접 협상해 미국이 평화를 애원하게 함으로써 정치적 정통성을 확보했다. 하지만 그의 공산주의자 동료 모두가 김일성의 이런 모습에 감동받은 것은 아니었다. 김일성은 곤경에 처해 있었고 자신도 그 사실을 잘 알고 있었다.

승자는 거의 없었다. 북한은 패했고 남한 역시 패했다. 척 다운스는 이렇게 말했다. '제한된 전쟁은 제한된 목표를 세우게 만들고 제한된 결과를 낳았다.'[25] 남한은 쓰라렸다. 반공주의적 권위주의가 크게 강화된 점 외에는 아무것도 얻지 못했기 때문이다. 1952년 이승만은 '재선'됐다. 국회가 자신을 재선시키지 않을 것이 분명해지자 이승만은 직접 선거로 대통령을 뽑도록 헌법을 개정하려고 했다. 이 시도가 거부되자 이승만은 자신에게 반대하는 국회의원들에게 공산주의자 연루 혐의를 씌워 체포했다. 체포되지 않은 의원들은 다음 선거에서 이승만에게 유리한 표를 던졌다. 이승만은 법을 무시했으며 자신을 위협하는 사람들을 체포했다. 반공주의는 정치탄압의 시대가 수십 년 이어진 원인보다는 구실이었다.

한국전쟁에 개입한 나라 중에서는 중국이 가장 많은 것을 얻었다. 중국은 미국이 이끄는 유엔군과 싸워 고립시킴으로써 중국 군대가 서양과 맞설 능력이 있음을 증명했다. 공산권에서 소련은 장기적으로 가장 잃은 것이 많았다. 한국은 미국의 군산복합체가 재무장 사업에 진출하도록 길을 터준 셈이었다. 소련은 미국이 이끄는 대로 따라가는 것 외에는 다른 선택이 없었고, 40년 동안 군비 때문에 소련 국민들에게 간절히 필요한 그나마 얼마 없는 자원을 민간경제에서 빼앗아 와야 했다.

미국은 대규모 전쟁에서 처음으로 패배를 겪었으며 미국인들에게 그 전쟁의 목표와 임무에 관해 설득하는 데 실패했다. 미국

토킹 투 노스 코리아

은 공산주의자들을 고립 상태에 몰아넣었지만, 미국인들이 감수할 준비가 되어 있던 만큼의 댓가를 치르고도 최종 승리를 얻지 못했다. 한국전쟁은 미국에서 최초로 '인기 없는 전쟁'이 되면서 베트남전을 미리 보여주는 역할을 했다. 미국에서 날로 심해지고 있던 매카시즘의 편협함과 피해망상증의 강도를 높이는 역할도 했다. 미국 공산주의자들은 당연히 박해를 받았지만, 조 매카시가 나중에 '공산주의 전선'이라고 규정한 조직에 몇 달러를 기부하거나 그 조직의 회의에 참석한 것 외에는 특별한 일을 한 적이 없는 수천 명도 마찬가지로 박해를 받았다.

미국은 국가 방위 예산을 5배로 늘리고 전 세계에 군사기지 네트워크를 구축했다. 서유럽에서도 같은 효과가 발생했다. 군사력 강화가 시작됐다. 윈스턴 처칠은 이렇게 말했다. '지금 한국은 그렇게 중요하지 않다. 74세가 될 때까지 이렇게 피가 많이 흐른 곳을 들어본 적이 없다. 한국의 중요성은 미국의 재무장을 이끌었다는 사실에 있다.'[26] 미국은 유럽에서 소련의 위협에 대응하기 위해 1949년 4월에 설립된 북대서양조약기구(NATO)에 더 많은 정성을 들이기 시작했다.

가장 많은 것을 얻은 나라는 싸우지 않은 나라 일본이었다. 동북아시아에서 지도적 역할을 어쩔 수 없이 하게 된 미국은 일본의 도움이 필요하다고 판단했다. 일본 경제는 미국의 원조, 무역, 재정 지원에 힘입어 살아나기 시작했다. 일본은 산업을 재건하고 한국전쟁 수행에 필요한 막대한 양의 전쟁물자 주문서를 챙겼다. 1952년에는 샌프란시스코 평화조약으로 미국의 일본 점령도 끝났다. 일본의 일부였던 적이 한 번도 없는 오키나와 미군기지들은 예외였으며, 미국이 강요한 헌법은 남았다. 한국전쟁은 일본을 미국의 적국에서 미국의 동맹국으로 만들었다.

휴전 협정 후 65년이 넘게 흘렀다. 한국전쟁에 참전한 군인 중에서 생존해 있는 사람은 거의 없다. 미국인들은 한국전쟁을 '잊혀진 전쟁'이라고 부른다. 이 왜곡되고 편파적인 인식은 한반도에서 미국이 실패한 이유를 설명해준다. 한반도에서는 이 전쟁이 전혀 잊히지 않았다. 남한과 북한은 한국전쟁의 영향과 함께 매일 매일을 살아가고 있다.

한국전쟁이 다르게 전개됐다면 상황은 어떻게 변했을까? 답을 알 수는 없지만, 분명한 것은 한국전쟁이 냉전과 초강대국 교착 상태를 강화하고 보강했다는 사실이다. 오늘날 한반도의 분단은 역사 속으로 빠르게 흘러들어가는 이 시대 최후의 위험한 유산이다.

★

제3장

김일성의 북한

한국전쟁이 끝났을 때 김일성은 빠르게 자신의 위치를 굳혀야 했다. 김일성은 이데올로기 전선과 당내 투쟁이라는 두 가지 다른 전선에서 자신의 생존을 우아하게 조율했다. 이 두 전선에서의 활동은 그가 5~6년 만에 권력을 완전히 장악하는 데 기초가 됐다.

김일성은 정통 스탈린주의에서 유교적 공산주의로 원칙을 수정했다. 마르크스-레닌주의보다는 전쟁 전의 일본 천황과 더 어울리는 이데올로기였다. 김일성은 마르크스의 '가차 없는' 경제결정론을 완전히 뒤엎었다. 김일성의 생각은 세상이 사람을 만드는 것이 아니라 사람이 세상을 만든다는 것이었다. '엄정한' 형태의 경제결정론은 사람의 무장을 해제해 혁명가를 구경꾼으로 만들고, 결국 옆줄에 비껴 앉아 불가피성에 환호하고 역사의 껍질이 깨져 미래가 태어나길 기다리는 사람이 된다고 생각한 것이다.

국토가 불균형적으로 파괴됐는데도 북한 경제는 남한 경제보다 빨리 일어섰다. 소련, 중국, 동구권에서 원조가 쏟아져 1954년에는 예산의 3분의 1 이상을 충당할 정도였다. 1950년대에 북한은 줄곧 세계에서 가장 경제 성장 속도가 빠른 나라였다.

당내 투쟁과 분할 통치

한국 공산주의자들의 종파주의는 태평양전쟁 승전 후에 부활했다. 처음에 소련은 김일성이 이상적인 선택은 아니라고 생각했을 수도 있다. 하지만 김일성은 해방 후 여러 당이 난립하고 정치 파벌들이 권력 경쟁을 하는 소용돌이 속에서 '동급 최고'의 위치에 빠르게 올라섰다. 그들은 모두 좌익 진보주의 조직이었다. 소련은 공산주의 조직 외의 다른 성향의 조직은 용납하지 않았을 것이다.

만주에서 활동하던 주요 공산주의 게릴라 조직은 두 개였고, 둘 다 근본적으로는 중국공산당의 지휘를 받았다. 김일성의 조직은 동북항일연군에서 싸웠고 다른 조직은 팔로군, 신사군과 함께 싸웠다. 후자는 마오쩌둥과 더 가까운 관계였으며, 연안파의 기초가 됐고, 해방 직후에는 김두봉의 지휘로 조선신민당을 결성했다. 1946년 8월 조선신민당은 김일성의 북조선공산당과 합당해 북조선로동당이 됐고, 3년 후에는 남조선로동당과 합당해 조선로동당이 됐다.

1949년 조선로동당에는 4개의 주요 당파가 있었다. 첫 번째는 국내파로 일제 강점기에 감옥에 갇히거나 도피 생활을 하면서 국내에 남았던 사람들이었다. 이들은 남한 쪽과 북한 쪽으로 나눠졌지만 대부분 남조선로동당 출신이었다. 두 번째는 연안파다. 조선신민당 출신으로 마오쩌둥의 간접 후원을 받고 있었다. 세 번째는 갑산(빨치산)파로 김일성이 이끄는 당파였으며 중국에서 투쟁하다 김일성과 같이 소련으로 후퇴한 세력이었다. 마지막으로 네 번째는 소련파로 카자흐스탄과 우즈베키스탄 지역 한국 이주민 2~3세대 중에서 소련의 군사 교육¹을 받고 모스크바에서 한국으로 보내진 사람들이었다.

당내 투쟁에 가담하기 위해 김일성은 먼저 프티 부르주아지와 민족주의 정당들을 제거해야 했다. 중도세력인 진보적 민족주의자들은 조만식이 1945년 11월에 세운 조선민주당과 천도교도들이 1946년 2월에 창당한 천도교청우당 2개를 중심으로 하고 있었다. 천도교는 19세기 후반 소작농 사이에서 생긴 반서양 토착종교운동이다. 1946년 1월 소련은 신탁통치에 반대했다는 이유로 조만식과 조선민주당 지도부를 체포해 걸러내기 작업을 해둔 상태였다. 천도교청우당은 1946년 7월 소련의 '인민민주주의'를 모델로 한 인민전선 정부에 강제 통합됐다. 조선로동당은 당내에서 훈련받은 파트너들의 도움을 받아 정권을 장악했다(오늘날에도 북한 최고인민회의에는 나머지 두 세력인 천도교도들과 사회민주주의자들이 일부 의석을 차지하고 있다).

그림 8. '모두다 찬성투표를'이라고 쓰인 선거 포스터, 2014년

김일성은 초기에 소련의 후원을 받는 유리한 위치였지만, 그렇다고 해서 반드시 최후의 승자가 된다는 뜻은 결코 아니었다. 그렇지만 그는 1953년 늦여름의 위기를 극복하고 세력과 세력, 개인과 개인을 대립하게 해서 당내 투쟁의 승자로 떠올랐다. 분할해서 통치한다는 전략은 효과적이었고 권력은 결국 김일성의 손안에 들어왔다.

전쟁으로 수백만이 희생되고 나라는 황폐화됐다. 모든 것이 수포로 돌아갔다. 영토는 늘지 않고 오히려 약간 줄어들었다. 취약했던 이승만의 입지는 공고해졌고 미국은 남한에 계속 머무르고 있었다. 70만 명의 조선로동당 당원의 거의 절반이 전쟁 중에 죽

토킹 투 노스 코리아

거나 도망가거나 축출됐다.

　우선 김일성은 거의 50만 명에 이르는 당원을 신속하게 충원했다. 대부분 김일성의 토지 개혁으로 충성심을 갖게 된 소작농이었나. 이런 식으로 심일성은 소련파의 영향력을 희석했다. 그렇게 하고도 김일성은 당내 입지를 강화하기 위해 희생양을 서둘러 찾아야 했다.

　적당한 인물이 있었다. 국내파의 지도자 박헌영이었다. 그는 마오쩌둥과 김일성에게 남한 사람들이 봉기해 한국전쟁의 초기 공세에 힘을 실어줄 것이라고 개인적으로 설득했던 사람이었다. 박헌영은 자신의 잘못된 낙관에 대한 대가를 치렀다. 그는 1953년 8월 체포되어 인민재판에서 모든 것을 자백한 다음 1955년 12월에 처형됐다. 김일성은 박헌영을 '미제 악당들의 돈을 받은 간첩으로 남한에 남로당 당원이 20만 명, 서울에만 6만 명이나 있다고 떠벌렸지만, 실제로는 남조선에서 우리 당을 완전히 궤멸시킨 양키들과 협력한 자'로 규정했다.[2] 현실 직시를 거부한 것 외에는 박헌영이 유죄라는 증거는 어디에도 없었다. 지도자가 없어진 박헌영의 당파는 와해됐다. 다른 당파들은 그보다는 가벼운 처벌을 받았다. 연안파의 지도자 최창익은 해임됐고 소련파의 지도자 허가이는 자살했다.

　박헌영을 희생시켰음에도 불구하고 한국전쟁에 대한 김일성의 책임은 잊히지도 용서되지도 않았다. 남아있는 반대세력은 김일성에 대한 개인숭배가 움트고 있는 것에 점점 분노를 키워가고 있었다. 하지만 이제는 경제에 집중해야 했다. 경제에 관해서는 당의 합의가 전혀 없었다. 당의 기관지 〈로동신문〉과 정론 잡지 〈근로자〉에서는 경제를 두고 토론이 벌어졌다.[3] 문제는 마르크스-레닌주의를 북한의 현실에 어떻게 적용할지였다. 김일성과 그의 지지자들은 중공업에 거의 전적으로 집중한 전후 재건을, 다른 사람들은 균형 잡힌 발전을 주장했다. 이는 1920년대 말 소련의 스탈린-부하린 논쟁의 판박이였고 1960년대 마오쩌둥-류사오치 논쟁의 예고편이었다. 소련과 중국에서 그랬듯이 이데올로기가 전문성을 이겼다.

1956년 2월 소련공산당 서기장 흐루쇼프는 제20차 소련 공산당 대회에서 스탈린과 스탈린주의를 비난했다. 북한에서는 소련파와 연안파가 주축인 정치국 위원들이 김일성을 공격했다. 조선로동당 중앙위원회 8월 회의에서 이 논쟁은 정점을 이뤘다. 이들은 김일성을 낡아빠진 개인숭배와 산업정책을 추구하는 북조선의 스탈린이라고 조롱했다. 소련파의 수장인 부수상 최창익과 연안파인 내각 상업상 윤공흠은 김일성이 권위주의적이며 인민들을 기아에 허덕이게 만들면서 중공업을 육성하고 있다고 비판했다.

소련파는 소련 대사와 협력해 쿠데타를 시도하려 했다. 하지만 공모에 가담했던 한 김일성 측근의 배신으로 쿠데타 계획은 사전에 좌절됐다.[4] 김일성은 최창익을 숙청하고 윤공흠을 포함한 연안파 지도부 인사들에게 지방의 한직을 줘서 사실상 귀양을 보내거나 권한을 완전히 박탈했다. 일부는 중국으로 도피했다. 당 지도부 인사들이 위협당하고 도태됐다. 이 쿠데타 시도에 연루되지 않은 연안파 수장이자 북한의 상징적인 국가수반 김두봉은 1958년까지 버텼지만, 그해 김일성은 김두봉을 쿠데타의 '배후 인물'로 뒤늦게 몰아 숙청했다. 드디어 김일성과 그의 빨치산 동료들은 완벽하게 권력을 장악했다. 〈로동신문〉에서 논쟁하던 시대는 끝났다. 이 신문은 당의 게시판 겸 기록지로 기능이 축소됐다. 공공영역에서 사라진 정치는 암시, 어감, 족벌주의의 어두운 세상으로 숨어버렸다.

스탈린의 테러 행위, 숭배 조장, 경제 정책에 대한 흐루쇼프의 비난으로 중국과 소련 사이에는 균열이 생겨났다. 그 사이에서 김일성은 양다리를 걸쳐야 했다. 북한은 중국이나 소련의 부속국이 되거나 그 둘 사이에서 위험한 정치적 줄타기를 해야 했다. 김일성은 후자를 택했다. 독립, 민족주의, 경제 자주라는 새로운 패러다임 안에 자신과 자신의 정치를 재배치한 것이다.

김일성 우상숭배

1960년대는 빨치산 대장들의 시대였다. 하지만 독재정치에는 대가가 따랐다. 북한은 점점 더 고립됐다. 김일성은 궁핍을 미덕으로 바꾸고, 독립과 자주를 공표하고, 개인숭배를 널리 퍼뜨렸다. 김일성만 그랬던 것은 아니다. 하지만 스탈린, 마오쩌둥, 차우셰스쿠와 비교하면 김일성 우상숭배는 그 규모, 강도, 지속기간 면에서 독보적이다.

정통 공산주의는 산산조각 난 상태에서 김일성은 나라의 아버지가 되고 우상화가 시작됐다. 한반도의 역사는 그의 가족사가 됐다. 김일성의 부모는 모범적인 혁명가로 재평가됐다. 한약재를 파는 작은 가게를 운영했던 아버지 김형직은 혁명 전선의 최전방에서 싸웠던 불패의 투사가 됐다. 어머니 강반석은 혁명 전사이자 여성해방운동의 지도자가 됐고, 김일성의 후처이자 김정일의 생모 김정숙은 나라의 존경받는 어머니가 됐다. 김일성의 증조부 김응우도 '제너럴셔먼호'를 불태운 지도자가 됐다.

김일성은 전지전능한 인물이 됐다. 종교 예언자들이 모두 그렇듯이 김일성이라는 이름은 기적의 동의어가 됐다. 김정일의 이름도 나중에 그렇게 된다. 전설에 따르면 김정일은 수십만 번의 전투에서 승리를 거두고, 모래알을 쌀로 만들었으며 가랑잎을 타고 강을 건넜다. 김정일이 백두산에서 태어날 때는 천둥과 번개가 쳐 백두산 천지의 얼음이 산산조각이 나 쌍무지개가 떠올랐다. 김정일은 네 살 때 일본 지도에 잉크를 발라 일본에 폭풍을 일으켰다. 조선중앙통신은 김정일이 탄 차를 무지개가 몇 킬로미터를 따라왔다고 보도한 적도 있다.

우상숭배는 현재까지도 북한 사회 곳곳에 침투해 있다. 북한의 달력은 김일성의 탄생년도를 기준으로 한다(일본 달력은 천황의 즉위연도를 기준으로 한다). '위대한 지도자' 김일성과 '경애하는 지도자' 김정일의 사진과 명판, 상반신 상, 배지는 어디서나 볼 수 있다. 김일성이 쓴 글에서 발췌한 내용은 매일 라디오와 TV에 등장한다. 김일성과 김정일의 《저작선집》과 김일성의 회고록 《세기와 더불

그림 9. 김일성 부자의 동상.
정통 공산주의의 마지막 흔적을 보여주는 '마르크스-레닌주의 기치 만세'라는 글귀가 보인다.

어》(김일성의 회고록은 그의 사후에도 계속 계승본이 출간됐다.)는 모든 서점,
도서관, 일터, 학교에 눈에 잘 띄게 전시되어 있으며 북한의 안드
로이드 태블릿인 삼지연에는 이 책들이 기본으로 내장되어 있다.
문학 작품, 특히 1970년 초 이후 작품은 나라의 아버지이자 최고

존엄인 김일성 이야기를 중심으로 쓰였다.[5] 어린이집에서 대학까지 모든 교실과 가정에 김 씨 부자의 사진이 걸려 있으며, 심지어 지하철에도 걸려 있다. 실내에는 두 부자의 사진이 나란히 걸려 있고, 밖에는 선전 포스터들이 벽화, 동상, 액자, 북한의 '성지'들이 아름다운 경치 속에서 서로 섞여 있다.

북한의 모든 성인이 옷깃에 달고 다니는 김 씨 부자 배지는 스타일과 크기가 다양하다. 고위당원은 더 작고 우아한 모양의 배지를 더 많이 가지고 있지만, 크기와 스타일이 지위를 나타낸다는 주장은 사실이 아닌 것 같다. 김일성대학 학생들은 자기들만의 특별한 배지를 자랑스럽게 달고 다니긴 한다. 40년 동안 권력을 쥐었던 김일성은 '현지 지도'를 하고 성스러운 자취를 뒤에 남기면서 북한의 거의 모든 농장과 공장을 다녔다. 김일성이 앉았던 의자는 밧줄로 격리되고 서명한 종이는 액자에 보관됐다. 김일성의 방문 사진은 벽에 걸리고 김일성의 말은 암기됐다. 김정일과 김정은도 그 관례를 이어갔다. 김정은이 집권 이후에 아버지와 할아버지가 방문한 곳을 다시 방문한 기록이 남아있다.

다른 개인숭배들은 그 대상과 함께 힘이 사라지거나 소멸됐다. 레닌, 마오쩌둥, 호치민의 무덤은 성지라기보다는 관광지가 됐다. 이와 대조적으로 김 씨 부자의 개인숭배는 계속되고 더 정도가 심해졌다. 1994년 김일성이 사망한 후 주석궁은 영묘로 꾸며졌으며(6억5000만 달러가 들었다는 보도가 있다.), 김일성의 시신은 방부처리를 해서 투명한 유리로 덮은 석관에 전시됐다. 2012년 사망한 김정일도 금수산태양궁전으로 개칭된 영묘에 아버지와 같이

토킹 투 노스 코리아

안치됐다. 금수산태양궁전에는 매주 수만 명이 찾아와 관 주위를 천천히 돈 후 부자에게 각각 3번씩 절을 한다. 다른 지역 사람들은 한 번 방문하려면 몇 년을 기다려야 한다. 참배 행렬에 들어간다는 것이 특권으로 여겨질 정도다. 추모곡이 울려 퍼지면 여자들은 울기 시작하고 남자들은 엄숙한 표정이 된다. 일부 선택된 사람들은 김 씨 부자가 타던 기차, 김일성의 V12 600SEL 메르세데스, 김정일의 요트, 김 씨 부자가 세계 곳곳에서 받은 수백 개의 훈장과 상을 전시해 놓은 공간도 둘러볼 수 있다.

《세기와 더불어》에 따르면 김일성은 십대 때부터 자신을 공산주의자라고 생각하면서도 종파주의와 중국공산당의 기회주의는 배격했다. 1956년 이후 김일성은 바로 이런 생각의 덫에 빠지게 됐다고 주장하는 사람이 꽤 많다. 1956년은 조선로동당의 이데올로기가 마르크스와 레닌의 길에서 벗어난 해다.

마르크스-레닌주의는 태생부터 분열주의와 이설의 씨앗을 품고 있었다. 트로츠키와 부하린이 그 예다. 1927년 코민테른에서 트로츠키를 축출하려다 자신이 오히려 트로츠키주의자라는 혐의를 받고 영국공산당 중앙위원회로부터 축출된 영국의 공산주의자 J. T. 머피도 마찬가지다. 성공한 예로는 제2차 세계대전 이후 알바니아의 엔베르 호자, 유고슬라비아의 요시프 브로즈 티토, 루마니아의 니콜라에 차우셰스쿠를 들 수 있다. 이들은 자국에서 변형된 공산주의를 수정하라는 소련의 명령을 한 번도 그대로 수행한 적이 없었고, 스탈린은 이에 분노했다. 김일성은 여기서 더 멀리 나아갈 작정이었다.

오래된 질서에 대한 김일성의 도전은 1955년 12월 28일 조선 로동당 당선전선동원대회에서 했던 한 연설 〈사상사업에서 교조주의와 형식주의를 퇴치하고 주체를 확립할 데 대하여〉에 그대로 드러났다. 주체라는 말을 분명하게 한 것은 흐루쇼프의 우상파괴주의 발언보다 먼저가 아니라 그 뒤의 일이다. 김일성은 '마르크스-레닌주의는 신조가 아니라 창의적 이론이자 행동지침'이라고 강조했다. 이설의 냄새가 확실하게 나는 부분이다.

주체라는 단어는 주인을 나타내는 '주'와 자신을 나타내는 '체'가 결합되어 글자 그대로 '자신의 주인'이라는 뜻이다. 그 의미는 시간이 지나면서 조금씩 변해왔다. 이는 주체라는 말이 국가 정체성, 자주, 애국심, 국민적 자신감이 다양하게 섞인 개념임을 보여준다. 1960년대 주체사상의 4대원칙은 사상에서의 주체, 정치에서의 자주, 경제에서의 자립, 국방에서의 자위였다. 국가와 조직은 이 원칙들에 의해 정당화됐다. 1927년 일본 〈마이니치신문〉과의 인터뷰에서 김일성은 주체를 다음과 같이 정의했다.

이 사상은…혁명과 건설의 주인이 인민 대중이며 혁명과 건설을 추동하는 힘도 인민 대중에게 있다는 사상이다. 다시 말하면 자기 운명의 주인은 자기 자신이며 자기 운명을 개척하는 힘도 자기 자신에게 있다는 사상이다.[6]

주체라는 말은 서양에서 '자주'란 말로 무성의하게 번역되다 나중에는 경제 자주라는 말로 더 잘못 받아들여졌다. 주체는 지적·정신적 자립이라는 의미로 해석되어야 한다. 이런 의미에서 주체는 영화 제작부터 토마토 재배, 제조업, 무술 등 사회의 모든 부분에 침투해 지침(대부분은 김일성의 지침)을 제공했다.

주체는 마르크스주의 경제결정론에 대한 직접적인 도전이었다. 경제결정론은 물레방아 봉건주의, 증기기관 자본주의라는 말에서 알 수 있듯이 사회는 기술을 반영한다는 주장이다. 경제결정론은 '공산주의는 소련의 힘과 소련 전체에 대한 전기 공급을 합한 것'이라는 레닌의 말로도 설명된다.' 북한은 의지와 지도력으로 기술과 경제를 넘어서려 했다. 김일성은 다음과 같이 말했다. '사람이 모든 것의 주인이며 모든 것을 결정한다. 사람은 세상의 편협한 현실에 제약을 받지 않고 모든 것을 할 수 있다.' 이는 북한의 상황에 꼭 필요한 생각이었다. 세계경제 활동의 변방에 있는 작은 후진국에서 진정한 공산주의를 설명할 다른 방법이 있을까?

스탈린의 '일국사회주의'도 마르크스에 대한 어처구니없는 배신으로 보였는데, 소련 영토의 100분의 1도 안 되고 인구는 6분의 1도 안 되는 작은 나라에서 일국사회주의를 시도한다니 얼마나 어처구니없어 보였을까? 주체사상은 소련과 중국이라는 어려운 선택의 문제를 단번에 해결했다. 주체사상은 진화했다. 처음에는 보편적 마르크스-레닌주의에 민족주의를 덮어씌운 형태였지만, 1960~70년대를 거치면서 주체사상은 정통 마르크스-레닌주의에 더 강력한 도전이 되기 시작했다. 1967년 김일성은 이렇게 썼다. '주체사상은 우리의 혁명과 건설을 실천하기 위해 만들어

진 가장 정확한 마르크스-레닌주의 중심 철학이다.'⁸ 북한의 1972
년 헌법 제4조에는 주체사상이 마르크스-레닌주의를 북한의 현
실에 창의적으로 적용한 것이라는 내용이 추가됐다. 당 간행물에
서 마르크스에 관한 언급이 줄어들다 결국 없어졌다. 1992년 헌
법에서도 마르크스에 관한 언급이 완전히 사라졌다.' 사회주의에
관한 언급은 그대로 남았지만 전통적인 용어로 표현되지 않았다.
주체사상과 김일성의 혁명적 사고만이 유일한 지침이 됐다. 소련

그림 10. '주체' 술. 오른쪽에 있는 술병에서 뱀 머리가 보인다.

토킹 투 노스 코리아

이 역사 속으로 사라지면서 이설이 오래된 종교를 밀어내고 과거와 결별한 것이다.

　북한은 신정국가로 변신한 유일한 공산주의 국가다. 북한에는 기적을 일으키는 메시아와 선택된 민족의 교회가 있다. 그 교회는 내부적으로 일관성 있게 세계와 세계의 움직임을 설명하는 교리를 가지고 있다. 그 교리에는 복음을 전하겠다는 선교사들의 열정이 가득하며, 참석 인원이 거의 없는 주체사상 학습조직들은 세상을 어지럽히면서 제재를 받지 않고 스스로 훈련하고 있다. 끊임없이 공부하고 무조건적으로 믿을 가치가 있는 성경도 있다. 1970년대에는 김일성의 저작, 연설, 신년사, 당 대회 보고서 수백 쪽을 가장 잘 암기한 사람에게 상을 주기도 했다.[10] 주체사상을 가르치는 신학대학은 평양 주체탑 근처의 당 학교다. 이 학교는 교회에서 떠오르는 스타들을 주기적으로 재교육한다. 공산주의 철도대학을 다니거나 다녔던 운송 노동자도 여기서 벗어날 수 없다. 신도는 수백만이다. 1994년 7월 김일성 장례식, 2011년 김정일 장례식 때 보인 대중의 슬픔은 진짜였다. 1997년 처음 평양을 방문했을 때 다이애나 왕세자비의 죽음에 대해 북한 관리들이 내게 표시했던 깊고 진지한 애도는 이 정서로 설명할 수 있다. 그들은 사랑하는 국민적 우상의 죽음에 당황했으리라고 생각되는 사람과의 공감이 자연스러웠던 것이다.

경제 도약

마르크스-레닌주의에 대한 김일성의 정식 공부는 스탈린의 《모든 연방 공산당의 역사: 단기 과정(볼셰비키)》(392쪽 밖에 안 된다.) 독서와 스탈린의 중앙집중화, 집단화, 계획경제에 관한 연구로 시작됐다. 북한은 스탈린의 국가 소유와 통제라는 경제 모델을 그대로 따라했다. 소련의 역사라는 테이프를 빠른 속도로 재생한 셈이다.

해방 직후인 1946년에 진행해야 했던 첫 번째 단계는 산업의 국유화 또는 집단화였다. 1910년 이전의 한반도는 봉건제 국가였고, 일제 강점기에 광산과 공장은 일본인의 소유였다. 항복 후 도망갈 수 있었던 일본인은 도망갔고 남아 있던 일본인은 소유권 주장이나 보상 요구보다는 다른 것을 염두에 두고 있었다. 공장, 작업장, 상점을 뺏겨 불만을 품은 조선인 자본가들은 남한으로 도피했다. 따라서 북한은 저항을 거의 받지 않고 순조롭게 사업을 국유화할 수 있었다. 처음에 협동조합으로 전환됐던 사기업들은 1947년까지 중앙정부 또는 지방 소유 기업으로 재전환됐다. 공공 부문의 공급은 1946년에 전체 산업 생산의 72.4%를, 1958년에는 99.9%를 차지했다.

북한은 일본이 건설한 중공업 공장과 발전소를 그대로 이어받았다. 게다가 소련으로부터 상당량의 경제 원조와 기술 원조도 받았다.[1] 하지만 이런 도움은 미국이 남한에 준 것에 비하면 그리 크지 않았다. 숫자는 조금씩 다를 수도 있지만, 1946년부터 1984

년까지 소비에트 블록으로부터 받은 무상 원조와 유상 원조를 합하면 35억 달러 정도가 된다는 것이 합리적 추산이다. 표 1에서 보듯이 원조의 약 45%는 소련, 18%는 중국, 나머지는 동독과 동유럽에서 왔다.

표 1. 공산국가들로부터의 경제 원조

(Grants: 무상 원조, Loans: 유상 원조, 단위: 100만 달러)

	1945-49	1950-60	1961-69	1970-76	1978-84
소련		515 (Grants)			
	53 (Loans)	199 (Loans)	197 (Loans)	906 (Loans)	
중국		336 (Grants)			259 (Grants)
		173 (Loans)	105 (Loans)	2 (Loans)	
동독		101 (Grants)			
			35 (Loans)		
기타 동유럽 국가		326 (Grants)			
		4 (Loans)			
합계		1, 278 (Grants)			259 (Grants)
	53 (Loans)	376 (Loans)	337 (Loans)	908 (Loans)	

출처: 대한민국 통일부, 북한 경제 통계(서울, 1986년)

1946년 김일성은 토지 개혁에 집중해 대규모 농지를 쪼개서 소작농들에게 재분배했다. 소작농들은 태어나서 처음으로 자신만의 땅을 가지게 됐다. 토지 개혁으로 김일성과 조선로동당은 전폭적인 지지를 얻었고 김일성은 좌익 민족주의 세력과 당내 다른 당파들을 제칠 수 있었다. 전쟁 후에는 다음 단계가 시작됐다.

작은 농지들은 점점 수가 늘어나는 집단농장에 흡수됐다. 집단농장이 생산성을 높이려면 규모를 더 늘려야 했기 때문이었다. 한동안 이 방법은 효과가 있었다. 급속하게 수가 줄어들던 농업 노동자들은 생산을 계속 유지하고 개선할 수도 있게 됐기 때문이다. 생활수준이 점점 높아지면서 농업에서 해방된 수백만 명은 농장에서 공장으로 이동했다.

1953년 휴전 이후 성장은 '계획'에 따라 이뤄졌다. 3개년 계획(1954~56년)은 파괴된 사회기반시설을 재건했고, 뒤를 이은 단축된 5개년 계획(1957~60년)은 중공업의 기초를 마련하고 주택을 다시 건설했으며 식량 생산을 자급자족에 가깝게 만들었다. 김일성이 권력을 완전히 장악한 1958년에는 국가가 모든 것을 소유하고 관리하게 됐다.

북한은 '아시아의 호랑이'라고 불릴 정도로 성장했다. 인력을 대규모로 동원하고 선의와 애국심에 호소한 결과였다. 1956년 강선제강소를 방문했을 때 김일성은 생산성 향상이 사회주의 발전의 전제조건이라고 천명했다. 이 연설은 1957년 후속 방문 연설과 함께 천리마운동의 발판이 됐다. 하루에 1000리를 달린다는 전설 속의 말 이름을 딴 천리마운동은 더 열심히 일해 생산성을 높이기 위한 전국적인 노동장려운동이었다. 평양 시내가 내려다보이는 만수대에 세운 천리마 동상은 사회주의 노동자의 연속적인 전진을 나타내고 있다. 조선로동당의 상징인 망치, 낫, 붓을 든 노동자가 말에 박차를 가해 전진하고 있고, 젊은 여성이 볏단을 안고 그 뒤를 따라가는 모습의 동상이다.

1960년 천리마운동은 청산리방법에 의해 강화됐다. 청산리는 일을 더 열심히 하라는 통상의 권고와 생산성 향상은 노동자와 농장 관리자 사이의 직접적인 대화를 통한 솜씨 발휘와 지식 습득으로 이룰 수 있다는 생각을 결합시킨 김일성의 '현지 지도'가 있었던 청산리 협동농장의 이름을 딴 것이다. 이런 신디컬리즘(혁명적 노동조합운동)의 국가 주도 형태, 즉 최소한 노동자가 통제권을 가진다는 생각은 효과가 있었다. 농업 노동자에게는 중공업 노동자와는 달리 생산성이 향상되면 '이익'을 서로 나눈다는 인센티브제가 동력이 됐기 때문이다.

이는 제조업으로도 확산됐다. 대안의 사업체계라는 관리기법이 도입됐다. 당 고위간부들이 중간 관리자들과 생산직 노동자들에게 배우도록 권고함으로써 상향식 경영기법을 산업에 적용하는 것이었다. 성공의 촉매제 중 하나는 물질적인 인센티브를 노동자에게 제공한 것이었다.

이런 북한의 운동은 중국의 '대약진운동(1958~60년)'과 1930년대 소련의 스타하노프운동과 공통점이 있었다. 스타하노프운동은 영웅적인 노동자들이 생산성 향상 목표치를 계속 갱신함으로써 생산량 증대의 모범을 보이고 계획의 조기 달성을 가능하게 하는 운동이었다. '영웅'들은 인증서와 메달을 받았다. 그리고 동료 노동자들의 미움도 같이 받았다(이 방법은 최근에도 계속되고 있다. 1980년, 1988년, 2009년, 2016년에도 주요 국가행사에 앞서 생산량을 비약적으로 늘리기 위해 '속도전'이 실시됐다. 1998년 12월 평양 사무소가 파견한 수만 명의 노동자가 평양-남포 고속도로 공사를 눈 내린 땅 위에서 시작했다. 공사는 기계장비가 거의 없이 손으로만 이뤄졌다. 트럭 두 대, 굴착기 두 대로 20km 구간을 작업했다. 조선중앙방송은 빨간색 현수막을 걸고 쩌렁쩌렁 울리는 군가를 들으며 땅을 흔드는 굴삭기와 함께 일하는 영웅적인 일꾼들의 모습을 내보냈다. 도로는 일정보다 빨리 완성됐다. 하지만 2003년 여름 도로는 공사 결함을 드러내기 시작했다. 다니는 차가 거의 없는데도 도로가 여기저기 주저앉은 것이다).

결과는 놀라왔다. 1950년대와 1960년 초반 북한의 경제 성장률은 20%를 넘겼다. 북한은 세계에서 가장 빠르게 경제가 성장하는 국가 중 하나였다. 1960년이 되자 원조가 GDP에서 차지하는 비율은 2.5% 이하로 떨어졌다. 북한 경제는 만신창이가 된 남한을 엄청나게 앞질렀다. 숙련 노동자가 부족했던 북한은 1959년에서 1970년까지 해방 이후 일본의 버림을 받아 무국적자가 된 6만5000명의 한국인을 일본 정부에 의해 쫓겨나게 해 '조국' 북한으로 돌아오게 만들었다. 일본인 아내 수백 명이 그들과 같이 갔다(일본인 남편에 관한 언급은 없다).[12]

하지만 산업 영역의 지속적인 불균형은 결국 경제를 망가뜨리는 불씨가 됐다. 당의 정론 잡지 〈근로자〉에서 논쟁을 벌였던 사람들과 중공업의 지나친 의존이 가져올 결과를 경고했던 사람들은 1950년대 초중반에 숙청을 당한 상태였다. 이의를 제기할 사람은 아무도 없었다.

천천히 진행됐던 7개년 계획(1961~1970년)[13]은 다시 중공업, 특히 기계장비 부문에 집중했다. 1965년 김일성은 다음과 같이 말했다. '사회주의 공업화의 핵심은 중공업 발전을 우선으로 하는 데 있다. 강력한 산업을 구축해야 모든 산업, 운송과 농업의 발전과 사회주의 체제의 승리를 보장할 수 있다.'[14] 하지만 당시에는 남한의 군사 정권, 중국-소련 불화, 쿠바 사태에서 소련의 비겁함, 그리고 (약간 뒤인) 미국의 베트남 침공에 대응하느라 인력과 물자가 국방 부문으로 새나가고 있었다.

기계제조 산업과 금속 산업이 전체 산업 생산에서 차지하는 비중은 1944년 1.6%에서 1967년 17.3%로 늘어났다.[15] 경제는 시골에서 도시로, 농업에서 공업으로, 저개발 상태에서 개발 상태로 옮겨갔다. 1946년 공업 생산과 농업 생산은 각각 GNP의 16.8%와 63.5%를 차지했었다. 1970년에는 이 비율이 역전되어 공업이 57.3%, 농업이 21.5%[16]를 차지했다.

하지만 빠르고 거침없었던 초기 계획과는 너무나 대조적으로 1961년의 7개년 계획은 목표를 이루는데 9년이나 걸렸다. 처음으로 경제 성장이 지체됐다. 기술 혁신에 의한 생산성 증대가 아니라 계속적인 자본 구축에 기초를 둔 성장은 한계에 이르렀다. 전후 소련과 중국의 기술 원조(표 1 참조)와 계속 이어진 '속도전'으로 노동자들은 점점 지치기 시작했다. 농업과 경공업 모두 심각한 투자 부족 현상을 겪고 있었고, 그 결과로 소비재 생산 속도가 떨어졌다. 중공업 생산이 1963년 55%에서 2년 후 51%로 떨어졌을 때도 북한은 이를 방향 전환해야 한다는 신호라기보다는 투입 재료가 일시적으로 고갈되어 발생한 새로운 문제로만 받아들였다.

문제는 북한의 엔지니어와 기술자들이 중공업 경영과 운영에 관해서만 집중적으로 훈련받은 상태라 다른 방법은 생각할 수 없다는 데 있었다. 이들은 부족한 자원을 불균형적으로 독점하면서 기대 이상의 성과를 냈다. 결과는 경공업과 농업의 붕괴, 그리고 경제 비대칭성의 심화였다. 1970년이 되자 중공업은 전체 산업 생산의 62%를 차지했다.

북한은 지난 목표가 너무 높았다고 판단하고 6개년 계획(1971~76년)의 목표는 크게 낮춰 잡았다. 이번에는 기술적 변화, 원자재 자급, 제품 질 향상, 전력 발전 사업 강화 면에서 그전 계획들이 실패했음을 암묵적으로 인정했다. 이 계획은 또한 일부 자원을 경공업으로 이동시키기도 했다.[17] 이런 노력은 또 다른 대중동원운동인 3대혁명 붉은기쟁취운동(기술 혁명, 사상 혁명, 문화 혁명)과 병행됐다. 사상 혁명과 문화 혁명은 노동자의 정치적 위식을 고취해 더 높은 수준의 노력을 유도하기 위해서, 기술 혁명은 공정과 제품을 현대화하기 위해서였다.

김일성에게 경제 독립은 국가 독립의 열쇠였다. 김일성은 1971년 다음과 같은 내용을 썼다.

> 나라는 독립적인 국가경제를 구축할 때만 정치적 독립을 확보할 수 있다.…경제적으로 외세에 의존하는 나라는 다른 나라의 정치적 위성국가가 된다.…독립적인 국가경제를 구축하지 않고는 사회주의와 공산주의의 물질적·기술적 토대를 구축하는 데 성공할 수 없다.[18]

이런 생각을 가지고 있던 김일성은 경제상호원조회의(코메콘)에 가입하라는 소련의 압력에 분개했다. 코메콘은 소련 영향권 국가들 전반에 산업 통합 정책을 펼쳐 기술적으로 앞선 제품 생산은 소련의 의존할 수밖에 없도록 만드는 장치였다. 김일성은 소련이 코메콘을 이용해 북한을 소련의 영향권 아래 가둬 자율권을 해치고 제한하려 한다고 판단했다.

1949년 소련이 설립한 코메콘은 공동시장의 공산주의 버전이었다. 통합 경제 지역이 각 나라가 가장 잘 만드는(또는 소련의 계획에 따라 할당된) 원자재와 제품만 특화해서 만들고 나머지는 다른 나라들에게 의존하도록 '허용'한다는 것이었다. 코메콘은 경제적인 덫이었다. 소련은 핵심, 나머지는 변방이었다. 일단 이 시스템 안에 들어간 나라는 해마다 코메콘에 대한 의존도가 높아졌다. 김일성은 손상된 사회주의 연대보다는 경제 자주가 더 도움이 된다고 주장하면서 북한을 포함시키려는 모든 시도를 거부했다.

> 독립적인 국가경제 구축을 통해서만 우리는 형제 국가들의 경제 수요를 만족시키고, 프롤레타리아 국제주의와 완전 평등과 상호 이익의 원칙에 기초해 더 효과적인 상호협력과 노동력의 분배를 이루고, 사회주의 진영 전체의 강화에 기여할 수 있다.[19]

김일성은 국내에서 구할 수 없는 원자재를 수입하고 앞선 기술을 구입할 필요가 있다고 인정했다. 자주 사상이 핵심 교리 역할을 하다 보니 수입은 최소한으로 제한됐다. 경제 계획은 수입 수요를 줄이기 위해 수입품을 가능한 다른 국내산으로 대체하고 공정과 제품을 개조해 모든 산업 영역에서 60~70%의 자급률을 달성하도록 요구했다. 혁신 기술이 새롭게 개발됨에 따라 공정에는 숙련자들이 필요 없어졌고 숙련자가 부족한 공정에서는 미숙련 자들이 그 자리를 채웠다.[20] 3대혁명 경제를 위한 인력자원을 확보하고 기술적인 준비를 하기 위해서는 교육 부문에서 더 많은 기술자를 훈련시키고 전문가의 수를 늘려야 했다. 특히 연료, 기계, 전기, 자동화 엔지니어링 부분에서 더 그랬다.[21]

뒤를 잇는 경제 계획도 같은 논리를 따랐다. 현대적 생산방식과 관리기법으로 산업의 기계화와 자동화를 이룬다는 목표 아래 제2차 7개년 계획(1978~84년)은 경제의 현대화와 '과학화'와 함께 자주라는 목표를 훨씬 더 강화했다. 그전의 경제 계획 방식을 되풀이 한 것이었다. 수입 대체는 더 강력한 지상 목표가 됐고 외부 자본과 자원 조달은 불가능해졌다. 이는 서방에서 차관을 얻었다가 발생한 재정적 참사와 그에 따른 1976년 채무불이행 사태가 낳은 결과였다.

부채는 1970년대 초반 6개년 계획을 시작할 때 서방 국가들로부터 기계와 장비 같은 자본재를 대량으로 구입하면서 발생했다. 이때 얻은 차관은 수출을 늘려 수익을 발생시키거나 새로 단기 신용 차관을 받아 되갚을 생각이었지만, 1973년 세계 석유 위기의 여파로 두 방법 모두 불가능해졌다. 북한은 지불을 유예하고 상환 계획을 재조정했지만, 부채와 미지급이자는 늘어가기만 했다. 부채를 갚지 못하자 재정 신용도는 땅에 떨어지고 향후에 다시 빚을 낼 가능성도 사라졌다. 계획은 실패였다. 직전 계획도 목표를 달성하지는 못했지만, 이번 계획에서는 생산 목표를 맞춘 분야는 소비재 분야인 섬유 산업 하나뿐이었다. 중공업조차 생산 목표의 62% 밖에 달성하지 못한 채 침체에 머물렀다. 한때 비동맹 국가의 모델로까지 여겨지던 북한 경제는 전체적인 실패의 조짐을 보이고 있었다.

해가 거듭될수록 성장은 지체됐고 결국 1990년에 완전히 멈췄다. 그전에 세웠던 목표들은 결국 무산된 7개년 계획(1987~93년)에서 다시 한번 축소됐고 경공업과 소비재 분야에 집중됐다. 북한의 산업은 일어설 때와 거의 같은 속도로 빠르게 붕괴했다. 1998년까지 북한 경제는 9년 연속 마이너스 성장을 기록했다. 두 자릿수 하락을 기록한 해도 있었다.[22]

상당량의 자원을 군사 부분으로 돌린 것은 아마 어쩔 수 없는 선택이었을지도 모른다. 그래도 어쨌든 북한이 재할당된 자금을 보충하기 위한 투자, 혹은 투자처 확보에 실패한 점은 중공업에서 경공업으로의 전환을 처음에 거부하다 나중에는 전환할 능력마저 없어진 점과 함께 경제가 앞으로 나아갈 전기를 상실한 이유가 됐다.

설상가상으로 1989년 소련이 붕괴하면서 북한은 마지막 남은 선의의 조력자와 협상력마저 잃었다. 1990년 중반에 발생한 자연재해는 최후의 결정타였다. 공산주의의 상징이었던 북한은 실패한 산업국가로 전락했다. 1994년 김일성이 사망하면서 경제와 사회는 우유부단과 무관심, 기근과 고립으로 마비됐다. 북한은 지도자와 새천년을 기다렸다. 아래로부터의 시장경제 부상에 자극받은 북한은 간헐적인 경제 개혁으로 문제를 회피하려고 했다. 시장레닌주의로 가는 지름길이었다. 새로운 세기가 되어서야 북한 경제는 바닥 상태에서 반등해 다시 천천히 성장하기 시작했다.

세분된 사회계층

전후 산업화와 경제 성장으로 북한은 생활수준이 올라가고 현대화와 도시화를 이뤘다. 수백 년 동안의 봉건 통치와 35년 동안의 식민 통치를 겪은 상태에서 공산주의는 비록 속도는 빠르지 않았어도 물질적 번영을 이뤘다. 국가는 주거, 건강관리, 교육, 고용, 출산 수당, 연금 등을 제공했고 중앙배급체계를 통해 기본 식량과 가정용품을 나눠줬다. 돈 없이도 살 수 있게 됐다. 현금은 사치품을 살 때만 쓰였다. 관료들에게는 특별 할당품이 지급됐다. 예를 들어 미제 담배 같은 것들은 당 간부들에게만 주어졌다.

1950년부터는 의무교육이 도입됐다. 7년간 교과서에서 급식, 기숙사까지 모든 것이 제공됐다. 일제 식민지 시대에는 성인 대다수가 문맹이었고 소학교에 다니는 어린이는 전체의 3분의 1밖에 안 됐다.[23] 10년도 채 안 되어서 문맹률은 거의 0%로 떨어졌다. 교육은 학교에서 끝나지 않았다. 성인을 대상으로 한 교육과 직업훈련도 이뤄졌다.

교육과 산업화는 북한의 인구 분포와 사회구조를 재편성했다. 1946년 노동력의 4분의 3을 차지했던 농업 인구는 40년 사이 3분의 1로 줄어들었고 공장 노동자는 12%에서 57%로 늘어났다.[24]

산업화는 도시화를 촉진했다. 1953년에서 1960년까지 도시 인구는 매년 12~20%씩 늘어났으며 전체 인구의 9분의 1이 평양에 살게 됐다.[25] 1987년에는 전체 인구 60%가 도시에 살게 됐고 당시 북한은 세계에서 가장 도시화된 나라 중 하나였다.[26]

그림 11. 평양의 공동 주택

표 2. 북한의 출신성분 분류

분류	대우
핵심계층(28%): 노동자, 고농(머슴), 빈농, 당·정·행정기관 사무원, 로동당 당원, 혁명(반일투쟁) 유가족, 애국열사 유가족, 혁명지식인(해방 후 양성된 인텔리겐치아), 한국전쟁 피살자 가족, 한국전쟁 전사자 가족, 후방가족(인민군 현역장병 가족), 전쟁영웅, 영예가족(한국전쟁 상이군인 가족)	당·정·군의 간부가 될 자격 부여 식량과 생필품, 승진, 주택, 의료 등에 특별대우
동요계층(45%): 소·중상인, 수공업자, 소공장주, 하층 접객업자, 중산층 접객업자, 특정 월남자(높은 신분 출신으로 북한 정권에 반대한 적 없는 월남자) 가족, 중농, 중국·일본 귀환민, 구지식인(해방 전 양성된 인텔리겐치아), 해외 유학자, 난폭한 무법주의자, 의심스러운 여자(무당, 기생 등), 월북자 중 종파활동 미참여자, 지방유지	하위간부 및 기술자가 될 자격 부여 핵심계층으로 재분류될 제한적 기회 부여
적대계층(27%): 해방 후 전락노동자(전직 상공업자나 사무원), 부농, 중소규모 자본가, 지주, 친일·친미주의자, 일제강점기 관료, 한국전쟁 중 월남한 피난민 가족, 기독교·불교·천주교 신자, 유학자, 로동당 출당자, 숙청된 당 간부, 한국전쟁 중 남한 정부나 경찰에 협조한 자, 투옥자(수용소 수감자) 가족, 간첩과 그 가족, 반당·반혁명 종파분자, 정치범 가족, 출소자(정치범/비정치범), 천도교 청우당원, 민주당원, 전직 자본가(개인재산을 몰수당한 자)	격리 구역에서 강제 노동 당원 및 대학 입학 자격 박탈 격리 지역으로 강제 이동 또는 거주지 분리 동요계층으로 재분류될 제한적 기회 부여

출처: 전현준의 <'3대 계층 51개 분류' 체계> 표7과 표8에서 발췌(2004년, 51~52쪽).
사회 분류 구조에 관한 자세한 설명은 오공단, 랄프 하식의 《북한, 비정상의 정상국가
(North Korea through the Looking Glass)》영문판(2000년, 133~135쪽) 참조

1958년부터 전체 인구는 3대 계층으로 분류됐다. 핵심계층, 동요계층, 적대계층이다.[27] 분류에는 친인척을 포함한 3세대 동안의 정치적 역사가 반영됐다. 핵심계층은 당 간부 또는 당에 전폭적인 지지를 보내는 사람들로 이뤄졌으며 혁명전사와 한국전쟁 유

토킹 투 노스 코리아

가족도 이 계층에 포함된다. 적대계층은 부르주아지 지주, 월남자 가족, 친일·친미주의자 등이었고, 당내 당파 투쟁에서 패배한 사람들도 여기에 속했다. 접대부였던 사람들은 동요계층으로 분류됐다. 공적을 세우거나 정치적인 재교육을 받으면 소속 계층에서 벗어날 수 있었지만, 내려가기가 올라가기보다는 항상 더 쉬웠다. 1967년 3대 계층은 51개로 세분화됐다. 사회적 지위는 교육 정도, 직업, 사는 곳, 국내·외여행의 자유를 결정했다. 김일성은 자본주의를 완전히 전복시켰다. 높은 생활수준과 기회는 노동자 계급의 자녀와 당의 몫이었다.

국제사회에서의 고립

코메콘이라는 독배의 거부는 특히 북한의 해외관계에 악영향을 끼쳤다. 1956년 흐루쇼프가 스탈린을 비난한 후의 상황이다. 처음에 김일성은 자신에게 군사훈련을 시켜주고 나라를 세우게 해준 소련과 더 가까웠지만, 1950년에 그를 구해준 사람은 스탈린이 아니라 마오쩌둥이었다. 소련은 1953년 휴전 이후에도 6억 5000만 달러의 무상 원조와 유상 원조를 제공해 북한의 황폐화된 경제를 재건하게 도와줬지만, 본토에서 내전을 마친 지 4년도 채 안 되어 나라를 다시 정비해야 했던 중국도 그에 필적하는 5억 달러를 원조했다. 북한이 살아남은 것은 이 두 공산주의 이웃 국가의 덕이었다. 소련과 중국은 사실상 둘뿐인 북한의 무역 상대국이자 석유와 군사 장비를 '우호적' 가격에 내어주는 나라였다.

중국과 소련이 균열을 보이자 북한은 연대 대신 독립을 선택해 이 두 나라 사이에서 절묘한 줄타기를 했다. 1961년 7월 북한은 소련과 우호협조 및 호상원조에 관한 조약을 맺은 후 중국과도 같은 내용의 조약을 체결했다. 미국의 군사 도발을 저지하는 수단이었다. 하지만 사실 소련과 중국에 대한 김일성의 우려는 거의 미국에 대한 우려만큼 컸다. 이 조약들은 중국과 소련 어느 쪽도 북한을 삼키지 못하게 하기 위한 방편이기도 했다. 김일성은 일본공산당, 베트남공산당, 인도네시아공산당과도 관계를 강화했다.[28] 1963년 김일성은 다음과 같이 말할 만큼 거만해지고 분노에 차 있었다. 북한의 핵무기 지원 요청을 거부한 소련 정부를 향한 직설적 대응이었다.

어떤 한 나라의 무력만으로 사회주의 진영 전체를 지키고 어떤 한 나라의 최신 군사 기술만으로 사회주의 진영의 안전과 세계평화가 유지되고 있다고 선전·선동하는 사람들이 있다. 이들은 사회주의 진영 방어에서 다른 형제 국가들의 역할을 가볍게 여기고 이들 국가의 방위력을 강화하기 위한 국가 간의 정당한 협력을 무시하고 있다. 사회주의 진영의 안전과 세계평화를 걱정하는 모든 사람은 그런 입장에 동의할 수 없다.[29]

북한에게는 강력하고 독자적인 군사력 구축 외에는 선택의 여지가 없었다. 흐루쇼프가 평화적 공존 정책을 내세워 미국과 유화관계를 구축하고, 1961년 박정희가 서울에서 쿠데타를 일으키자 김일성에게 독자적인 군사력 구축의 필요성은 더욱 커졌다. 남한에 군사 정부가 들어선 것은 박정희가 성공했다는 의미였다. 북한은 박정희가 한반도 문제를 군사적으로 해결하겠다고 하면 응수할 수밖에 없는 상황이었다. 1962년 12월 김일성은 경제성장과 자체 무기 생산을 병행하는 '병진노선'을 발표했다. 독자적으로 움직인다는 불변의 논리는 매년 국방 예산을 늘리고 북한의 군산복합체를 공고히 한다는 뜻이었다.[30]

1962년 10월 소련이 쿠바 미사일 위기에서 뒤로 물러서자 중국은 비난의 화살을 퍼부었다. 쿠바도 뒤에서는 중국에 동의했다. 이에 앞서 흐루쇼프는 '사회주의 제국주의자'라는 중국의 비난에 대응해 중국에 대한 원조를 취소하고 1962년 중국-인도 국경전쟁을 불러온 인도의 도발을 지원했기 때문에 중국의 비난은 크게 놀랄 일도 아니었다. 비슷한 배신감을 느낀 김일성도 일시적이지만 중국 쪽으로 기울어 소련과 멀어졌다. 하지만 김일성은 너무 멀리 멀어지지는 않았다. 일방적으로 세계 공산주의의 리더를 주장한 소련에 대한 중국의 비난에 북한이 동의하지 않자 중국은 심기가 불편해졌다.

1964년 김일성은 중국 쪽으로 더 몸을 기울였다. 〈로동신문〉은 '최근에 새롭게 광란 상태로 휩쓸려 들어가고 있는 저들의 반 중국적인 행동과 소위 "집단적 조치"를 놓고 벌이는 시끄러운 소동은 저들이 분파주의로 더 깊숙이 침몰하고 있음을 보여준다'[31]며 소련을 맹비난했다. 문화대혁명 기간에 김일성은 자신을 '북조선의 흐루쇼프'라고 비난한 홍위병에 대해 자신의 입장을 분명히 했다. 이 두 공산주의 강대국 사이의 긴장은 1960년대 내내 북한의 입지를 좁혔다. 소련 제국주의와 중국 교조주의에 대한 김일성의 비난도 두 나라와의 관계를 불편하게 만들었다.

1966년 김일성은 혁명적 독립을 주장하고 있었다. 소련과 갈등을 빚는 다른 나라 공산당들과 교류하면서 그는 다음과 같은 입장을 밝혔다. "우리 당도 국내 문제에 강대국 쇼비니스트들의 간섭을 받았던 쓰라린 과거가 있다. 당연히 이 강대국 쇼비니스트들은 그들이 당해야 하는 '마땅한' 거부를 당했다."

1966년 10월 김일성은 '전 인민의 무장화', '전 군의 간부화', '전 지역의 요새화', '전 군의 현대화'를 표방하는 4대 군사노선 정책과 함께 자주적 국가 방위를 선포했다.[32] 국방비는 1966년 GNP의 10%에서 1967년 30.4%로 증가했다.[33] 민간경제는 사상 누가이 되기 시작했다. 이는 결국 10여 년 후 북한에서 수백만 명을 굶겨 죽였다.

1970년대 내내 소련과의 관계는 냉랭했던 반면, 중국과의 관계는 문화대혁명으로 인한 갈등이 줄어들면서 개선됐다. 1970년 저우언라이가 평양을 방문했고, 4년 뒤 김일성은 리처드 닉슨 미국 대통령의 1972년 중국 방문으로 인한 충격 때문인지 중국을 방문했다. 중국은 소련을 제치고 북한에 군사 장비를 가장 많이 제공하는 나라가 됐지만, 이 상황은 1978년 9월 중국이 일본과 중일 평화우호조약을 체결하고 그 4개월 후 미국과 수교를 맺으면서 종료된다.

1978년 권력을 장악한 덩샤오핑의 경제적 실용주의와 시장 개혁 옹호정책은 쥐만 잡는다면 검은 고양이든 흰 고양이든 상관없다는 '흑묘백묘론'으로 요약된다. 중국공산당의 새로운 방향은 혁명과 이데올로기를 버리고 현대화와 경제 개혁을 강조하는 것이었다. 중국 시장은 1980년대 내내 확산일로를 걸었다. 1980년 초반 중국과 북한 사이에서 고위급 상호방문이 이뤄졌다. 북한은 선택지가 거의 없었다. 경제적·군사적 이유로 우호관계는 필수였다.

소련은 북한과 마찬가지로 미중 화해를 배신이라고 생각하며 반기지 않았다.[34] 소련과 미국의 관계는 1979년 소련의 아프가니스탄 개입 이후로 크게 악화됐다. 1982년 유리 안드로포프가 레오니트 브레즈네프의 뒤를 이어 소련 지도자가 되자 소련-북한 관계는 회복됐다. 1970년대 말 소련, 중국, 아프리카, 유럽 등과 골고루 이뤄졌던 북한의 해외 무역은 1973년 '오일 쇼크'와 1976년 유럽 차관에 대한 채무불이행, 그리고 소련과의 화해에 힘입어 다시 소련 중심으로 이뤄지기 시작했다. 1985년 북한 무역의 거의 절반은 소련과의 무역이 차지했다. 1984년에는 김일성이 모스크바를 방문했고, 2년 뒤에는 소련의 예두아르트 셰바르드나제 외무장관이 답방했다. 두 나라는 1986년부터 1990년까지 해군·공군 연례합동훈련을 하면서 군사협력을 강화했다.

하지만 1980년대 말 이 관계에 근본적인 변화가 생겼다. 1985년 3월 소련공산당 총서기로 선출된 미하일 고르바초프가 페레스트로이카(변화)와 글라스노스트(개방)를 포함한 국내 경제·정치 개혁을 시작했기 때문이다. 소련 외교정책의 축은 강대국 간 경쟁에서 경제 발전으로 옮겨졌다. 고르바초프는 북한과 관계를 유지했지만, 개혁의 결과로 모든 것이 바뀌었다. 30년 동안 소련과 중국의 영향력이 변화해온 역사는 북한의 우표를 보면 잘 알 수 있다. 우표에는 수십 년 동안 나타났다 사라진 소련과 중국의 색깔이 그대로 기록되어 있기 때문이다.[35]

마지막 믿음은 소련이 붕괴 직전인 1990년에 남한 정부와 외교관계를 수립하면서 완전히 사라졌다. 중국 정부의 배신은 그보다 단 2년 뒤에 불과했다.

제3의 길

1970년대 중반 김일성은 비동맹운동 국가들과 '제3의 길'을 모색했다. 비동맹운동의 '소련도 아니고 미국도 아니다'라는 기치는 김일성과 소련의 관계가 악화되면서, 그리고 정도는 덜하지만 김일성과 중국의 관계가 악화되면서 흥미를 끌었다. 비동맹운동의 기원은 1955년 인도네시아 반둥회의다. 반둥회의는 아시아와 아프리카 국가들의 회의로 참가국 대부분은 식민주의를 규탄하는 신생 독립국이었다. 소련도 그 규탄의 대상이었다. 이들 국가는 '강대국들의 압력에 맞서 독립을 유지하고 식민주의와 신식민주의, 특히 서양의 지배에 저항해야 한다는 비슷한 문제'를 안고 있었다. 비동맹운동은 1961년 유고슬라비아에서 정식으로 창설됐으며,[36] 동-서 이데올로기 갈등을 동전의 양면으로 보고 어느 쪽도 편들지 않았다.

김일성은 북한의 대미 투쟁을 지원하고 남한과의 외교 전쟁에서 승리하도록 도와줄 세력을 원했다. 김일성에게 비동맹운동은 자신만의 제3의 길을 추진해 제3세계 지도자가 될 수 있는 완벽한 발판으로 보였다. 처음에는 매우 성공적이었다. 북한은 제3세계 국가들과 외교관계를 급속히 확장했다. 하지만 북베트남, 팔레스타인해방기구와 함께 1975년 8월이 되어서야 정식으로 가입했다.

북한의 공식 수교국은 1940년대 말 9개국에서 1990년대 말 113개국으로 크게 뛰었다. 그 사이에 북한은 공식 외교 업무와는 무관하나 비자 발급이 가능한 유엔 기구에 대사를 파견해 그 공백을 메웠다. 이탈리아 로마에서는 유엔 식량농업기구를, 프랑스 파리에서는 유네스코를, 영국 런던에서는 유엔 국제해사기구를 각각 이용했다. 2000년 이탈리아와 영국은 북한과 외교관계를 맺었다. 지금도 로마의 식량농업기구에는 북한 대표부가 상주하고 있으며, 공식 대사는 파리 유네스코에만 파견되어 있다.

김일성의 첫 번째 성공은 1975년 비동맹운동에 북한이 가입하면서 남한은 가입이 거부된 것이었다. 미군이 대규모로 계속 주둔하는 나라의 비동맹운동 가입은 지지할 수 없는 우스운 일이라는 이유에서였다. 김일성의 으쓱거림은 오래가지 않았다. 북한에 유리한 결의안을 통과시키려고 로비를 거듭하다 과도한 압박으로 회원국들의 반발을 샀다. 북한은 국제 테러와 김일성 개인숭배를 지원해달라고 주장했고, 여기에 '한강의 기적(남한의 경제 성장)'도 북한에 불리하게 작용했다. 한반도에 관한 비동맹운동의 입장은 남한 쪽으로 기울기 시작했다. 김일성은 제3의 길이 막다른 골목에 다다른 것을 발견했다. 하지만 비동맹운동은 내부 갈등으로 무너지면서 기억에서 잊혀졌다.

이 시기가 남긴 주요 잔재는 북한과 인도네시아의 관계, 그리고 불행한 꽃이다. 1965년 김일성이 보고르 식물원을 방문했을 때 수카르노 인도네시아 대통령은 '김일성화'라고 이름 붙인 난초꽃을 선물했다. 현재 북한의 국화는 목란이지만, 매년 태양절(김일성 생일, 4월 15일)에는 날씨가 얼 것처럼 추운데도 김일성화 수만 송이가 장식된다. '김정일화'도 있다. 베고니아의 일종이다. 김정일의 생일은 2월 16일이다. 역시 꽃을 걸기에 이상적인 날짜는 아니다. 아버지가 자신의 꽃을 받던 당시 24살이던 김정일은 수카르노의 18살 된 딸 메가와티 수카르노푸트리와 시간을 보내고 있었다. 이 둘은 2002년 다시 만났다. 메가와티가 인도네시아 대통령 자격으로 북한을 국빈 방문했을 때다.

비동맹운동과는 별도로 북한은 아프리카에도 공을 들였다. 1970년대 북한군과 군사 고문단은 아프리카 전역에 파견됐다. 에티오피아에서 이들은 소말리아와의 오가덴전쟁에서 공산주의 군부 지도자 맹기스투 하일레 마리암을 도왔으며 반군인 에리트리안 인민해방전선 소탕작전에 도움을 줬다. 앙골라에서는 앙골라해방인민운동 편에서 쿠바인들과 함께 내전에 투입되어 남아프리카공화국군과 싸우기도 했다. 북한은 1985년까지 앙골라에 병력 1000명을 주둔시켰다. 1976년에는 디디에 라치라카 마다가스카르 대통령이 주체사상에 관한 회의를 열기도 했다.

이들은 포브스 번햄의 가이아나, 돔 민토프의 몰타와 특이한 관계를 맺기도 했다. 몰타는 1983년 김정일이 영어를 배웠던(또는 배우지 않았던) 곳이다. 당대당 관계로는 독일 트로츠키주의자들, 브라질과 벨기에의 공산당, 프랑스 사회당, 미국 블랙팬서당과의 관계를 들 수 있다. 블랙팬서당의 엘드리지 클리버는 1969년과 1970년에 북한을 방문한 후 김일성에 관한 글을 당 기관지 〈블랙팬서〉에 기고하면서 '적의 적은 친구'라는 논리를 펼치기도 했다. 클리버는 1972년 《김일성저작선집》의 영문판인 《주체사상! 김일성의 연설과 글》을 출간하고 서문을 쓰기도 했다.

제일 흥미로운 동시에 이상한 점은 1981년 프랑스 대선 후보 프랑수아 미테랑과 최측근 2명의 북한 방문이다. 측근 2명은 석 달 후 총리가 된 피에르 모루아와 프랑스 사회당 제1서기 내정자 리오넬 조스팽이었다. 대통령에 당선되기 석 달이나 전에 미테랑은 지구를 반 바퀴 돌아 김일성과 당시 북한에 망명해 있던 캄보디아 지도자 노로돔 시아누크[38]를 만났다. 중국 지도자 덩샤오핑을 만나기 위해 베이징에 들리지도 않았다. 미테랑 당선 후 북한이 받은 유일한 혜택은 파리 주재 유네스코 북한 대사관에 왈롱, 퀘벡, 팔레스타인과 동등한 정도의 지위인 일반대표부 자격을 얻었다는 것뿐이었다.

일본의 식민지배와 한국전쟁에서 미국이 한 일에는 현재도 강렬한 반감이 남아 있다. 일본에 대한 적개심은 두 가지 층위를 지닌다. 일본은 미국과 동맹을 맺었고 아직도 식민지배에 대해 사과하지 않았다는 점에서 그렇다. 제2차 세계대전 말 일본에는 한국인이 250만 명이나 있었다. 초기에는 얼마 안 되는 유학생이나 노동자가 전부였지만, 나중에는 더 많은 사람이 자발적 또는 비자발적 노동자로 일본에 보내졌다. 1937년 이후에는 대부분 강압에 의해 갔다. 그들 대부분은 전쟁이 끝났을 때 돌아올 수 있었지만, 수십만 명이 일본에 남았다. 1960년대에 남은 사람 중 일부가 자발적으로 북한으로 돌아갔다. 현재는 약 60만 명의 한국인이 일본에 살고 있다.

일본에 남은 한국인은 남북이 아닌 좌우로 갈렸다. 1955년에 설립된 재일본조선인총련합회(조총련)는 일본 잔류 한국인 상당수를 대표하는 북한의 전선 역할을 했다. 조총련은 북한의 교과과정을 적용한 학교들을 세웠다(조총련이 세운 학교를 다닌 소니아 량의《일본의 북한인들》[39]에 아주 잘 묘사되어 있다). 초기에 북한은 이 학교들에 넉넉하게 재정 지원을 했다. 남한이 재일본대한민국민단(민단)에 지원하는 액수보다도 훨씬 큰 액수였다. 하지만 북한 경제가 붕괴하면서 조총련은 수혜자에서 기부자로 성격이 변했다. 조총련 지도부는 사실상 북한 정부의 대변인과 외교관 역할을 하게 됐다. 일본 당국의 압력을 받아 왔던 조총련은 최근 조금씩 독자 노선을 걷기 시작했다. 일부 회원은 1960년대 북한 송환자들에 대한 북한의 처우를 들어 조총련과 결별했다.

한국전쟁 개입으로 미국은 일본을 제치고 북한의 '제1의 적'이자 북한의 반제국주의 발언의 최우선 목표가 됐다. 특히 북한의 신경을 건드리는 부분은 주한미군의 존재다. 1970년부터 주한미군의 수는 5만 명을 넘지 않았다. 2018년 현재는 3만7500명이다.

적어도 최근까지 통일은 남과 북 모두에게 당연한 목표였다. 김일성이 제시한 통일 로드맵에 따르면 첫 번째 필수조건은 주한미군 철수였다.

> 현재 우리 조국의 분단과 모든 불행, 남조선 인민들이 겪는 고통의 근원은 미군의 남한 점령과 미국의 공격적인 정책에 있다. 미군이 남조선에 주둔하는 한 조국의 평화통일은 불가능하며 남조선 인민들은 현재의 비참한 곤경에서 벗어나지 못할 것이다.[40]

그 다음으로 김일성은 '남북연방제(고려연방제) 실시'를 제안했다.[41] 북한은 남북간 무장 대립 종식, 미군 철수, 양측의 군사력 증강 중지에 역점을 두고 있었다. 연방제의 기본 개념은 '다양성 속의 통합'이다. 분단을 끝내려면 '1국가 2체제'가 해법이라는 것이다.

이와 대조적으로 남한은 평화적 공존을 원했다. 상호인정과 경제 협력을 통한 '선 평화, 후 통일'이다. 양측의 거리는 너무 멀었다. 이 상황은 닉슨이 중국과의 화해를 통한 아시아의 긴장 완화를 위해 움직이면서 변했다. 베트남전에서 교훈을 얻은 닉슨은 1969년 아시아 국가들이 스스로 안보를 책임져야 한다고 선언했다. 이 '닉슨 독트린'은 한국에 대한 미국 개입 단계의 부분적 축소를 위한 길을 열었다. 닉슨은 미군 철수를 발표했다. 1969년부터 1971년까지 주한 미군은 6만6000명에서 4만 명으로 줄었다.

남한과 북한 어느 쪽도 만족하지 못한 조치였다. 1971년 양측의 적십자사는 남북대화 시작의 매개체 역할을 했다. 표면적인 구실은 이산가족 상봉이었다. 이 막후 접촉으로 1972년 7월 4일 양측이 3가지 원칙을 수용한다는 공동선언문이 발표됐다. 3가지 원칙은 다음과 같다. 첫째, 통일은 외세에 의존하거나 외세의 간섭을 받지 않고 자주적으로 해결해야 한다. 둘째, 통일은 서로 상대방을 반대하는 무력행사에 의거하지 않고 평화적 방법으로 실현해야 한다. 셋째, 사상과 이념, 제도의 차이를 초월하여 우선 하나의 민족으로서 민족적 대단결을 도모해야 한다. 양측은 서로에 대한 중상모략 자제를 합의하고 남북조절위원회를 설치했다. 남북조절위원회는 1972년 11~12월, 1973년 6월 서울에서 1차, 3차 회의를, 1973년 3월 평양에서 2차 회의를 가졌다.

20년 동안 계속 이어진 적대 상태 후에 최초로 이뤄진 긴장 완화 시도였다. 협상은 순탄치 않았다. 북한은 1973년 8월로 예정된 4차 회의를 취소했다. 북한은 야당 대통령 후보 김대중을 도쿄에서 납치해 암살하려 한 사건을 거론하며 남한 중앙정보부장 이후락과의 협상을 거부했다.[42] 또 다른 이유는 남한 정부가 기독교인들을 무자비하게 탄압했다는 것이었다.

김일성의 무력 통일 시도는 파괴적인 동시에 역효과를 낳았다. 이승만 정권을 공고히 하고 70년 이상 미군이 남한에 주둔하게 해줬다. 하지만 이 상황에서도 양쪽의 체제 흔들기 시도는 멈추지 않았다. 휴전 이후에도 분계선 주변에서 사고가 터지고 정전

협정 위반 행위는 계속됐다. 이 상황은 1966년 김일성이 새로운 노선을 천명한 후 더 악화됐다. 그 후 3년 동안 양측은 요원을 침투시키고 특수부대를 보내 기습공격을 계속했다. 1960년대 후반의 이 기간을 제2의 한국전쟁으로 보는 사람도 있다.[43]

DMZ 주변(그리고 그 너머)에서 연속적으로 양측이 모두 휴전 협정을 위반하는 일이 흔했다. 하지만 막상 대리전을 치를 기회는 미국의 베트남전 개입으로 생겼다. 남한은 1964년에서 1973년까지 병력 30만 명을 베트남에 파견했다.

조선인민군은 하노이에 군사 고문단을 보냈고, 1966년 조선인민군 총참모장 최광은 미그-17, 미그-21을 조종할 '자원자'들과 함께 지상 요원, 대공포연대의 파견을 제안했다. 베트남 정부는 이 제안을 모두 받아들였다. 1967~68년 200명이 넘는 조종사가 베트남전에 보내졌다. 베트남에서 사망한 조종사의 비율은 높았고, 그중 21명의 이름은 조국해방전쟁승리기념관에 새겨졌다. 북한은 또한 터널전 전문가 약 100명을 베트남에 보내 북베트남군과 베트콩이 남베트남에 침투할 때 이용한 250km 길이의 터널을 파는 데 도움을 줬다. 북한은 남베트남군의 전술, 전투 준비 상황, 사기 등을 관찰하는 데 도움을 줄 심리전 부대도 보냈다. 이 관계는 파리 평화협상 시작과 함께 시들해졌다. 노로돔 시아누크와의 관계에도 불구하고 북한은 폴 포트의 크메르 루주 정권과 가까웠다. 베트남이 캄보디아를 침공했을 때 북한은 미국처럼 폴 포트 편을 들어 베트남을 비난했다.

1968년 1월 북한은 미국 국가안보국(이하 NSA) 소속 간첩선 푸에블로호를 나포했다. 북한 해군은 푸에블로호가 영해를 침범했다고 주장했다. 그 주장의 사실 여부를 떠나서 스파이 행위였던 것은 분명했다. 이 사건으로 미국은 크게 당황했다. 선원 83명을 송환하기 위해 북한에 사과할 수밖에 없었을 때 미국은 더 큰 수모를 당했다. 사망자는 1명이었다. 1년 후 러시아어와 한국어의 암호통신을 해독하는 언어학자들을 태운 미 해군 정찰기 EC-121이 북한 해안 근처에서 두 대의 미그-21에 격추됐다. 생존자는 없었고 사과도 없었다. 대신, 핵폭격이 가능한 B-52 폭격기가 출격해 DMZ 주변을 비행했다.

1998년까지 푸에블로호는 나포된 위치인 원산항에 정박되어 있었다. 김정일은 이 배를 수도로 옮겨야 한다고 결정했다. 위장한 푸에블로호는 비밀리에 원산항에서 한반도 남쪽 끝을 돌아 대동강을 거쳐 평양으로 수송됐다. 미국이 푸에블로호를 중간에 채 갈 수도 있다는 우려는 괜한 걱정이었다. NSA나 정찰위성을 관리하는 미 국가정찰국은 수십억 달러에 달하는 예산을 쓰면서도 이런 일이 일어나리라는 생각조차 못했다. 평양에서 이 배는 원래 모습으로 복원된 후 1999년 10월 조국해방전쟁승리기념관로 옮겨져 전시되면서 관람객들의 눈길을 사로잡았다. 이 배 안에는 NSA의 장비와 문서들이 아직 그대로 보존되어 있다.

김일성은 북베트남의 내란 모델을 남한에서 그대로 따라하려고도 했으나 실패했다. 그 이유는 베트남전에 매어있는 미국이 또 다른 전쟁의 시작을 원하지 않았기 때문이다. 피난처나 대중의 도움이 둘 다 없는 상황에서의 무장투쟁은 성공할 수 없었다.

무장투쟁은 북베트남군에게 도움이 되긴 했다. 박정희가 남한 군대의 베트남 배치를 일시적으로라도 제한할 수밖에 없었기 때문이다.

양측의 사상자 발생률은 극도로 높았다. 약 7000명의 요원과 침투조가 북으로 갔고 대략 그 절반 정도 되는 훈련된 게릴라들이 남으로 내려왔다. 남한이 잡은 게릴라들은 수십 년 동안 감옥에 갇혀 있었다. 그중 일부는 1998년 김대중 대통령 당선 뒤에 석방됐다. 양측은 상대 지도자를 암살하려고 했다. 박정희의 목숨을 노린 시도가 1968년"에 있었지만 실패했고, 그 2년 후 또 한 번의 시도가 있었다. 1974년의 3번째 시도에서는 당시 대통령 부인이자 박근혜의 어머니 육영수가 살해됐다.

남한 정부는 684부대를 창설했다. 형이 확정된 범죄자가 포함된 특공대를 구성해 북한의 주석궁을 폭파하고 김일성을 죽이는 것이 이 부대의 목적이었다. 외딴 섬 실미도에서 훈련받던 부대원들은 1970년대 초 남북 화해 무드 조성으로 임무가 중단되자 폭동을 일으켰다. 폭동은 진압됐고 생존자도 없었던 이 사건은 영화 〈실미도〉(2003년)에서 극적으로 묘사됐다.

1960년대 말과 1970년대 초에는 선동가들이 남한에 침투했던 게릴라들의 역할을 대신했다. 통일혁명당 같은 경우는 사회불안 조장이 목표였다. 이들은 북한에서 전파를 송출하는 라디오 방송국도 가지고 있었다. 하지만 이들도 무장투쟁과 마찬가지로 실패했다. 체포된 사람들은 게릴라와 똑같은 취급을 받았다.

널리 알려진 또 하나의 충돌은 1976년의 판문점 '도끼만행 사건'이다. 판문점 유엔군 관측소의 시야를 가리는 미루나무의 가지치기를 하던 미군 장교 2명이 살해됐다. 문제의 나무는 무기 소지가 허용되지 않는 중립지역에 있었다. 미국은 DMZ 건너편의 북한군에게 가지치기를 하겠다고 알리거나 허락을 구하지 않았고, 북한측은 인민군 병사들에게 작업을 멈추게 하라는 명령을 내렸다. 인민군 한 명이 가지치기에 쓰던 도끼를 빼앗아 미군 2명을 살해했다. EC-121 정찰기 격추 사건 때처럼 미국은 B-52 폭격기를 띄워 북한의 영공 근처를 배회했고, 제럴드 포드 대통령은 문제의 미루나무를 완전히 없애버리라고 명령했다. 사흘 후 미군 전투기들이 머리 위에서 비행하는 가운데 미루나무는 베어졌다. 살해에 사용된 도끼는 휴전 협정이 체결된 곳인 DMZ 인근의 조선민주주의인민공화국 평화박물관에 전시되어 있다.

남북대화를 재개하려는 노력은 1970년대 말에도 계속됐지만 성과는 없었다. 1980년 조선로동당 제6차 대회에서 북한은 통일에 관해 덜 대립적인 개념을 채택했다. 하지만 북한은 1983년 10월 전두환 대통령 암살을 시도했다. 그럼에도 불구하고 화해는 예상보다 빠르게 이뤄졌다. 남한에서 대규모 홍수가 발생했던 1984년 9월 북한은 원조와 도움을 제안했고 남한은 얼마간의 망설임 끝에 이 제안을 받아들였다. 남북관계는 해빙 국면을 맞았다. 대화가 재개됐지만, 이는 1986년 1월 남한과 미국의 팀스피릿 합동군사훈련으로 다시 막을 내렸다. 이런 합동군사훈련은 북한을 위협했을 뿐만 아니라 북한에 경제적 피해도 끼쳤다. 북한은 대응군사훈련을 하려면 GNP의 6~7%를 써야 했고, 모내기

토킹 투 노스 코리아

시기, 수확 시기와 겹치지 않도록 시기도 잘 조정해야 했다.

협상은 노태우 대통령이 등장해 북방정책을 시행하면서 다시 시작됐다. 북방정책은 붕괴 일로에 있던 동구권(소비에트 블록) 국가들과의 외교적·경제적 관계를 개선하기 위한 정책이었다. 노태우의 자문역이자 나중에 '햇볕정책'의 설계자가 된 임동원이 1992년 팀스피릿 훈련을 취소하는 대가로 북한으로부터 협상 테이블에 다시 앉겠다는 약속을 받아냈다. 이 협상에서 두 건의 합의가 도출됐다. 첫 번째는 남북한 사이의 화해와 불가침, 교류·협력이다. 두 번째는 한반도 비핵화 공동선언이다. 하지만 합의는 완전히 실현되지 못했다. 임동원의 노력은 주한미군사령관이 팀스피릿 훈련 재개를 선제적으로 발표하고, 국가안전기획부의 강경론자들이 평양에서 임동원이 받아온 메시지를 노태우에게 전달하는 것을 막음으로써 좌절됐다. 결국 시간이 너무 없었다. 차기 대통령 선거가 다가오고 있었기 때문이다.

1992년 12월 김영삼이 노태우의 뒤를 이었다. 김영삼은 진보 성향이었는데도, 혹은 그랬기에 더욱 처음에는 북한 정부에 강경한 태도를 취했다. 북한의 핵무기 개발계획에 따른 긴장이 고조되자 태도는 더욱 단호해졌다. 하지만 지미 카터 전 미국 대통령은 미국의 예방 타격 가능성을 없애기 위해 개인 자격으로 북한을 방문했을 때 김영삼의 남북 정상회담 초청장을 가지고 갔다. 김일성은 초청을 받아들였고 정상회담 날짜는 1994년 7월 25일로 잡혔지만, 회담은 열리지 못했다. 7월 8일 김일성이 심장마비로 사망하면서 지난 20년간 중단과 재개를 거듭했던 협상은 물

그림 12. 김정일 시절 북한 군인의 모습이 그려진 포스터

거품이 됐다. 카터는 평양에서 다음 지도자인 김정일을 만나려고 여러 번 시도했지만 실패했다. 당시 김정일은 자신의 아버지가 미국에 너무 많이 맞춰줬다고 생각하고 있었다.

토킹 투 노스 코리아

김일성의 유산

주체사상보다는 마르크스주의에 더 큰 위협인 권력 세습은 김일성의 유산을 보존하기 위한 것이었다. 김일성은 스탈린과 마오쩌둥이 어떻게 배신당했는지 봤던 사람이다. 자신의 운명도 그렇게 되어서는 안 될 일이었다. 자기 아들을 후계자로 키우는 과정에서 김일성은 친구인 돔 민토프(1971~74년 몰타 총리)에게 김정일을 위해 특별 설계되고 사람들과는 멀리 떨어진 별장을 몰타에 마련해 달라고 부탁했다. 그곳에서 김정일은 영어를 배우고 서양 음악과 유럽의 방식에 익숙해지면서 1년 이상 보냈다.

1973년 평양으로 돌아온 김정일은 조직과 선동을 책임지는 당 비서가 되어 아버지의 개인숭배를 조장하고 체계화하고 공고히 했다. 김일성의 항일투쟁을 미화하는 영화와 오페라 제작을 지시하면서 준비해왔던 일이었다. 김정일은 '3대혁명소조운동'을 지도하기도 했다. 전국에 정치 혁명, 사상 혁명, 문화 혁명의 장점을 퍼뜨릴 팀을 배치하는 작업이었다. 이 운동으로 김정일은 조선로동당의 관료주의에 영향받지 않고 나라에 대한 감각을 익히고, 자신의 명성과 지지기반을 구축할 수 있었다. 강박적이라고 할 수도 있겠지만, 김정일은 주체사상에 관한 400편의 글을 써내는 열정을 보이기도 했다.

김정일이 정확히 언제 최종 승인을 받았는지는 알려지지 않았다. 선행기간이 길었던 것은 확실하다. 1975년부터 공식 문서에 '당 중앙'이라는 수수께끼 같은 단어가 등장하기 시작했다. 그 당

중앙이 김정일이었다. 처음에는 김일성의 남동생 김영주를 후계자로 본 사람들도 있었다. 1975년에서 1977년 사이 김정일에 반대하거나 비판적인 사람들은 당, 국가, 군에서 숙청됐다.[45] 김영주는 1976년 공직에서 사라졌다(그는 1993년 당 중앙위원회 위원으로 선출되면서 다시 모습을 드러냈다). 살아남은 사람들은 불길한 조짐을 빨리 읽어내는 법을 배우게 됐다.

10년 후 김정일의 이복형제 중 한 명인 김평일(1954년 생)이 또 다른 후계자 후보로 거론됐다. 김평일의 어머니 김성애가 뒤에서 밀고 있었다. 군사학교 출신인 김평일은 군의 지지를 받았다. 김일성은 한때 김정일을 당 중앙으로, 김평일을 '군 중앙'으로 만들 생각이 있었던 것 같다. 하지만 그렇게 되지는 않았다. 김정일은 자신의 계모와 그 자식들에게 전혀 애정이 없었고, 자기 편과 반대 편을 명확하게 구분했다. 중간은 없었다. 한때는 다른 생각을 가졌을 수도 있겠지만, 결국 김일성은 자기 아내의 부탁에도 불구하고 권력을 나눠줄 수는 없다고 판단했다. 1988년 김평일은 헝가리 대사로 추방됐다. 불가리아, 핀란드, 폴란드에서 김평일 소식이 뒤이어 들렸다. 김일성은 자신의 의도가 분명하게 드러나길 원했고 김평일을 안전한 곳으로 보낸 것이다.

1980년 10월 조선로동당 6차 대회가 열렸다. 중앙위원회 위원으로 새로 선출된 사람은 모두 김정일의 충성세력이었다. 통일에 대한 노선 완화 외에도 당의 기조가 김정일에게 당, 행정부, 군의 통제권을 주는 쪽으로 개정됐다. 김정일은 왕좌 뒤의 권력에서 전면에 나선 권력으로 변화했다. 김정일은 정치국, 국방위원

회 등 당의 모든 주요 위원회의 상임위원으로 선출됐다. 1980년
대 내내 김정일은 조선로동당에서 두드러지는 역할을 맡았고, 북
한 사람들은 미래의 지도자에 익숙해졌다. 김 씨 세습은 거침없
이 계속됐다.

　1980년대 당 고위층의 구성이 크게 바뀌고 다양해졌던 중국이
나 소련과 비교하면 북한은 안정성과 연속성을 보였다. 물론 그러
기 위해 거의 모든 것을 희생했다. 엘리트 지배계층은 1990년대에
줄어들어 더 배타적이고 동질적으로 변했다. 구성원들은 모두 개
인적인 관계, 학연으로 촘촘하게 얽혔다.[46] 이들은 김정일의 충성
스러운 지지자로, 친위대로, 혁명 2세대로, 하나의 목소리를 내는
군 엘리트로 부상했다. 지도부 내의 정치적 관계와 의사결정 방식
은 분열과 반대를 원천적으로 차단했다. 1950년대 말 이후 당파는
존재하지 않았다. 당 지도부가 자부심을 갖는 부분이다.

　1990년대 초 김정일은 국가와 당 그리고 그의 아버지가 간과
했던 사안들을 완벽히 장악했다. 1992년 김정일은 군 경험이 없
는데도 군의 제일 높은 두 자리를 맡았다. 조선인민군 최고사령
관과 국방위원회 위원장이다. '조국의 해방자'이자 '위대한 지도
자' 김일성은 왕위 계승 준비를 모두 마친 뒤인 1994년 7월 8일
사망했다.

　김일성은 죽었지만, 영원히 살아있기도 하다.

제4장

기근, 시장, 난민, 인권: 김정일 시대

1990년대 나라 안팎에서 일어난 일련의 사건들 때문에 북한은 생존 투쟁을 해야 했다. 여기에는 소련과 동구권 국가들의 붕괴, 미국-북한 핵 위기, 김일성의 사망과 김정일이 공식적으로 권력을 장악하기 전까지의 지도부 공백 등이 해당된다. 이런 사건들은 잇따른 자연재해와 그에 따른 사회경제학적 문제들로 더 복잡해졌고, 극심한 기근으로 절정에 이르렀다. 기근은 결과적으로 인도주의 원조가 쇄도하게 만들었지만, 난민을 양산하며 북한 인권에 대한 우려를 키우는 데 기여했다. 북한 정권은 이 폭풍을 견뎌냈다. 그 대가는 시장이었다. 하지만 북한의 숨겨진 힘은 역사와 문화에 있었다. 동유럽의 '세워진 정권'에는 없는 측면이었다. 북한은 현재도 정권을 유지하고 있다.

경제 붕괴와 그 이후의 모든 일을 일으킨 단 하나의 가장 중요한 원인은 소련의 붕괴였다. 몇십 년 동안 넉넉하게 원조하고 '우호적 가격'이라는 이름으로 석유와 원자재를 제공하던 나라가 하룻밤 사이에 무너졌다. 1993년 러시아로부터의 수입은 1987년부터 1990년까지 수입의 10%밖에는 되지 않았다.[1] 상황은 북한이 중공업에 매여 통제 경제를 고집하면서 더 악화됐다. 이 정책은 경제 발전 초기 단계에서는 기적을 일으켰지만, 이후 10년 이상 제대로 기능하지 못하면서 경제를 왜곡하고 생활수준을 떨어뜨렸다. 국가 자원을 우선시하고 그에 따라 소비자 중심의 경공업으로 전환하지 못했던 결과였다.

이 모든 상황은 수출을 장려하고, 투자자를 끌어 모으고, 차관을 얻는 데 모두 실패한 북한 정권의 무능력에 의해 더 악화됐다. 스티븐 해거드와 마커스 놀런드가 《북한의 기근(Famine in North Korea)》에서 강조한 요인들이 이것이다.[2] 저자들은 북한 수출품의 질이 낮기도 했지만, 북한 정권의 '경제 자립과 경제 자주에 대한 가차 없는 강조'가 '정치 지도층이 이상할 정도로 격변하는 주변 정세를 파악하지 못하고 있다'는 의미라고 지적했다. 이는 기근과 가장 밀접한 원인이 1995년 홍수에 이은 가뭄이지만, 현실에서 이미 북한 경제는 충돌을 눈앞에 두고 폭주하던 열차였다는 뜻이다. 충돌이 발생했을 때, 그간의 개혁과 리더십의 실패는 수백만 명을 굶겨 죽였고, 수만 명이 친척이나 피난처를 찾아 조선족이 많이 사는 중국 지린성으로 넘어가는 결과를 낳았다.

돌이켜보면 기근은 경제적·사회적 변화를 강제하고 나라를 시

그림 13. 세네갈의 아프리카 르네상스 기념상. 2010년 북한의 국가수반 김영남이 기공식에 참석했다.

장경제로 몰아가는 결정적 계기로 작용했다. 결국 권력을 넘겨받은 김정일은 (반대가 없지는 않았지만,) 바로 시장경제로 가는 길을 닦기 시작했다. '강성대국'이라는 말이 뒤따라 등장했다.

또한 기근은 북한을 서양에 기존과는 다른 방식으로 노출했다. 북한은 서양의 비정부조직(이하 NGO)과 인도주의 원조를 해준 나라에 문호를 개방했다. 기근의 여파 속에서 남한 대통령 김대중의 설득에 힘입어 20개국이 북한과 외교관계를 맺었다. 유럽연합 회원국들이 앞장섰다. 이탈리아와 영국은 2000년, 독일과 그리스, 네덜란드, 벨기에, 룩셈부르크, 스페인이 2001년에 각각 북한과 수교했다. 2001년 7월 영국은 유엔 안전보장이사회 상임이사국으로는 최초로 평양에 대사관을 설치했다. 북한을 들여다 볼 수 있는 창이 열렸다. 한편, 난민들의 증언은 북한의 인권에 대한 우려를 더욱 키웠다.

기근

북한은 산이 많아 비옥한 땅이 적고 가뭄이 발생하기 쉬운 기후다. 이런 현상은 삼림 벌목과 홍수 때문에 더 심해진다. 식량 부족과 기근은 한국 역사에 간간히 있었다. 해방과 휴전 이후에도 그랬다. 북한은 수확이 이례적으로 많을 때만 기본 식량을 확보할 수 있다. 김일성 치하에서 주체사상은 논밭에서 효과를 발휘했다. 생산을 최대로 늘리기 위해 농업은 기계화되고 관개시설이 확장됐다. 비료와 살충제가 땅과 농작물을 덮었다.

1980년대의 산업 침체는 불가피하게 농업으로도 번졌다. 부품을 구하지 못해 기계가 멈추고 공장은 가동을 중지했다. 비료와 살충제도 사라졌다. 따라서 수확할 수 있는 작물도 줄었지만, 그나마도 제대로 거둬들이기 힘들었다. 홍수 때 들어온 물을 빼낼 펌프도 없었다. 기계와 사람이 모두 기진맥진한 1991년 '하루 두

끼 먹기' 운동이 벌어지자 사람들은 두 끼라도 먹을 수 있기만을 바랐다. 수입 상대국들이 대금을 선불로 현금 지급하라고 요구하면서 외국에서 식량을 들여올 수도 없게 됐다. 소련의 붕괴와 중국의 시장 개혁은 나쁜 상황을 더 나쁘게 만들었다.

북한 정부는 공개적으로 식량 위기의 책임을 1995년과 1996년 나라를 강타한 홍수, 태풍, 가뭄 등의 자연재해 탓으로 돌렸다. 경제 상황은 이미 위기에 달했지만, 이런 자연재해가 위기를 재앙으로 악화했다. 교량은 휩쓸려 날아가고, 광산에 물이 범람하고, 쓸 만한 농지 수천 km²가 바닷물의 침투로 못쓰게 됐다. 곡물 수백만 톤이 거두기 전에 말라 죽어 재앙 수준의 식량 부족 사태가 발생했다. 북한의 전력은 3분의 2가 수력발전에서 나오는데, 홍수는 수력발전소들을 파괴했고 가뭄은 그나마 발전소에 남은 터빈의 회전을 멈추게 했다. 전력과 원자재가 없어 산업 생산은 완전히 중단됐다. 비슷한 역경의 시기였던 김일성의 '항일투쟁' 시절 구호들이 다시 등장했다. 사회주의를 위한 '고난의 행군'이다. 고난의 행군 기간에 노동자와 군인, 아이들은 공장, 막사, 학교를 떠나 논밭으로 갔다.

1995년 농가에게 배급하는 곡물의 양이 1인당 167kg에서 107kg으로 줄었다. 살기에는 터무니없이 모자란 양이다.[3] 수확은 필요한 양의 40%에 그쳤다. 쌀 같은 주요 곡물은 가끔씩 배급됐고, 배급량이 완전히 바닥날 때도 있었다. 가장 위험한 지역은 평양이나 시골이 아니라 함경북도와 북동부 끝의 산업도시들이었다. 대규모 제조단지들은 녹슬었고, 한반도 중앙 산맥에 인접한

동해안의 좁은 평원에는 농지가 거의 없었다. 사회 전체가 모두 힘을 합쳤지만, 많은 아이와 노인, 취약계층이 조기 사망했다. 굶어 죽는 속도가 늦고 소모성 질환이 많다는 것은 영양실조가 최악의 상태에 이르기 전에 대부분이 기회감염성 질환으로 죽었다는 뜻이다. 세계식량계획의 1998년 영양조사에 따르면 북한 어린이 6명 중 1명은 만성적 기아로 뇌손상을 입었으며 50%는 성장이 영구적으로 저해된 상태였다. 2002년 중반 세계식량기구는 북한 인구의 57%가 영양실조라고 추산했다.⁴ 1995년에서 1999년 사이에 최소 80만 명, 최대 300만 명의 사람들이 죽었다.

이들은 사태의 묵인 속에서 죽어갔다. 북한은 아무 언급도 하지 않았다. 체제 선전에 전혀 도움이 안 되는 일이기 때문이었다. 사실을 알고 있던 미국의 정보기관은 도움의 필요성을 느끼지 않았다. 외무성과 군, 당 사이에서 1년 이상 비통한 내부 논쟁이 벌어진 후 침묵은 깨졌다. 1995년 외무성은 긴급 식량 원조를 국제 사회에 호소했지만, 핵 위기 때문에 이마저도 묻혔다. 상황은 북한이 서방과 외교관계가 없다는 사실 때문에 더 악화됐다. 서방 국가들은 북한이 부채 상환 약속을 어긴 데다 제3세계 분쟁에서 '잘못된 쪽'에 오랫동안 군사훈련과 원조를 제공한 점을 생각하지 않을 수 없었다. 북한의 굶주린 사람들을 먹여 정권을 유지할 돈을 달라는 부탁을 받았을 때 서방은 금방 대답하지 않았다.

하지만 북한을 방문한 세계식량계획과 세계식량기구가 210만 명의 어린이와 최대 50만 명의 임산부가 굶어 죽기 직전이라고 보고하자⁵ 유엔과 NGO들은 빠르게 움직였다. 세계식량계획은 유엔개발계획, 유니세프와 함께 식량 원조를 시작했다. 1995년부터 2005년 사이에 세계식량계획은 17억 달러에 해당하는 식량약 400만 톤을 지원해 해마다 650만 명을 먹이도록 도움을 줬다. 북한 인구의 4분의 1이 넘는 숫자다.

각국 정부와 NGO의 직접적인 긴급 식량 원조가 그 뒤를 따랐다. 1995년에만 남한은 15만 톤을 무상 증여했다. 일본은 30만톤을 반은 무상, 나머지 반은 저가에 제공했다. 1995년에서 1998년까지 남한은 3억1600만 달러를 지원했다. 북한이 받은 원조 전체의 3분의 1에 이르는 액수다. 중국은 자국의 양방향 원조 프로그램에 따라 중국 주장으로는 전체 해외 원조액의 80%를 원조했다. 다른 원조는 주로 유엔 기구들을 통해 이뤄졌다. 미국의 원조는 유엔을 거쳤지만, 결국 미국의 원조임을 분명히 밝혔다. 해거드와 놀런은 미국이 '북한의 최대 후원자'였다고 말한다. 1995년과 2005년 사이에 미국은 10억 달러 이상을 무상 원조했다.[6]

1997년 늦봄, 유럽의회 의원이던 나는 브뤼셀에서 파리 유네스코 주재 북한 대사관 소속 외교관들의 방문을 받은 적이 있다. 이들은 상황의 심각성을 설명하고, 유럽연합의 도움이 절실한데 방법을 모르겠다고 했다. 유럽연합과 공식 관계가 없다 보니 유럽위원회와 접촉하거나 소통할 길이 없었다. 따라서 유럽의 도움을 어떻게 청할지도 몰랐다. 당시 유럽위원회 관리들은 북한 외교관과의 대화조차 금지였다. 유럽에서 '광우병'이 인간으로 옮겨온 사실이 밝혀졌던 때라 온갖 규제가 다 내려져 있었다. 북한은 오염 가능성이 있는 고기를 사달라고 요청했다.

나는 내 눈으로 상황을 직접 보게 해달라고 요청했고, 1997년 10월 동료 유럽연합 의원 클라이브 니들, 데이비드 토머스와 함께 북한으로 갔다. 우리는 당시 북아메리카와 유럽 담당이었던 외무성 부상 최수헌, 국제 NGO들, 홍수피해복구위원회와 만나고 어린이집과 병원, 배급소 등을 둘러봤다. 상황은 암울했다.

돌아온 우리는 유럽의회에서 공식 파견단을 평양에 보내자는 내용을 포함해 절박한 상황에 관한 결의안을 제안했다(결의안은 같은 달 통과됐다).[7] 북한의 식량 위기에 관한 추가 결의안은 이듬해 3월에 통과됐다. 유럽위원회와 회원국들이 지원 물자의 쓰임새를 감시하는 조건으로 추가적인 인도주의 지원을 한다는 결의안이었다.[8] 유럽의회가 북한에 보낸 최초의 공식 파견단은 1998년 12월에 출발했다. 전 벨기에 총리 레오 틴데만스, 나중에 네덜란드 농업부 장관이 되는 라우렌스 얀 브링크호르스트 그리고 내가 파견단을 이끌었다.[9]

희천아동병원을 둘러봤다. 평양에서 북쪽으로 200km 떨어진 희천시의 유일한 병원이었다.[10] 병원은 춥고 축축했다. 1995년 홍수 때 보일러가 고장 난 이후로 난방을 하지 못했기 때문이다. 약도 음식도 없었다. 공동으로 사용하는 작은 병실들 안에는 영양실조가 상당히 많이 진행되어 울 힘은 없고 아직 죽기에는 힘이 남은 수척해진 아이들과 함께 있는 엄마들이 무기력하게 앉아 있었다. 시내를 가로지르는 (그리고 도시를 파괴한) 강의 건너편에는 인민배급소가 있었다. 벽장은 텅 비어 있었다. 말 그대로 아무것도 없었다. 아이들은 33일치, 교사·간호사·의사는 16일치, 나머지는

11일치 배급을 받았다. 하지만 하루 배급량은 장기 생존을 위한 유엔 권고치 700g에 훨씬 못 미치는 250g에 불과했다.

여기저기서 마지막 수확을 하고 있었다. 예상치는 곡물 380만 톤에서 320만 톤으로 줄었다. 희천에서는 한국 식단의 기초가 되는 김치의 주재료 배추를 수확하고 있었다. 남자, 여자, 어린이, 군인들이 밭에서 질서정연하게 배추를 따서 채소가 가득 든 작은 손수레에 싣고 있었다. 배추는 손수레로 가까운 강가에 운반한 후 씻어서 소금에 절이거나 창고에 보관했다. 전통적으로 김치는 항아리에 담아 2~3년 동안 땅 속에서 발효시키지만, 그때의 수확량은 두세 달 밖에 먹지 못할 양이었다.

그 달 유럽연합은 북한과 사상 최초로 비공식 정치 대화를 시작했다. 이 대화는 유럽의회에서 외교관계 구축, 인권 관련 대화, 식량 외의 지원 확대 등을 내용으로 한 결의안을 이끌어냈다.[11] 1999년 4월 유럽의회는 최수헌이 이끄는 북한 파견단의 답방을 받았다. 최수헌은 북한 사람으로는 최초로 유럽의회 외무위원회에서 질문을 받았다.

유럽연합과 북한의 관계는 특정한 위험에 처한 사람들, 즉 7세 미만 어린이와 임산부를 대상으로 한 인도주의 원조와 지원으로 시작됐다. 원조는 유럽위원회 인도주의 원조국을 통해 1995년부터 2005년까지 이뤄졌으며 총 금액은 3억4400유로(4억3000만 달러)였다. 유럽연합은 시작은 늦었지만 미국, 남한, 중국 다음으로 많은 액수를 꾸준히 제공했다. 기근이 계속되는 동안 다른 나라들, 특히 일본은 인도주의 원조를 정치적인 축구 경기로 이용하는 경향이 있었다. 정치적 환경 변화에 맞춰 원조 여부를 결정한 것이다. 이런 식의 움직임은 결국 다른 나라로 전염됐다. 긴급 식량 원조 외에도 유럽연합은 비료와 기술 원조를 제공해 곡물 생산성을 높였고, 건강관리, 물, 위생 관련 프로젝트를 맡기도 했다. 2005년 6월 핵 위기에도 불구하고 유럽위원회는 1070만 유로(1350만 달러)를 의약품과 장비 지원에 할당했다.

원조의 가치나 쓰임새에 의문을 제기하는 사람도 있었다. 1998년 국경없는의사회는 북한에서 식량 배급이 차별적으로 이뤄지고 있다고 주장했다. 원조 제공 기관이 정한 성별이나 나이 같은 기준이 아니라 정치적 충성도가 배급량을 결정한다는 것이었다(유엔 특별조사위원 비티트 문타르브혼은 나중에 이 주장을 일축했다). 보안상 이유로 세계식량계획과 NGO의 접근을 막은 지역에서는 식량 배급을 받지 못하게 됐다.

국경없는의사회는 중국-북한 국경의 중국 쪽 지역으로 활동 영역을 옮겨 난민에게 의식주와 의료 서비스를 제공했다. 국경없는의사회는 그곳에서 마주친 난민들의 상태가 훨씬 더 심각했고 이들 대부분은 국제사회의 원조를 전혀 받은 적이 없었다고 주장했다. 논리적으로 완벽한 주장이었다. 세계식량계획이 접근할 수 없는 지역이자 국경없는의사회가 식량 원조가 전혀 제공되지 않는다고 주장한 지역 대부분은 중북부 쪽이었다. 군사적으로 민감한 이 지역은 중국 국경에 가까우며 국경없는의사회가 말한 난민 대부분이 원래 살던 곳이었다. 난민이 계속 생기는 이유는 지원이 전무하기 때문이었다.

2003년 2월 세계식량계획 국장 제임스 모리스는 미 하원 외교위원회 증언에서 세계식량계획 직원들이 북한 인구의 85%를 만났으며, '식량 대부분은 필요한 여성과 아이들에게 간다'는 믿음에 관해 언급했다. 세계식량계획은 어린이 건강이 상당히 개선됐으며 심각한 영양실조는 거의 없어졌다고 보고했다. 게다가 세계식량계획이 학교에서 과자를 나눠주기 시작하자 소학교 출석률이 75%에서 95%로 올라갔다. 이는 식량 원조가 가장 취약한 계층에 도달하고 있으며, 1998년부터 2002년 사이에 저체중 어린이의 수가 3분의 2 정도 줄고 심각한 영양실조는 거의 반, 만성 영양실조는 3분의 1가량 줄었다는 유니세프의 보고서에서도 확인됐다.[12]

실제로 원조의 거의 대부분은 유엔 기구를 통해 제공됐으며 NGO를 통한 원조는 전체의 2%에 그쳤다. 세계식량계획은 원조의 아주 구체적인 부분까지 완벽하게 통제하는 척하지는 않았지만, '세계식량계획이 전달한 식량은 필요한 사람들에게 상당히 합리적인 수준으로 제공된다'고 주장했다. 또한 식량을 군대에서 전용한다는 미국 정보기관의 주장도 일축했다. 중국과 남한의 원조는 감시되지 않았기 때문에 북한은 필요하면 세계식량계획의 원조 없이도 군대로 식량을 돌릴 수가 있었기 때문이다.

심각한 기근은 진정됐지만, 배고픔은 계속됐다. 세계식량계획의 2004년 평가보고서에 따르면 1995~96년 이후 수확이 가장 좋은 해였는데도 어린이의 37%는 여전히 만성 영양실조에 시달리고 있었다. 하지만 2005년 8월 북한 정부는 이제 세계식량계획과 원조 기관들로부터 식량 원조를 받을 필요가 없어졌으며, 인도주의 활동을 벌이는 기관은 현재 개발 계획을 마무리해야 할 기관 외에는 2005년 12월 말까지 북한을 떠나야 한다고 발표했다.

당장의 위기가 누그러지자 북한은 장기적 의존에서 벗어나 역량을 기르는 방향으로 움직이길 원했다. 2004년 9월 북한은 '인도주의 원조의 필요성이 여전히 있지만, 앞으로는 기술 원조와 발전 중심의 지원을 더 환영할 것'이라고 밝혔다.[13] 관개시설이나 도로 보수 같은 사회기반시설의 복구에 집중해 농민들이 생산을 늘리고 곡물을 유통하도록 만든다는 의도였다. 올바른 전략이지만, 대부분의 원조 기관들에게는 너무나 먼 얘기였다. 또 다른 요인은 정치적 요인이었다. 북한을 비난하는 유엔에서의 인권 결의안 통과와 인도주의 원조를 북한의 정권 교체 수단으로 이용하려는 미국 사이의 연결고리를 북한이 간파했기 때문이다.

유럽연합은 가장 취약한 계층에 자원을 갑자기 중단했을 때의 여파를 우려해 원조를 계속해야 한다고 주장했다. 유럽연합의 의도를 이해한 북한은 유럽의 NGO들이 유럽연합의 이름 아래 활동을 계속하도록 했다. 이를 위해 NGO들은 유럽위원회 산하 기관으로 재편됐다. 이 기관은 1900만에 이르는 가장 취약한 계층인 여성과 어린이의 영양 부족을 퇴치하고 기본 식량의 안정성을 증진하기 위해 2년 간의 활동을 준비했다. 세계식량계획이 지원하는 북한 내 공장에서 생산한 비타민과 미네랄이 풍부한 음식을 어린이와 임산부에게 제공하는 일이었다. 또한 농업과 다른 지역 사회기반시설의 복구를 목적으로 한 지역발전 프로젝트의 도시락 제공 계획에 따라 곡물로 된 간이 식량을 저임금 노동자들에게 제공했다. 2010년까지 10년 동안 북한에 모두 5억 유로(6억3000만 달러)에 이르는 인도주의 원조를 제공한 유럽연합은 2011년 1000만 유로(1300만 달러)를 긴급 원조 형태로 제공해 직전 해의 끔찍했던 수확의 영향을 완화하기도 했다.[14]

시장의 태동

기근은 북한 사람들의 삶을 초토화했다. 중앙배급체계가 붕괴하자 사람들은 먹고 살기 위해 몸부림쳤다. 이들은 집, 직장, 가족을 버리고 먹을 것을 찾아 나섰다. 암시장이 번성했다. 1995년 배급이 크게 줄자 더는 국가의 배급에만 의존할 수 없게 된 농민들은 생존에 최우선 순위를 두게 됐다. 이들은 작물을 빼돌리고 집단농장 밖에 있는 자신들 소유의 농지에서 일하는 시간을 점점 늘렸다(보통 불법이다). 이들이 빼돌리는 작물 규모는 군대를 동원해 불법적으로 먼저 수확하는 일을 막고, 농민들이 버린 땅에서 군인들이 농사를 지어야 할 정도로 커졌다. 김정일이 농민사회에 다음과 같이 호소해야 할 정도였다.

양키들이 침략했을 때 우리가 (군대에) 쌀을 줄 수 없다면 우리는 그들을 이길 수 없고, 여러분의 아들과 딸은 또다시 제국주의자들의 노예가 될 것이다.…식량을 숨기고 빼돌리는 자들을 설득해 양심을 되찾게 만드는 데 쓰여야 할 논리가 바로 이것이다.[15]

식량을 빼돌리고 부업을 하면서 나타난 또 다른 결과는 농민시장의 확산이었다. 처음에는 간신히 참아줬지만, 식량을 구할 만한 곳이 점점 사라지자 국가는 눈감아줄 수밖에 없게 됐다. 용인이 마지못해 하는 수용으로 바뀐 것이다. 중앙배급체계가 충분한 배급을 할 수 없게 되자(아무것도 줄 수 없는 경우도 있었다.) 남은 선택은 약탈, 물물교환, 그리고 시장뿐이었다. 농산물이 아닌 물품도 점점 더 많이 구할 수 있게 되면서 농민시장은 교외, 마을, 도시에 확실하게 자리잡았다. 이제 농민시장은 그냥 '시장'이 됐다.

식량 위기는 개혁의 동력이었다. 시장은 돈을 뜻한다. 2002년 3월과 7월 '경제관리개선조치'가 발표됐다. 북한 당국은 가격과 임금 체계를 도입하면서 '시장'을 인정하고 농민과 기업에 더 많은 자율권을 허락했다. 이들이 국가에 보내야 하는 양을 줄이고 남은 부분은 팔 수 있도록 했다. 화폐 개혁으로 원의 가치가 40분의 1로 떨어졌다. 월급은 18배, 식료품 가격은 26배로 올랐다. 당시 북한의 공식 외환통화였던 유로의 환율도 80배 올랐다. 그때까지 북한은 거시경제적 안정성보다는 숫자 맞추기를 더 좋아했다. 원-달러 환율을 김정일의 생일인 2월 16일에 맞춰 2.16으로 고정시켜 놓았을 정도였다.

합법화가 되자 시장은 규모가 커지고 숫자도 많아졌다. 처음에 시장은 노상에 임시로 철망을 둘러놓은 판매대가 대충 모여 있는 형태였다. 외국인의 접근도 철저히 제한됐다. 이 원시적 형태의 시장이 규모가 크고 지붕도 있고 국가가 통제하는 시장으로 진화한 것이다. 이 시장에는 외국인 방문자들만 가끔 이용할 수 있지만, 은행이나 호텔보다 훨씬 더 유리한 환율로 돈을 바꿔주는 환전시설도 들어섰다. 평양의 통일시장은 물건을 흥정하고 팔고 사는 사람으로 인산인해를 이뤘다. 신선한 육류, 건어물, 스페인산 오렌지, 북아프리카산 대추야자, 의류, 신발, 화장품, 전구나 컴퓨터 부품 같은 전자제품 등 다양한 물건이 거래됐다. 물론 어디에나 있는 술과 담배도 팔았다. 수입품의 종류를 보면 쓸 돈이 있는 중산층이 부상하고 있음을 알 수 있다.

그림 14. 함흥 인근 고아원의 아이들. 2011년

164

토킹 투 노스 코리아

시장의 부상은 생산성을 급증하게 했다. 농업 부문에서는 농장과 협동조합의 중앙 정부에 대한 책임량이 줄어들어 작물 할당량을 쉽게 채울 수 있게 됐다. 할당량을 다 채우고 남는 작물은 팔 수도 있게 됐다. 비료보다 이 방법이 생산성 향상에 훨씬 더 낫다는 사실이 드러났다. 자본과 기업을 가진 사람들에게 시장경제의 부상은 엄청난 이익을 안겨줬다. 수공예품이나 간식을 만들어 팔거나 신발이나 자전거를 고쳐주는 소규모 비공식 협동조합도 생겨났다.[16] 시장 거래로 부자가 된 사람도 나왔다.

10여 년 전에 아이스크림 기계를 본 적이 있다. 통일시장에서 2년 치가 넘는 월급을 줘야 살 수 있는 기계와 똑같은 것이었다. 그 기계는 아파트 단지 옆 포장도로 위에 놓여 있었다. 전기선이 벽에 난 구멍에 연결되어 있었고, 사람들은 아이스크림을 사기 위해 질서정연하게 그 기계 앞에 줄을 서 있었다. 노점상은 어디서나 볼 수 있었다. 도시 중심부는 판매대로 넘쳐나고, 시골길을 따라 보따리장수들이 지나가면서 풍경을 알록달록하게 만들었다.

뒤이어 북한은 산업 개혁에서도 한 걸음 더 나아갔다. 가장 핵심적인 산업 영역에서 더는 중앙 통제가 효과 없음을 인정한 것이다. 이 시점은 국가가 필수 원자재를 더는 공급할 수 없게 된 시점과 일치한다. 이에 따라 2004년 국가 계획은 공식적으로 폐기됐고 대부분의 공장들은 해고와 고용을 마음대로 하고 원하는 제품을 선택해 생산할 수 있게 됐다. 정부의 이런 정책 변화가 산업 부문에 미친 영향은 농업에 미친 영향에 비하면 보잘 것 없었다. 제조 부문의 생산 장비는 너무 낡은 상태였고 도저히 사용할 수 없는 장비도 있었기 때문이다. 땅에서는 육체노동이 생산의 주요 요소다. 하지만 공장에서는 노동자가 아무리 열심히 해도 에너지와 원자재가 없으면 아무것도 생산할 수 없다. 부자들의 수요는 수입품을 통해 충족될 수밖에 없었다.

이런 개혁에는 대가가 따랐다. 인플레이션이 30% 이상 치솟았다. 임금 개혁으로 오른 월급이 인플레이션 때문에 별 의미가 없어졌다. 300~400만 명이 먹고 살 만큼 벌지 못해 기아에 허덕였다. 달이 갈수록 물가는 꾸준히 올랐고 가족이 가진 작은 농지, 연줄, 인도주의 원조에 의존하는 수십만의 빈곤층이 새로 생겨났다. 결국 2005년 쌀을 포함한 곡물이 시장에서 거둬졌고 중앙배급제에 의한 배급이 부분적으로 복원됐다.

이는 시장경제로 가는 긴 행진의 첫 발걸음이었다. 북한은 서양과 다른 나라들로부터 교훈을 얻으려 했다. 2004년과 2005년 유럽 이사회는 북한 외무성과 함께 북한의 경제 개혁에 관한 2번의 워크숍을 열었다. 유럽의 전문가들은 다른 나라의 경제체제 전환에서 배울 점을 찾아 제시했고 내부 투자를 위한 환경을 개선해야 한다고 주장했다. 2006년 11월로 예정된 세 번째 세미나는 북한의 핵무기 실험으로 연기됐다. 가르칠 기회를 거부함으로써 북한의 나쁜 행동에 엄정한 처벌을 내리는 차원이었다. 북한은 유럽연합, 미국, 남한, 일본으로부터 '선물'이라고 표시된 수백만 톤의 원조 식량이 도착하자 타협을 했다. 새로운 협상을 추구하고 개혁이라고 말하기도 힘든 개혁을 해야 하는 나라에서 원칙과 관례는 실용주의에 밀렸다. 변화를 위해서는 중립적 캐치프레이즈가 필요했다.

처음에 북한은 실패한 소련의 사회주의 체제와 중국의 수정주의 체제와 차별되는 '우리식 사회주의'를 강조했다. 김정일은 소련과 동구권의 몰락이 지도력 약화, 의사결정 능력과 신뢰 상실 때문이라고 생각했다. 북한은 사회적·사상적 통합을 강화해 통일성을 유지해야 했다.

변화된 세계와 마주하면서 북한이 처음 보인 반응은 참호를 파고 숨는 것이었다. 1992년 1월 중앙위원회 연설에서 김정일은 '사회주의의 병폐'에 관해 다음과 같이 말했다.

> 수정주의를 채택한 후 구 소련과 동구권 국가들은 차례로 무너졌다.…제국주의자들은 부르주아지 문화를 사회주의 세계에 침투시켜 인민의 혁명 정신을 마비시키고 있다.…민중이 강건한 사상으로 무장한다면 승리할 것이다. 하지만 민중이 사상적으로 약해진다면 사회주의는 몰락할 것이다. 자본주의 사회에 대한 사회주의 사회의 우월성은 사상적 우월성으로 나타나기 때문이다.[17]

문화적·사상적 오염이 문제였다. 자본주의는 중독과 파멸에 이르는 마약이었다. 당의 임무는 '마약 밀매자'들이 들어오지 못하게 해 '사악한 마약에 노출될 위험에서 민중을 구하는 것'이었다.[18] 사람들은 '우리 식으로 살면서 자본주의의 문화적·사상적 침투를 거부'해야 했다. 이런 반자본주의 운동에는 영화, 그림, 러시아의 전직 장교들이 길거리에서 핫도그를 팔고 실업자들과 노숙자들이 살려고 몸부림치는 모습을 담은 포스터 등이 이용됐다.[19] 철공소 노동자가 단호한 표정으로 포르노 비디오테이프와 〈펜트하우스〉 잡지를 용광로에 쑤셔 넣는 모습을 그린 당시의 포스터가 내게도 한 장 있다. 자본주의가 탐욕과 빈곤, 범죄를 낳는다던 시절이다.

김정일의 권력 장악

김일성 사후 유교식 3년 상에 기초한 유훈통치를 하던 김정일은 1997년 10월 8일 공식적으로 김일성을 승계했다. 김정일은 유훈통치 기간에도 조선인민군 최고사령관과 국방위원회 위원장 역할을 수행했지만, 애도기간이 끝나자 조선로동당 총비서 자리에 올랐다. 시간은 좀 걸렸어도 자신이 결국 무대 중앙에 도달하고 나라가 정상으로 조금씩 천천히 되돌아가기 시작했을 때 김정일은 기회를 움켜잡았고 불만을 가진 반대세력을 제압했으며 자신이 해야 할 일을 했다.

그래도 여전히 김정일의 승계에 비판적인 사람들은 존재했다. 전 조선로동당 총비서장 황장엽은 1997년 초 남한으로 탈출했다. 그때까지 탈북한 사람 중 가장 고위인사였던 황장엽은 김일성 때와 비교해서 김정일에게 지나치게 권력이 집중되어 있으며 통치방식도 독재적이라고 비판했다. 1999년 내가 황장엽을 인터뷰했을 때 그는 여전히 충실한 신도의 모습을 보였다. 그에게 김정일은 '주체사상을 배반하고, 사회주의 대신 봉건주의를 구축한' 이단적인 교황이었다.

'우리식 사회주의'의 일부로 세습을 했다는 것은 중간에 공백이나 멈춤 없이 바로 권력 이양이 일어났다는 뜻이다. 하지만 당시는 북한의 지도자가 되기에 좋은 시기가 아니었다. 당시 북한은 한국전쟁 이후 최악의 10년을 견디고 있었기 때문이다. 김정일은 방어에 있어서 선제적이었다. 1996년 12월에는 다음과 같이 말했다. '내가 경제에만 집중했다면 혁명에 돌이킬 수 없는 해가 되었을 것이다. 위대한 지도자께서는 살아생전 내게 경제계획에 절대 관여하지 말라고 하시면서 군과 당에만 집중하고 경제는 당의 관료들에게 맡기라고 말씀하시었다'[20]. 북한은 가장 힘들 때 지도자 없이 방치됐다.

김일성의 죽음으로 북한에서는 군의 역할이 강화됐다. 김정일은 거의 항상 군 고위장성들과만 다니고 그들과만 사진을 찍었다. 지배 엘리트의 중심에 군이 점점 깊게 진입하는 동시에 '선군사상'과 '선군정치' 같은 개념이 등장해 주체사상을 밀어내기 시작했다. 당시는 군사적 필요성이 다른 모든 것에 우선할 때였다. 실업자가 없는 나라에서 군은 노동 예비군이었다. 병사들은 오랫동안 추수와 공공근로에 동원됐다. 항만시설 확충과 홍수 통제를 위해 남포 인근에 건설된 서해갑문도 5년 동안 군인을 동원한 결과물이었다. 하지만 이제 군은 노동에서 관리로 중심축을 변경했다. 정치·경제·안보 부분에서 부는 폭풍을 헤쳐 나가는 역할을 맡은 것이다.

1998년 9월 10차 최고인민회의가 헌법을 개정했다. 김일성을 '영원한 주석'으로 올린다는 내용이었다. 김정일은 국방위원회 위원장으로 재선출됐다. 국방위원장 자리는 새 헌법에 의해 국가 최고 위치로 격상됐다. 김정일은 공식적으로 국가의 책임자가 다시 됐지만, 경제에는 여전히 손대지 않았다. 내각은 총리와 장관들에게 그 독이 든 잔을 쥐어줬다. 김정일은 '이 어려운 시기에 팔짱을 끼고 서 있는 사람은 미래에 자신의 행동에 책임을 져야 할 것'이라고 경고했다. 팔짱을 끼고 서 있다고 지목받은 사람은 농업담당 비서 서관희였다. 그는 '미국 간첩이자 북한 농업의 파괴 공작원' 혐의를 받고 1998년 평양에서 공개 처형됐다. 북한의 정치 구조 재편은 권력을 집중하고 책임을 박탈하고 군에 힘을 실어주는 과정이었다. 국가 의전은 명목상 국가원수인 김영남 최고인민회의 상임위원회 위원장에게 일임됐다.

1998년 말 정치적 중심이 재조정됐다. 군사력과 경제 번영 사이에서 균형을 잡고 앞으로의 경제 개혁을 암시하는 '강성대국'이라는 슬로건을 내세웠다. 이 슬로건은 어떻게 북한이 사상적·경제적·군사적으로 강한 나라가 되려는지 설명한 1998년 9월 〈로동신문〉 사설 '위대한 당의 령도 따라 강성대국을 건설하자'에 처음 등장했다. 유턴은 아니어도 급격한 방향전환이었다.

새천년이 도래하면서 과거는 역사 속으로 묻혔다. 〈로동신문〉은 2001년 1월 9일 자 사설에서 다음과 같이 주장했다.

우리는 구시대 다른 나라들의 구식 노동 방식과 고정된 경제 틀을 뛰어넘어야 한다.···우리가 우리의 과거 업적에 만족하거나 시대에 뒤떨어진 사고의 노예가 되어 우리의 노동에 더는 쓸모 없는 방식과 태도에 집착한다면 한발짝도 혁명을 진전시킬 수 없다.[21]

'우리식'의 경제 개혁은 사회주의를 밀어냈고, 주체사상은 강성대국론에 자리를 내줬다.

덩샤오핑 사후 시장과 사유화, 이윤의 미덕을 강조하던 영문 〈차이나데일리〉가 1998년 9월 난해한 마르크스주의 용어들로 김정일의 지도력을 찬양하는 일련의 사설을 싣기 시작했다. 중국 독자를 위한 내용이 아니었다. 사설의 첫 단락을 넘겨서 읽을 사람도 거의 없었을 것이다. 조선중앙통신사와 〈로동신문〉에서 발췌한 내용으로 쓴 이 사설들은 형제애적 연대를 찬양하기 위한 것이었다.

김정일의 과감한 정책 전환과 발언은 일부에게는 너무 멀리 나간 것이었다. 그 후 조선로동당에서는 김일성 사망 후 처음으로 대규모 구조조정과 물갈이가 이뤄졌다. 김정일은 군사부와 경제정책부, 농업부를 폐지하고 비서국의 40%를 재배치했다. 김정일의 매제인 장성택은 북한의 실질적인 2인자로 생각됐으며, 군에서 두각을 나타내던 장성택의 두 형제는 지위를 이용해 경제 개혁을 책임졌던 총리 박봉주를 끌어내리려는 시도를 했다. 장성택과 그의 측근은 그 일로 당에서 축출됐다. 김정일의 숙청과 구조조정으로 당은 개입 능력을 상실했다. 모든 군사 문제는 김정일과 국방위원회가 결정했다. 내각에게는 경제, 산업, 농업을 개혁

할 권한만 주어졌다.

장성택은 겉으로 참회하고 조심하는 척하면서 빠르게 다시 일어섰다. 조선로동당 근로단체부 및 수도건설부 제1부부장으로 복귀한 장성택은 2005년 연형묵 총리 사후 경제를 책임지게 됐다. 장성택은 김정일의 여동생인 아내 김경희의 도움이 없었다면 그렇게 빠르게 복귀할 수 없었을 것이다. 2006년 3월 장성택은 30명으로 구성된 파견단을 이끌고 중국 우한, 광저우, 선전을 11일 동안 방문했다. 중국의 개혁 과정을 보고 배워오라는 임무였다.

남한과 미국의 언론은 2004년 내내 북한 정권의 안정성에 관한 보도를 쏟아냈다. '권력욕에 의한 분파 행위'를 의심받아 장성택이 업무정지 처벌을 받은 상황과 별개로 남한 안기부는 그해 5월 김정일 암살 기도가 있었다고 주장했다. 중국 국경 부근에서 일어난 룡천 열차 폭발사고의 조사결과는 화학물질을 가득 실은 기차가 우연히 전선에 부딪혀 폭발이 일어났으며 중국에서 돌아오는 김정일이 탄 열차가 우연히 그날 아침 예정 시간보다 8시간 먼저 룡천역을 지났다는 북한 정부의 주장과 달랐다.

11월 〈뉴욕타임스〉(22일 자)에는 김정일의 건강 이상설과 북한 내 김정일 반대세력에 관해 입증되지 않은 내용을 담은 추측성 기사가 실렸다. 〈뉴욕타임스〉는 또한 제1차 유럽연합-북한 경제 개혁 워크숍 기간에 김정일 초상화가 회의실에서 제거됐다고 보도하고, 이를 반대세력의 증가나 방해공작, 김정일의 종말 또는 그보다 더 안 좋은 상황의 신호 등으로 해석했다. 북한이 곧 붕괴할 것 같다는 언론의 추측이 쏟아져 나왔다. 하지만 한국에 대한 주시자들을 극단으로 몰았던 언론들은 다시 그 반대쪽으로 몰기 시작했다. 룡천 사건과 무관하게 김정일은 안전하며 위험에 처했다는 증거가 없다는 발표가 나왔기 때문이었다.

김정일이 65세가 된 2007년 승계 문제가 다시 불거졌다. 이 문제가 가족 문제에 불과하다고 생각한 사람은 거의 없었다. 장성택이 권력을 잡을 수도 있다고 생각한 사람들도 있었지만, 그는 김정일보다 4살 밖에는 어리지 않았다. 다음 세대로 넘겨주자니 적임자가 잘 보이지 않았다. 김정일의 장남 김정남은 2001년 위조 여권을 들고 도쿄 디즈니랜드에 갔다 일본 경찰에 체포된 사건으로 사실상 배제된 상태였다. 이런 천박한 플레이보이식 생활방식에는 재고의 여지가 없었다.

관심은 김정일의 후처 고용희가 낳은 두 아들인 김정철과 김정은으로 옮겨갔다. 이 둘은 모두 20대였고 조선로동당 조직지도부에서 일하고 있었다. 조기 권력 이양을 한다면 형인 김정철이 명백한 선택 대상이었다. 디즈니랜드에 빠져 있는 이복형 김정남보다는 영국 기타리스트 에릭 클랩튼에 빠져 있는 김정철이 훨씬 나아 보였다. 결정적 요인은 형이라는 이점에도 불구하고 성격이 유약하다는 점이었다. 그 와중에 김정일은 중국으로 넘어가는 난민과 북한 인권 상황에 대한 국제사회의 반응에 신경 쓰고 있었다.

탈북자, 난민, 이주민?

기근이 최고조에 이르렀을 때 북한 난민은 홍수처럼 국경을 넘어 중국으로 들어가기 시작했다. 일부 NGO는 그 수가 최대 30만 명이라고 주장했다. 이런 주장들은 정확하게 입증하기는 어렵지만, 난민 수가 수만 명 이상임은 분명하다. 국경 근처의 지린성 옌지시는 전체 인구 35만 명 중 21만 명이 조선족이다. 그 지역에서 가장 큰 도시 인구와 맞먹는 숫자였다. 실제로는 친척을 만나려고 잠시 방문하거나, 장사하거나, 식량을 구하기 위해 움직인 사람이 대부분이었을 것이다. 국경을 이루는 수백 km의 두만강은 최근 경계가 강화되긴 했지만, 그렇게 큰 장벽으로 기능하지 못한다. 강의 깊이가 얼마 안되어 여름에는 걸어서 건널 수도 있다. 1960년대 초에는 중국의 대약진운동 후에 발생한 기근으로 중국 난민 수만 명이 북한으로 넘어와 북한이 이들에게 식량을 제공해준 적도 있었다.

처음에는 기근 때문에 중국 난민이 북한에 들어왔지만, 나중에는 중국 경제가 날로 번영하자 더 많은 사람이 중국으로 들어갔다. 그들 대부분은 더 이상 난민이 아니라 경제적 이주민이었다. 2만5000명에서 5만 명 정도로 추정되는 노동자가 의료와 교육 혜택을 받지 못하고 지역 농장에서 계약직으로 일하고 있지만, 이들은 자신들이 온 두만강 남쪽의 굶주리는 사람들보다는 더 나은 조건에서 살고 있다. (지금은 폐기된 1가구 1자녀 정책과 여성들의 도시 이주 현상으로 인한) 중국 농촌 지역의 여성 인력 부족으로 젊은 북한 여성은 특히 환영 받는다. 문제는 그중 최대 70%가 중국의 성매매 조직에 팔려간다는 점이다.

난민은 이런 불법 경제적 이주민과 단기 방문자 사이에 섞여 있어 정확하게 정의를 내리기가 쉽지 않다. '탈북자', '망명 신청자', '난민' 그리고 '경제적 이주민'이라는 용어는 모두 모호한 단어다. 어떤 말을 사용할지는 정치가 중요한 역할을 한다. 누군가에게는 탈북자인 사람이 다른 누군가에게는 경제적 이주민일 수 있다. '불법 이주민을 본국으로 돌려보낸다'는 말은 '탈북자를 추방해 죽음에 이르게 한다'와는 아주 다른 말이다. 모호한 지점이 있을 수 있다는 점을 고려해 이 용어들은 다음과 같이 넓은 의미로 사용되어야 한다. '탈북자'는 정치적 이유로 남한으로 탈출하고자 하는 북한의 고위인사로, '난민'은 자연재해나 인재를 피해 탈출한 사람으로, '망명 신청자'는 제3국으로 탈출한 '박해 받을 가능성이 매우 높은' 사람으로, '경제적 이주민'은 생활수준 개선을 위해 이주한 사람으로 이해해야 한다.[22]

북한의 기근에 관해 가장 많이 읽히는 책으로 바바라 데믹이 북한 사람들을 인터뷰해 쓴 《세상에 부럼 없어라: 북한에 사는 일반 사람들의 이야기》(2009년)에 따르면 북한을 떠나는 사람 상당수는 순전히 경제적이거나 개인적인 이유로 떠난다. 아버지의 사망 소식을 남한 친척들에게 알리기 위해 떠난 가족도 있다. 조선로동당에 입당이 안 된다는 사실을 알고 떠난 의사도 있다. 암시장 거래로 3년 형을 받고 20개월 만에 풀려나 북한을 탈출한 사람도 있다. 이들이 북한 사람이 아니라 사하라 사막 이남 지역의 아프리카인이었다면 모두 위에서 말한 이유로 유럽연합에 망명을 신청했을 것이다.

북한에 한정된 복잡한 상황은 경제적 이주민이 난민으로 변한다는 점이다. 떠날 때는 아니었지만, 현지에 도착하면 난민이 된다. 고국을 떠난 후 보호 필요성이 증가한 사람을 칭하는 '현지 난민'이다. 이런 전환은 중국(또는 러시아)이 본국으로 송환한 사람을 북한이 처벌하기 때문에 발생한다. 중국 당국은 가끔 이주민이 분명한 사람들을 쓸어 모아 북한으로 송환한다. 이런 일이 지난 수십 년 동안 반복되다 보니 북한은 이들에게 어느 정도 관용을 베풀긴 한다. 하지만 탈북이 의심되는 당원이나 당 고위간부는 결코 용서하지 않는다. 밀수, 남한 사람과의 교류, 선교 등의 혐의로 여러 번 처벌받았던 사람도 똑같이 수용소로 보낸다.

운이 좋으면 남한에 정착할 수도 있다. 남한으로 건너온 모든 북한 사람은 자동으로 남한 시민 자격을 받는다. 기근 초기 중국이 경계를 강화하기 전에는 난민들이 보통 베이징으로 여행갔다가 외국 대사관에 망명 신청을 해서 남한으로 오곤 했다. 이 방법은 한동안 효과가 있었다. 하지만 현재 베이징 주재 대사관들은 철망으로 둘러싸여 있으며 중국 공안이 경비를 서고 있다.

현재는 아주 다양한 방법이 있다. 우선 1만 달러가 드는 비즈니스석 '탈북'이 있다. 운전사가 모는 자동차를 타고 국경으로 가면 조선인민군 병사가 두만강을 건너게 해준다. 위조 여권과 서울행 직항 비행기 티켓을 함께 준다. 이코노미석 탈북도 있다. 남한 기독교 선교단체의 보호 아래서 하루에 10시간씩 몇 달 동안 계속

성경을 외우고 베껴 쓴 다음 라오스, 캄보디아, 태국 국경을 지나는 길고 위험한 도보 여행을 거쳐서 한국으로 가는 방법이다. 국경 지역 농장에서 일하는 여성 중년층 노동자들이 주로 택하는 방법이다. 2004년까지 남한은 '탈북자' 한 명당 2만4000달러의 정착금을 지급했다. 탈북이 산업화되면서 점점 더 많은 사람이 탈북하자 남한 정부는 정착금을 8000달러로 삭감했다('고급 정보'를 가져오면 그 열 배에 이르는 정착금을 받을 수도 있다. 2017년 3월에는 86만 달러를 받은 사람도 있다). 정착금을 3분의 1로 삭감한 것은 범죄 집단과 돈만을 노린 사람을 걸러내기 위한 조치였다. 범죄 집단은 중국 전역에서 난민을 끌어 모아 보통 제3국을 통해 남한으로 몰래 보내주고 난민들의 정착금 일부를 받는다. 남은 정착금 대부분은 가족의 다음 탈북자를 데려올 때 계약금으로 가져간다. 끝없는 악순환이 되풀이 된다.

비교 차원에서 보면 탈북자 숫자는 적은 편이다. 지난 65년 동안 서울로 탈출한 '탈북자'는 3만1000명을 조금 넘는다. 베를린 장벽이 세워진 후부터 1988년 동독이 무너질 때까지 동독을 탈출한 사람은 그 30배다. 2016년 독일은 남한이 한국전쟁 이후에 받아들인 탈북자 전체보다 더 많은 수의 시리아 난민을 주말 사이에 받아들였다.

'탈북자'들은 도착하면 석 달 동안 '하나원'에 머물면서 훈련·교육·심문을 받는다. 심문은 정보기관과 경찰이 맡는다. 진짜 탈북자가 아닌 사람을 걸러내기 위해서다. 남한 정부가 주는 정착금을 노리는 조선족이 여기에 속한다. 이를 위해 탈북자들은 치과 치료 상태를 확인하고 '김정일 장군의 노래'를 부를 수 있는지, 북한의 이중간첩이 아닌지 확인하는 과정을 거친다. 북한의 이중간첩은 황장엽, 태영호 같은 북한 고위층 출신 탈북자를 암살하거나 '탈북자 산업'에서 일하는 하위 계층민을 위협하기 위해 보낸다. 태영호는 런던 주재 북한 공사로 있다 2016년에 망명했다. 위협 받을 가능성이 높다고 판단되는 사람에게는 특별 감시가 붙는다. 위협이 감지되면 무장경찰이 3분 안에 도착한다(누군가는 북한 암살자들의 총 뽑는 속도가 그렇게 느린지 의아해할 수도 있겠다). 서울 외에도 영국 서리의 뉴몰든에 '탈북자' 600명이 수용되어 있다. 유럽에서 가장 큰 수용시설이다. 영국 국경청은 중국 사람과 북한 사람을 잘 구별 못하는 것 같다.

당연한 일이지만 NGO들과 원조 단체들은 중국에 의해 본국 송환된 사람들에 대한 북한 정부의 처우를 비판하고 있으며 이들에게 난민 지위 부여를 거부하는 중국에도 같은 입장을 취하고 있다. NGO에게는 이들이 모두 난민이지만, 중국 정부에게 이들은 경제적 이주민이다. 하지만 이들 일부는 본국으로 송환되면 '박해 받을 가능성이 매우 높은' 사람들이다. 더 심한 대접을 받을 수도 있다. 제네바 협약에 따라 이들에게는 망명이 허용되어야 한다. 하지만 중국 정부는 며칠 또는 몇 주 갇혀 있을 사람과 몇 년을 갇혀 있거나 그보다 더한 처우를 받을 사람을 구분하지 않는다.

하지만 북한 난민들에게 진짜 장벽은 남한 정부다. 옌지시의 공항에는 서울 직항 항공편이 6편 있다. 1989년 베를린 장벽 붕괴 직전에 헝가리 정부가 취했던 태도를 취해달라고 남한 정부가 중국에 요청한다면 남한으로 오고 싶어 하는 사람들을 모두 데려 올 수 있다(헝가리는 동독인들이 오스트리아를 거쳐 서독으로 갈 수 있도록 자국 통과를 허용했다). 하지만 남한 정부는 이 가능성에 대해 몸서리치는 반응을 보이고 있다. 남한은 현재 조금씩 들어오는 사람들이 홍수처럼 밀려들기를 원하지 않으며 북한의 붕괴를 촉진하고 싶어 하지도 않는다. 남한 정부와 국민 모두 그로 인해 발생할 사회적·정치적·재정적 부담을 질 준비가 되어 있지 않다. 남한 국민 개개인은 북한에 사는 자신의 친척이 나오기를 원할지 모르지만, 다른 사람의 친척까지 나오기는 원하지 않는 것이 확실하다.

남한 사람 대부분은 북한 사람을 서독 사람 일부가 동독 사람을 보던 시각과 같은 시각으로 본다. '무기력하고 게으른 사람'이라는 것이다. 북한에서 온 이주민은 남한의 복잡하고 경쟁이 치열하고 개인주의적인 사회에 적응하기를 극도로 힘들어한다. 지린성에서 자신을 이용하거나 자신을 위해 기도하던 이들에게 설득당해 남한으로 온 사람 중에는 엄청난 실수를 했다고 느끼는 사람도 있다. 자살률도 높다. 소수지만 다시 북한으로 탈출하는 사람도 나오고 있다. 남한 정부가 새롭게 직면한 위험은 북한이 심각하게 붕괴하고 중국 국경 근처 난민 수용소들이 가득 차면 중국은 남한에서 이들을 수용하라고 요구할 것이라는 점이다.

북한의 수용소들은 실제로 존재하며 이에 관한 다큐멘터리도 많이 나와 있다. 수만 명이 극도로 열악한 상태에서 수용소에 갇혀 있다. 가장 끔찍한 수용소는 당내 투쟁의 희생자들을 가두는 곳이다. 당에서 잘못된 편에 선 사람은 탈출이 불가능한 최악의 지옥에 갇힌다. 반면, 일반 범죄를 저지르면 일정 기간만 갇힌다. 그렇지만 수용소에 관한 보도를 전부 믿어서는 안 된다.

탈북민 대부분은 눈에 띄지 않게 산다. 남한에서 북한 억양을 쓰거나 북한 출신을 드러내면 배척과 차별을 받는다. 일부는 이 상황을 이슈로 만들어 상황 개선을 직업으로 삼기도 한다. NGO 들은 앞을 다퉈 운동을 벌이고 라디오 채널을 운영하기도 한다. 이들은 선교사와 자금을 동원해 성경, 포르노, 남한 드라마가 들어 있는 USB를 북한 사람들에게 주고 그 대가로 기삿거리를 받거나 난민들을 데려온다.[23] 이 경쟁의 소용돌이에서 일부가 영향력을 행사하게 된다. 북한 특공대와 거의 똑같은 제복과 검은 선글라스를 착용하는 북한 인민해방전선 같은 다른 조직들은 코미디 프로그램을 연상케 하기도 한다.

탈북자라는 신분으로 돈을 벌 수도 있다. 1990년대에는 탈북자와 인터뷰할 때 30달러를 '수고비' 명목으로 주곤 했다. 최근에는 액수가 크게 올라 시간 당 50달러에서 500달러를 줘야 한다. 자신의 경험담을 들려주면서 서방 국가를 여행하는 사람들도 있다. 이야기의 질은 천차만별이다. 대부분은 꾸며내거나 소설 같은 얘기다. 완전히 공상 같은 얘기도 적지 않다. 진실을 말하면 돈이 안 되기 때문이다.

《평양의 수족관: 북한 강제수용소에서 보낸 10년》(2000년)의 저자인 강철환은 9살 때부터 요덕수용소에 갇혀 지냈다. 부유한 재일조선인으로 교토에 도박장을 가지고 있었던 그의 부모는 조총

런에 상당한 재정 지원을 했다. 1960년대에 가족은 모두 북한으로 가는 탈출 대열에 합류했다. 처음에는 어머니의 당 인맥 덕분에 평양에서 특권을 누리며 살았다. 당시에는 거의 없었던 자가용을 굴리기도 했다. 이 모든 것은 할아버지가 반역 혐의로 체포되면서 끝났다. 가족은 모두 요덕수용소로 보내졌고 10년 후 석방됐다. 요덕수용소에 있던 1978년 강철환은 1966년 잉글랜드 월드컵 조선민주주의인민공화국 대표팀 선수였던 박승진을 만났다고 썼다. 강철환은 대표팀 전원이 수용소에 수감됐으며, 박승진은 당시 12년째 요덕수용소에 갇힌 상태로 몸이 심각할 정도로 약해지고 곧 죽을 것 같아 보였다고 주장했다. 하지만 2002년 박승진은 《천리마 축구단》[24]이라는 다큐멘터리 영화에 모습을 드러냈다. 생존한 북한 대표팀 선수들이 이탈리아 전에서 승리를 거둔 장소인 미들즈브러에 36년 후에 다시 돌아오는 이야기를 담은 작품이다.

강철환은 지옥에서 탈출해 바로 남한으로 오지 않았다. 그는 1987년 수용소에서 석방된 뒤 5년 동안 북한에서 살다 경제적 이주민이 되기로 했다. 석방된 후 강철환은 지역 배급소에서 일하다 함흥경공업대학에 입학했지만, 중퇴하고 중국으로 갔다. 마침내 1992년 강철환은 남한으로 왔고 나중에는 유명한 탈북자 자격으로 조지 W. 부시 대통령 집무실에 초대됐다.[25] 강철환 책의 공저자 피에르 리굴로는 프랑스 극우단체에서 활동하는 신보수주의 활동가다.

또 다른 유명한 회고록은 블레인 하든의 《14호 수용소 탈출:

북한에서 서방의 자유세계로 탈출한 한 탈북인의 놀라운 여정》[26]
이다. 유엔 조사위원회가 청문회에서 '가장 강한 하나의 목소리'
라고 묘사한 신동혁의 자서전이다.[27] 서울에 도착한 후 신동혁은
국가정보원에 의해 직업적인 증인으로 선택됐고, 1년 만에 자신
의 책이 출간됐다. '14호 수용소에서 태어난 그 누구도…탈출하
지 못했다. 신동혁을 제외하고는 아무도 없었다.'라고 주장하는
책이었다. 2015년 신동혁은 이 주장을 철회했다. 신동혁은 현재
14호 수용소가 아니라 조건이 조금 나은 18호 수용소에서 탈출
했다고 주장한다. 그래도 하든은 같은 제목으로 이 책을 다시 출
판했다. 새로 쓴 서문에 사과의 말을 담긴 했다. 이 책의 불어판
서문을 쓴 사람이 피에르 리굴로다.[28]

2014년에는 박연미라는 난민이 청중 앞에서 북한에서 자신이
당한 잔혹행위를 눈물을 흘리며 증언했다. 그녀의 삶이 쉽지 않
았다는 데는 의심의 여지가 없다. 하지만 그 내용을 조사했던 한
호주 기자는 그녀의 이야기가 일관성이 없으며 모순으로 가득찬
새빨간 거짓말임을 알게 됐다. 박연미는 현재 영리 목적의 자유
주의 조직인 프리덤 팩토리에서 일하고 있다.[29]

비슷한 경우로 함경북도 온성에 있는 제65호 배급소 책임자
이자 고위당원이었다고 주장한 리순옥은 복음주의 개신교도의
회고록인 《증언: 꼬리 없는 짐승들의 눈빛》을 썼다. 1987년부터
1993년까지 14호 수용소에서 자신이 보낸 7년의 세월부터 석방
후 남한으로 탈출하기 전까지의 이야기를 담은 책이다. 리순옥도
신동혁처럼 미 하원과 유엔 조사위원회에서 증언했다. 이 회고록

에서 리순옥은 고문, 공개 처형, 죄수들을 대상으로 한 생화학 무기 실험에 관해 기술했다. 북한 기근이 계속되는 동안 리순옥은 유럽의회를 방문해 북한에 식량을 보내는 것을 중지하고 그 대신 성경을 보내라고 주장했다.

2004년 2월 BBC 다큐멘터리는 리순옥이 했던 북한의 생화학 실험 주장을 그대로 되풀이했다. 이번에는 22호 수용소였다.[30] BBC에 따르면 이 주장은 수용소 보안책임자였던 권혁이 한 것이었다. 권혁은 베이징 주재 북한대사관 무관으로 근무하다 탈출했다고 말했다. 그가 가진 핵심 증거는 '위의 사람은 화학 무기제조를 위한 액체 가스의 인체실험 목적으로 22호 수용소에서 이송됐다'는 내용의 편지였다. 권혁의 이야기는 빠르게 검증되기 시작했다. 권혁이라는 사람은 베이징 주재 북한대사관에서 일한 적이 없으며, 남한 정보기관은 이 편지가 조작된 것이라고 확인했다. 편지에 사용된 말투나, 편지지가 북한의 것이 아니었기 때문이었다. 이 다큐멘터리를 제작한 올렌카 프렌키엘은 이에 관해 질문 받자 자신이 직접 가스실이나 감방을 보지는 못했지만, '그 다음으로 좋은 증거는 증언과 다큐멘터리에 나오는 증거들'이라고 말했다. 리순옥도 더 나을 것이 없었다. 리순옥은 정치범이 아니라 위조범으로 기소됐기 때문이다. 북한의 기독교인들이 무쇠에 맞아 살해당했다는 말도 사실이 아니었다.

문제는 이 모두가 북한에 대한 서양의 인식에 영향을 미친다는 사실이다. 미국 의회가 북한인권법을 통과시킨 근거가 이런 증언들이었다. 북한의 인권 문제가 심각하고 광범위하지 않다고 주장하는 사람은 아무도 없다. 또 그렇게 주장해서도 안 된다. 하지만 미국과 유엔 모두 이런 허술하고 거짓으로 가득 찬 증언에 대해 아무런 조치도 취하지 않고 있다. 이런 증언 중에는 25~30년 지난 얘기도 있다. 이중 가장 극단적인 주장들이 미국의 싱크탱크들과 개신교 근본주의 단체들이 재정 지원을 하는 로비 단체들, 우파 헤리티지 재단에 의해 북한인권법(2004년)으로 조성된 자금으로 전 세계로 퍼졌다. 이렇게 해서 북한인권법은 북한 정권 교체를 주장하는 공화당 우파에 의해 의회에서 재승인됐다.

2004년 북한인권법은 2003년 북한자유법을 더 정교하게 다듬은 것이다. 북한자유법은 미국이 인도주의 원조를 북한에 사는 북한 사람에게 제공해 북한 난민을 더 쉽게 도울 수 있게 하는 것이 목적이었다. 인권 개선, 민주주의, 법치, 시장경제 발전을 장려하기 위해 민간 NGO에 보조금을 주고, 북한 내의 정보 수집 기회를 늘리고, 북한에서 탈출한 사람들에게 인도주의 원조 또는 법적인 도움을 줄 수 있도록 하는 내용이었다. 이를 실행하기 위해 1억2400만 달러의 예산이 책정됐고, 북한에서 미국으로 정치적 망명이 허용됐다. 그리고 그 예산은 신보수주의 조직인 프리덤 하우스가 싹쓸이했다.

유엔 조사위원회의 '가장 효과적인 증인'은 남한 국정원이 밀고 있는 거짓말쟁이였다. 2014년 말 자신의 주장을 철회하겠다는 신동혁의 계획을 알게 된 그의 친구들은 유엔 안전보장이사회가 북한을 2014년 12월에 국제형사재판소에 회부하는 총회 결의안을 승인할 때까지 철회를 미루라고 압력을 가했다. 애초에 이 결의안은 위원장이 신동혁의 증언에 감동받은 유엔 조사위원회에서 시작된 것이었다.

정치는 자연과 비슷하다. 진공을 싫어한다. 그리고 이런 일은 국제사면위원회의 믿을 만한 보고서와 북한 상황에 관한 다른 보고서가 없는 상황에서 일어난다. 북한은 현지 조사를 수용하고 유엔의 특별조사위원 토마스 오헤아 퀸타나의 조사를 받아들여야 하며 유엔 인권이사회의 국가별인권상황정기검토에 관한 입장을 밝혀야 한다. 북한은 167개 권고안 중 81개 안은 완전 수용하고, 6개 안은 부분 수용, 15개 안은 거부했다. 국제사면위원회와 유엔이 보고서를 내도 분명히 비판적 결과가 주를 이루겠지만, 북한이 스스로 곪고 자라게 한 서양의 북한에 대한 이미지보다는 더 나은 결과가 나올 것이 거의 확실하다.

반면, 북한 인권 상황에 관해 유럽연합은 다른 형태의 반응을 보였다. 2001년 5월 유럽연합 트로이카는 평양을 방문해 다른 문제들을 제치고 인권 문제를 김정일에게 직접 제기했다. 김정일은 1997년 유럽연합과 중국이 구축한 인권대화를 모델로 공식적인 인권 대화를 구축하는 데 동의했다. 첫 번째 대화는 2001년 6월, 두 번째 대화는 그 한 해 뒤에 열렸다. 북한 관료들은 자기들만의 기준이 있으며 북한의 우선순위는 생존, 개발, 평등이라고 주장했다. 하지만 대화 결과는 '재교육 수용소'에 수감된 사람 수를 일부 줄이고 국제 기준을 반영해 형법을 개정하겠다는 약속에 그쳤다. 유럽연합은 인권조사위원과 NGO의 접근이 허가되지 않는 상황과 인권 문제에 관한 공식 통계가 전혀 없는 상황에 우려를 표시했다. 북한은 과거의 '나쁜' 경험 때문에 그런 방문이 꺼려진다고 답했다. 북한의 방어선은 '다른 나라의 인권 상황을 자의적으로 평가하고 한 나라의 의지를 다른 나라에 강요하는 것은 주권 침해며 내정 간섭'이라는 입장이었다.[31] 유럽연합은 이 원칙의 예외인 것 같았다.

하지만 세 번째 대화가 열리기 전에 이 과정은 유럽연합 내부에서 탈선했다. 서로 다른 기관들이 서로 반박하고 반대하기 시작했기 때문이다. 미국 우파 로비스트들의 입김이었다. 2003년 프랑스는 제네바에서 열린 유엔 인권위원회 회의에서 의결된 북한 인권결의안을 후원하는 제안을 유럽연합 이사회에서 슬며시 통과시켰다. 결과에 관한 토론도 없고 북한에 알리지도 않은 채 이뤄진 일이었다. 결과는 너무나 예측 가능했다. 2003년 북한은 대화 중단을 선언하고 북한 인권결의안에 대한 유럽연합의 후원이 대화를 지지하고 대화에 참여했던 사람들을 매우 곤란한 지경에 빠뜨렸다고 유감을 표시했다. 북한은 다른 나라가 후원했다면 유럽연합의 찬성투표를 받아들였을 것이라고 주장했다. 유럽연합이 결의안의 후원국이 된 것은 너무 지나친 일이었다.

2005년 4월 유럽연합은 일본과 공동으로 또 다른 결의안을 후원했다. 헤리티지 재단 사람들이 주변에서 맴도는 가운데 열린 준비회의에서 유럽연합은 대화가 열리지 않기 때문에 또 다른 결의안이 필요하다는 딜레마 같은 주장을 펼쳤다. 대화가 중단된 이유가 그전 결의안 때문임을 잊은 듯한 주장이었다. 당시 북한과의 대화는 전반적인 인권 상황 개선과 제3세계 국가의 민주화를 위한 유럽연합의 포괄적 움직임 중 일부였다.[32] 유럽의회 파견단이 인권 문제를 제기했을 때 북한 측 교섭 담당자들은 유럽의회의 연례인권보고서 두 권을 받아보고는 부분적으로 무장 해제된 상태였다. 하나는 유럽연합 자체의 인권 상황에 관한 것이었고, 다른 하나는 전 세계 인권 상황에 관한 것이었다.

북한이 대화를 재개할 준비가 됐다고 신호를 보내기까지는 10년 이상 걸렸다. 2014년 가을 조선로동당 국제비서 강석주는 브뤼셀을 방문해 스타브로스 람브리니디스 유럽연합 인권특별대표와 회담을 갖고 그를 평양에 초청했다. 북한의 유럽연합 주재 대사 현학봉은 몇 주 후 초청 수락을 공식 확인했다. 뒤를 이어 2017년 초 조선로동당 부위원장 겸 국제담당부장 리수용이 세 번째로 확인해줬다. 인권 대화에 관한 국제사회의 요구에도 불구하고 유럽연합은 의도적이고 변덕스럽게 북한의 제안을 무시해왔다.

탈북자들은 김정일 치하 북한의 어두운 면을 강조하지만(분명히 어두운 면은 있다.), 김정일 정권 때 북한을 방문했던 사람들은 변화하는 나라를 보고 왔다. 15년 전 보통 사람들의 경제에서 '시장'이 부상한 것은 일종의 계시였다.[33] 2004년에 이미 미국 파견단은 북한이 시장경제를 향해 움직이고 있다는 상당히 많은 증거를 발견했다고 밝혔다.[34] 그 여정은 지금도 계속되고 있다. 중국과 베트남이 개혁과 정권 안정을 동시에 이룬 것은 소련 모델 외에도 대안이 있다는 사실을 보여준 좋은 예였다. 시스템은 근본적으로 바뀌어야 했다. 국가가 생필품을 생존할 만큼 충분히 제공하지 못하는 상태에서 대안은 있을 수가 없었다. 상점 진열대에 상품이 진열되기 시작했다. 평양의 최고 번화가인 창광거리에서 식당들이 문을 열고 손님을 받고 있었다. 남포의 남북 합작기업 평화자동차가 생산한 자동차를 자랑스럽게 광고하는 광고판이 평양 시내 여기저기에 들어섰다. 북한은 움직이고 있었다. 북한의 도시에 다시 색깔이 입혀지고 있었다. 긴 행진은 이미 시작됐다.

제2부
연속성과 변화

★

제5장

김정은

2011년 12월 김정일이 사망하자 북한은 65년 역사상 두 번째로 지도부 교체를 조율해야 했다. 김일성이 사망한 1994년에는 상황이 암울했다. 매달 수만 명이 영양실조로 죽어나가면서 '고난의 행군'은 최악의 위기 상황이었고, 경제는 무너져 내리는 중이었다. 자본 투입이 줄어들고 불이 꺼지면서 공장과 농장, 상점은 놀다가 결국 문을 닫았다. 김정일이 삼년상을 치르면서 정부의 존재는 희미해졌다.

두 번째 정권 교체기에 김정은은 100일 동안만 상을 치르고 곧바로 실권을 장악했다. 김정은은 즉시 권력을 통제하고 자신의 목소리를 냈다. 15년 동안 최고 권력자 자리에 있으면서 국제무대에서는 단 한 번밖에 발언하지 않았던 김정일과는 달리 김정은은 20분짜리 연설을 했다. 북한판 '국정연설'이었다.

권력을 잡은 후 김정은은 초년 시절 자신의 후견인 역할을 했던 인물들을 쳐내면서 체계적으로 권위를 강화했다. 고모부 장성택을 처형한 것은 자신의 멘토를 제거한 것이었다. 장성택은 자신이 김정은의 믿을 만한 친구이자 멘토가 아니라 섭정 대리인이나 킹메이커, 그리고 중국을 등에 업은 권력 브로커라고 착각하고 있었다. 하지만 이는 당의 모든 반대 파를 수용소나 외지로 보낸 할아버지 김일성의 숙청 방식이 아니라 자신에게 잠재적 위협이 되는 단 한 명을 신중한 조율을 통해 축출한 것이었다.

김정은은 개인숭배의 대상이 됐다. 거의 '록 스타' 수준이었다. 또한 김정은은 그에 걸맞은 카리스마를 가지고 있었다. 젊은 시절의 김일성과 판박이 같은 모습의 동상이 세워지고 그림이 걸렸으며, 공장과 각종 기관에는 김일성-김정일-김정은으로 이어지는 '삼위일체'의 방문을 상세하게 기록해 둔 '역사관'이 새로 만들어졌다. 나는 2013년 7월 조국해방전쟁승리기념관 개관식에 참석한 김정은 주위로 청소년이 몰려들어 환호하는 광경을 직접 목격했다. 높이 솟은 기념관 입구에 세워진 실물보다 큰 젊은 시절 김일성 동상은 이상하리만치 자기 손자와 닮았다.

정치적으로 김정은은 경제 발전과 핵 억지력 구축을 동시에 추진하는 자신만의 병진노선으로 주목받았다. 2013년 당의 승인을 받은 병진노선은 북한을 외세의 개입에서 보호하는 동시에 생활 수준을 높여 내부와 외부의 위협으로부터 정권의 생존을 확실히 하기 위한 것이다. 김정일이 급진주의자였다면 김정은은 혁명가다. 김정일은 핵 억지력이 조금씩 늘어가는 것만으로도 만족하고 공공·개인시장을 묵인했지만, 그의 아들은 모든 것을 걸었다. 안드레이 란코프의 주장에 따르면 김정은은 '역대 북한 지도자 중 가장 시장 친화적'이다. '점점 더 영향력이 커지고 있는 북한의 민간경제 부문 활동을 눈 감아줄 뿐만 아니라 실제로는 조용하기는

그림 15. 조국해방전쟁승리기념관에서 바라본 류경호텔. 2013년

해도 그런 활동을 장려하고 있다'는 설명이다.¹ 북한은 전력을 다해 달리고 있다. 경제제재에도 불구하고 북한 경제는 2016년에 4%나 성장했다.

김정은의 기반은 당이다. 아버지 김정일은 당을 축소하고 위축시켰다. 당의 핵심 집단은 아직도 권력을 가지고 있지만, 그들은 과거의 목적지를 향해 오래된 지도를 보면서 움직이고 있었다. 권력 승계를 준비하던 2008년 김정일은 당을 되살리고 재건했다. 15년의 침체기를 벗어나 당이 복귀한 것이다. 1993년 12월 김일성 시절에 마지막으로 열린 당 전원회의 이후 사라지다시피 했던 지도부가 복구되어 세대교체를 반영한 중앙위원회와 정치국이 새로 구성됐다. 당의 상징인 망치와 낫, 붓이 갑자기 여기저기서 모습을 드러냈다. 2010년 조선로동당 제3차 대표자회는 '혁명 위업의 실천을 공고히 하고 그 기초를 튼튼히 하며, 과학과 기술을 통해 사회주의의 힘을 구축하는 새롭고 거대한 계획을 장려하고, 강하고 독립적인 자주 경제 대국의 탄생과 발전에 주도적 역할을 한다'는 목표를 선언했다.

자본주의의 부상

북한 주민, 적어도 평양 시민들은 병진정책의 혜택을 별로 받은 적이 없다. 지난 10년 동안 엄청난 자원이 평양의 생활수준을 높이는 데 투입됐다. 해마다 들어선 현대적 환경의 새 아파트가 현재는 10만 채에 이른다. 깨끗한 고층건물도 나날이 하늘을 향채 치솟고 있다. 김일성대학 인근 지역은 완전히 재정비됐다. 미래과학자거리 조성도 마무리됐다. 평양에 처음으로 교통체증이 생겼다.

현금카드와 현금자동입출금기가 등장했고 거리에는 택시가 줄지어 다닌다. 이집트 회사 오라스콤이 이동전화 공공 네트워크를 구축해 약 300만 명이 사용하고 있다. 피자와 햄버거를 함께 파는 가게와 국수집, 심지어 '오코노미야키'를 파는 집도 있다. 이탈리아제 드레스, 핸드백, 하이힐, 셔츠, 양복, 넥타이를 파는 의상실도 있으며 양복점에서는 '맞춤' 양복 주문을 받는다. 전자제품 가게에서는 컴퓨터, DVD 플레이어, 카메라와 시계를 판다. 청바지는 여전히 금지지만, 블랙진은 무사통과다. 여성들은 코트 안에 몰래 플레어 스키니진을 받쳐 입고 다니기도 한다. 북한판 아이

사진 16. 평양의 패스트푸드점에서 판매하는 햄버거와 감자튀김, 콜라. (2014년)

패드인 삼지연 SA-70에는 초기 아이폰에 내장됐던 주식정보 앱처럼 《김일성저작선집》이 들어있다. 배달 서비스는 아직 없지만, 언제든지 택시를 보내 피자를 받아올 수 있고 지불도 현금카드로 할 수 있다.

사진 17. 능라도의 놀이공원으로 놀러 나온 군인들. (2100년)

토킹 투 노스 코리아

오락 산업도 호황이다. 노래방, 음식점, 수제맥주집이 평양 곳곳에서 문을 열었다. 놀이공원, 워터파크, 승마장, 대포동 2호 미사일 견본이 전시된 과학단지, 자연사 박물관, 리모델링한 동물원이 들어섰다. 심지어는 60km 떨어진 바다에서 펌프로 수송한 바닷물에서 돌고래들이 쩌렁쩌렁한 군가에 맞춰 재롱을 피우는 수족관도 있다. 10핀 볼링장, 스케이트장, 롤러장에는 부유층이 드나들고 있다. 패키지여행도 도입되어 바닷가나 산으로 휴가를 가기도 한다. 첫 남북정상회담 이후로 한동안 남한 관광객을 끌어모았던 금강산은 여름이면 평양에서 온 여행객들로 붐빈다. 2015년 8월에는 슬로베니아의 전위음악 밴드 라이바흐가 군가를 비틀즈의 노래나 영화 〈사운드 오브 뮤직〉 수록곡 중 일부와 믹싱한 음악을 연주해 청중을 어리둥절하게 만들기도 했다.

현재 북한 경제는 시장레닌주의다. 당의 감시 아래 소규모 개인 기업이 운영되고 있다. 《조선자본주의공화국》을 공동 집필한 제임스 피어슨과 대니얼 튜더는 이 시스템을 장마당의 가판대 상인이 세금을 내는 '공공-민간 자본주의'[2]라는 용어로 설명했다. 의욕적인 부모는 자녀를 당보다는 무역회사에 취직시키려고 안간힘을 쓰고 있다. 벼락부자들은 한 해에 10만 달러를 내고 해외거주 '허가증'을 살 수 있고, 그 정도 돈이 없는 사람은 '몸값'을 지불하고 국가가 배정한 공장이나 농장에서 벗어나 시장이나 매대에서 장사할 기회를 얻는다. 중앙배급체계가 배급하는 쌀과 곡물의 양이 점점 줄어들면서 돈만 주면 거의 무엇이든 살 수 있는 평양의 통일시장 같은 시장이 번성하고 있다. 장담할 수는 없지만 앞으로도 변화는 외부가 아닌 내부에서 시작될 확률이 높다. 새로운 방식이 오래된 방식을 밀어내고 있으며 북한 경제는 점점 베트남을 닮아가고 있기 때문이다. 란코프에 따르면 '최소한 김정은의 최근 정책은 그 과정에서 부딪힌 모든 난관에도 불구하고 제한적으로나마 주목해볼 만큼 경제적 성공을 이끌어냈다.'[3]

2002년 농업 개혁과 산업 개혁 이후로 '매대 장사꾼'의 수와 영향력은 점점 늘어났다. 악덕 사채업자에게 시달리는 사람이 많지만, 그래도 성공한 매대 장사꾼은 술집이나 식당에서 자신의 부를 과시하기도 했다. 2009년 11월 화폐 개혁은 이들을 하룻밤 사이에 나락으로 떨어트렸다. 정부가 은행권을 새로 도입하면서 구권을 신권으로 바꿀 수 있는 상한선을 낮게 잡았기 때문이었다. 그동안 모아둔 구권 뭉치가 휴지 조각으로 변해버리는 과정에서 이들은 두 가지 교훈을 얻었다. 남의 눈에 띄게 돈을 쓰면 안 된다는 것과 장판 밑에 숨기는 돈은 반드시 달러나 유로처럼 국제적으로 통용되는 돈이어야 한다는 것이었다.

북한이 시장을 도입하면서 당면한 가장 큰 어려움은 시장을 조절할 방법도 기관도 법도 없다는 점이었다. 등장한 지 20년이 지난 현재까지도 시장 관련 법안은 도입되지 못했다. 외국의 투자를 받을 때 이 부분은 장벽이 될 수밖에 없다. 그러나 소비주의는 이미 북한에서 자리를 잡았다. 튜더와 피어슨에 따르면 이 새로운 시스템은 '너무나 굳건하게 자리 잡아서 오히려 정부가 적응해야 하는 상황'이다.[4] 하지만 당과 정부가 언제 다음 단계를 밟아 공개적으로 시장을 장려할지는 지켜볼 필요가 있다.

불평등

모든 사람이 평등하지는 않다. 비싼 소비재를 구할 수 있게 되고 이중경제가 나타나면서 불평등은 급작스럽게 심화됐다. 끔찍했던 1990년대에는 모두가 비참했다는 점에서 놀라우리만치 평등했다. 지니 계수가 0에 가까울 정도였다. 하지만 이제는 최상류층과 나머지의 생활수준 사이에 깊은 골이 생겨 불평등 정도가 브라질과 비슷하게 변했다.

북한의 임금은 하루에 5000~1만 원이다. 2017년 말 '암시장' 환율로 환산하면 12.5~25유로다. 하지만 양복 한 벌에 180유로, 하이힐은 40유로, 피자는 2~6유로, 햄버거와 감자튀김은 3유로, 10핀 볼링 4인 게임비는 10유로다. 핸드폰 국내통화는 분당 0.03유로, 순금 오메가 스피드마스터 시계는 4만 달러(3만4000유로)다. 중산층 관료의 125년 치 월급이다. 반면, 지하철 한 달 정기권은 200원이다. '매대 장사꾼'은 중산층일 뿐이고, 정말 돈 많은 사람은 국가나 당, 군 소유의 회사나 국제적으로 활동하는 기업을 운영하는 사람이다.

조국해방전쟁 '승전'일과 같은 727 번호판은 여행이 가능한 엘리트층을 나타낸다. 195를 핸드폰 번호로 쓰는 사람은 그렇지 않은 사람보다 더 좋은 품질로 통화한다. 서버도 따로 쓰며 통화 연결 확률도 더 높다. 영향력과 부는 점점 더 서로 얽히고 있다. 소비주의라는 새로운 물결 뒤에는 공공-민간 제휴로 설립된 기업들이 있다. 서로 밀접하게 연결된 당과 군의 인사는 인맥을 통해

그림 18. 제1회 평양 대동강맥주축제. 2016년. 사진제공 키아라 자니니

소비재를 수입해 시장에 조달하고 이윤을 자신이 속한 군 또는 당과 나눈다.

벼락부자들은 자기들만의 방식으로 노력하고 있다. 제1회 평양 대동강맥주축제에 유행하는 옷을 입힌 딸과 통통한 아들을 데리고 와서 항상 그랬던 것처럼 태연하게 맥주 일곱 잔을 주문하는 식으로 말이다(2017년에는 행사가 취소됐다).

평양 밖에서, 심지어 북동 지역에서도 도시 생활은 조금씩 개선되고 있다. 그 출발점이 아주 확실히 낮은 수준이기는 했지만 말이다. 영국과 유럽연합의 원조로 신선한 물이 파이프라인을 통해 함흥과 흥남으로 공급되고 있다. 이 물은 도시 곳곳에 있는 '물가게'에서 리터당 20~30원에 '구입'할 수 있다. 덕분에 해당 지역의 위장염 발생률은 최대 92%까지 줄었다. 이 지역 병원들은 기초 수준에 머물러 있으며 첨단기술장비도 거의 없다. 원산병원은 평양과 다른 지역 병원의 의사, 상담 인력과 연결해주는 비디오 인트라넷 연결망을 겨우 갖췄으며, 바로 옆에 새로 짓던 병원 건물들은 자금 부족으로 공사가 거의 중단됐다.

1953년 이후 주로 동독의 원조로 재건된 중공업 중심지 함흥-흥남 광역도시권에서는 1990년대 중반에 완전히 멈췄던 공장들이 다시 가동되기 시작했다. 한 세대 동안 녹슬어 있던 룡성기계 단지도 다시 활기를 찾았다. 2010년부터 생산이 재개된 정황증거가 있다. 김정일이 2010년에 3번, 2011년에는 4번이나 이곳을 방문했기 때문이다. 관리자용 주차공간에 평양 바깥에서 거의 보기 힘든 727 번호판을 단 자동차가 주차된 것이 관찰됐다. 근처의 비날론 공장도 생산의 확실한 증거가 되는 연기를 녹슨 굴뚝에서 내뿜고 있다(비날론은 무연탄과 석회석을 재료로 만든 북한 특유의 합성섬유다).

NGO들도 여기에 합세하고 있다. 장애인을 돕는 NGO인 핸디캡 인터내셔널이 운영하고 장애인들을 직원으로 고용한 정형외과 의료기가 생산팀은 현재까지 1만 개가 넘는 인공사지를 생산했다.

시골에도 활기가 돌고 있다. 3~4년 전 함흥에서 20km 떨어진 용광군에 갔을 때 우리는 유럽연합이 원조한 홍수통제·관개 프로젝트로 3~4만 명에게 혜택이 돌아가는 것을 봤다. 통합 해충관리 시스템도 도입됐고, 비닐하우스가 늘어났으며, 벌목했던 숲에 다시 나무를 심었다. 빵집도 새로 생겼다. 물론 이는 아주 예외적인 사례다. 차를 타고 지나가면서 본 함흥 교외에는 워터파크가 여전히 공사중이었다.

그림 19. 조국해방전쟁 승리를 기념하는 흥남제철소. 2011년 7월 27일

이런 놀라운 변화에도 북한은 분열이라는 위험을 안고 있다. 주변 지역은 점점 고립되고 스스로 살도록 방치되고 있다. 2013년 동해안을 따라 라선으로 차를 몰고 가려던 우리 계획이 도로 사정으로 무산된 적이 있었다. 라선 시장이 자동차로 평양까지 800km를 가는 데 7일이 걸렸다는 얘기도 들렸다. 대신, 우리는 함흥에서 차를 돌려 평양을 거쳐 중국 단둥, 선양, 옌지, 훈춘을 지나 라선에 3일 만에 도착했다. 2017년 현재 평양에서 라선으로 가는 열차는 한 달에 7번 있다. 30시간이 채 안 걸린다. 하지만 이 열차는 24시간 연착하기도 하고, 특히 전기기관차에 끌려서 올 때는 더 심하다. 모스크바까지 가는 열차가 얼마 만에 한 번씩 오는지는 확실하지 않다.

'건설 붐'으로 수도 평양에는 '평해튼'이 생겼지만, 그 대가로 나머지 지역에서는 경제의 다른 부분이 무력화되고 왜곡됐다. 북동 지역 '러스트 벨트(사양화된 공업지역)'에서는 굶주림과 만성 영양실조가 길거리, 학교, 고아원에 여전히 남아 있다. 2016년에는 고수익을 내던 합작회사들의 채굴 작업에 시설 재투자가 금지됐다. 이 회사들은 생산시설이 서서히 못 쓰게 되고 있는데도 모든 수익을 중앙에 보내야 했다. 평양에서조차 버스와 전차 구입을 위해 따로 빼놓았던 돈이 건설공사에서 발생한 초과비용을 충당하는 데 전용되기도 했다.

투자와 경제특구

정치 환경의 극적인 변화가 없다면 북한은 해외직접투자(이하 FDI)의 대상이 되기 힘들다. 핵실험과 장거리 미사일 발사 때마다 늘어난 경제제재는 FDI의 가능성을 '그렇게 되기 힘듦'에서 '사실상 불가능'으로 바꿔놓았다. 그래도 북한은 FDI의 중요성을 인지하고 인정한다. 라선경제특구에 투자가 (주로 중국에 의해) 이뤄져 왔지만 북한은 적어도 아주 최근까지는 북한 정부의 권위주의적 통제가 환경을 열악하게 만들었다는 사실을 인정하지 않고 구조나 과정을 탓했다. 라선경제특구의 부진은 외부 환경과 그곳에서 일하는 사람에 대한 사후 대처 때문이다. 북한 정부는 이들에게 십일조를 소급 적용하고 자본설비를 인질로 잡았다.

FDI가 가능하려면 이론상으로 세 가지 선택지가 있다. 지분합작벤처, 계약합작벤처, 그리고 외국인이 독점 소유한 기업이다. 외국인 소유 기업은 경제특구 안에서만 가능하다. 북한은 경제특구를 살리기 위해 다양한 노력을 반복했다. 김대중 정부의 '햇볕정책' 시절 남한과의 화해로 북한의 땅과 노동력을 남한의 에너지와 자본, 경영 능력, 마케팅 능력과 결합한 합작 프로젝트가 몇 몇 생겼다. 개성산업공단과 그보다는 비중이 작았던 금강산관광특구가 그랬다. 둘 다 남한 근처에 있었다. 당, 특히 통일전선부가 개성산업공단과 금강산관광특구를 책임지고 초거대 관광특구가 될 수도 있는 원산-금강산국제관광지대 사업을 시작했다.

2008년 남한은 금강산관광특구를 폐쇄했다. 새벽에 인근 군사

그림 20. 원산 해변에서 노는 아이들.

지역에 들어간 여성 관광객이 북한군의 총격으로 사망했기 때문이었다. 금강산관광특구는 재개되지 않았고 현재는 평양의 중산층과 중국 관광객의 패키지여행 코스가 됐다.

개성산업공단에는 남한 중소기업 80여개가 입주했고 북한 노동자들은 그곳으로 매일 출퇴근하며 일했다. 일 대부분은 하위부품 조립과 제작이었다. 만들어진 제품은 직접 남한으로 보냈다. 원래 개성산업공단은 처음에 5만 명 정도 규모로 하다가 두 단계에 걸쳐 25만 명, 45만 명으로 인원을 늘릴 계획이었다. 문제는 정치였다. 개성산업공단은 6번이나 닫혔다. 며칠 동안 닫힌 적도 있고 몇 달 동안 닫힌 적도 있었다. 남한의 한미연합훈련, 북한의 핵실험과 위성 발사 등 서로에게 구실이 생겼을 때마다 개성공단은 '희생양'이 됐다. 2013년 초 남한과의 긴장이 고조됐을 때도 개성산업공단은 조선로동당 고위층에서 쟁점이 됐다. 시리아 국민의 불안은 서방의 도움과 조장으로 내전이 터지면서 상황이 더 악화됐다. 개성산업공단은 '캐시카우'였을까, 트로이 목마였을까? 조선로동당의 통일전선부와 조선아시아태평양평화위원회 모두에게 개성공단은 '캐시카우'였다. 매년 북한에 5000만 달러, 모두 합해 최소 3억5500달러를 벌어줬기 때문이다.

당의 다른 부분에서는 개성공단을 트로이 목마로 생각했다. 우려사항은 2단계나 3단계에 이르면 가족 중 한 명만 개성공단에서 일한다고 해도 100~200만 명이 개성공단의 일에 의존할 수 있다는 점이었다. 북한 전체 인구의 거의 10%에 이르는 숫자다. 그 시점에서 미국과 남한은 리비아나 시리아에서처럼 시민 불안과 식량 폭동이 외부 개입의 구실을 제공할 수 있다고 판단해 한두 달 만에 의도적으로 개성공단을 폐쇄할지도 모른다고 생각한 것이다. 많은 토론을 거쳐 평양에서는 이전 상태는 받아들여도 예측 가능한 미래를 대비해 더는 확장하지 않기로 했다.

3년이 흐른 2016년 2월 대통령 박근혜는 북한의 위성 발사에 대한 보복조치로 개성공단 즉각 폐쇄를 발표했다. 몇 주 후 이럴 때를 대비해 비밀리에 조성해뒀던 정부의 비상 자금으로 124개 남한 기업에 시설 손실 보상금을 지급하면서 공단의 영구 폐쇄는 명백한 사실이 됐다.

통일전선부는 분노했고 조선로동당 내부에서는 '그럴 줄 알았다'는 탄성이 쏟아져 나왔다. 또한 북한 정부의 반대세력에 북한의 해외 노동자 파견을 비난할 빌미를 제공했다. 그들은 북한에서 선망의 대상인 해외 노동자들이 '노예 노동자'며, 이들의 수입 대부분을 북한 정부가 핵무기 개발에 남용한다고 주장했다. 하

토킹 투 노스 코리아

지만 남한이 해외 노동자를 5만 명이나 고용해 이득을 챙기고 있으며 앞으로 40만 명을 더 확충할 계획을 세운 상황에서는 이 싸고 숙련된 노동력을 포기하라고 다른 나라들을 설득하기가 어려웠다. 이 상황은 공단 폐쇄를 통한 남한의 자기 부정과 함께 변화했고, 북한의 제6차 핵실험과 ICBM 일본 상공 발사에 따른 유엔 제재에 따라 북한의 해외 노동자들은 우선적으로 제한을 받아 남은 계약 기간만 채우고 떠나도록 조치됐다.

남한의 배신으로 관심은 라선경제특구에 집중, 정확하게는 다시 집중됐다. 라선경제특구는 오래전인 1991년에 설립됐으며, 2000년 남북정상회담 이후에는 경제특구의 '미운오리새끼'가 됐다. 북한 북동부의 중국과 러시아 접경에 자리 잡았고 두 나라와 모두 철도와 도로가 잘 연결되어 있는데도 라선경제특구는 초기에 성공을 거두지 못했다.

중국의 선전경제특구를 모델로 한 라선경제특구는 싱가포르 크기의 면적에 인구가 20만 명에 이르며 북한의 다른 지역과 격리되어 있다. 선전경제특구처럼 격리의 목적은 사람들이 나가는 것이 아니라 들어오는 것을 막기 위해서였다. 라선경제특구에서는 군대나 이데올로기가 존재감이 없다. 대신, 빠르게 돈을 벌겠다는 실용적인 집착이 만연해 있다. 2012년 라선에서 돌아온 영국의 방문대사는 라선을 '밤에는 불을 끄는 카지노'라고 묘사했다. 그때도 이미 시대에 뒤떨어져 있었던 것이다.

이 모든 상황은 2000년대 말 상당량의 중국 자본이 제조공장, 항만시설, 그리고 중국 국경에서 항구까지 52km 구간에 새로 건설한 '고속도로'⁵에 투입되면서 바뀌기 시작했다. 1938년 일본이 두만강에 건설한 다리를 대체하는 다리를 새로 건설하겠다는 약속과 함께였다. 블라디보스토크와는 달리 라선은 항구 주변이 얼지 않는다. 이 지역에서 가장 북쪽에 있는 부동항이다. 기후 온난화로 북극의 빙산이 계속 녹아내린다면 미래에는 북극항로를 통해 여름에도 물품을 이 항구에서 주고받게 될 가능성도 있다. 중국의 철도를 십분 이용한다면 이 시설은 중국 북동 지역의 소중한 출구가 될 수도 있다.

두 번째 기회의 문제는 실패가 아니라 성공이었다. FDI 기반을 넓히려던 북한 국가경제개발위원회와 그 전신 기관들의 노력에도 라선경제특구는 사실상 중국 지린성의 확장 영역처럼 됐다. 투자는 거의 중국이 다 했고, 러시아, 태국, 몽골 정도가 상징적인 액수를 투자했다. 수산물가공공장 4곳은 생산품(주로 오징어)을 주로 냉동차에 실어 중국으로 보냈고, 의류공장 7곳은 슬래진저, 랜즈엔드, 카파, NBA 등의 의류를 '메이드 인 차이나' 태그를 붙여 생산했다. 수산물가공공장의 직원 2000명과 의류공장 직원 3000명은 한 달에 80달러를 받는다. 수산물공장 직원은 일주일에 48시간, 의류공장 직원은 일주일에 60시간을 일한다. 라선에서 받는 '비공식 세금' 덕분에 당국에 연줄이 없거나 '보호'받지 못하는 회사들은 매우 작은 규모를 유지하거나 무역 또는 위탁 생산만 간신히 하고 있다.

라선의 큰 시장에서 기본 통화는 런민비 (중국 인민폐)다. 원화로 지불하려고 하면 사람들은 계산기를 두드리느라 바빠진다. 2014

그림 21. 라선에서 생산된 NBA 셔츠. '메이드 인 차이나' 태그가 붙은 완성품이다. 2012년.

년 여름 환율은 1런민비가 1300원, 1유로가 1만500원, 1달러가 8000원이었다. 평양의 '암시장'보다 거의 50% 더 유리한 환율이다. 이 시장에 쌀은 없지만, 과일과 채소, 생선, 고기, 옷, 신발, 일반 가정용품, 담배, 말아 피우는 담배, 문구류, 새 자전거와 중고 자전거 등을 구할 수 있다.

2018년 6월 이후로 시장이 호황을 맞으면서 라선의 중국 '기업가'들은 아파트를 지어서 팔고 임대하고 있다. 거리마다 중국 자동차와 트럭이 넘쳐나 중국색은 더 강해졌다. 러시아로 바로 통하는 도로가 없는 것도 이런 분위기에 일조하고 있다. 러시아 국경을 통과하는 유일한 단선 철로로는 소련 시절 1년에 500대 다니던 기차가 이제는 몇 대 안 다닌다. 러시아와의 무역량은 1년에 7만 톤이 채 안 된다. 그중 95%는 러시아로부터 수입하는 양이며, 석탄과 목재가 반을 넘게 차지한다. 헬리콥터 착륙장과 공항을 만든다는 소문이 있었지만, 그나마도 공항은 중국 국경 바로 옆에 만든다는 것이었다. 라선은 지리적·경제적으로 북한의 다른 지역으로부터 멀리 떨어진 변방이며, 함흥으로 가는 동해안 도로 사정이 나빠지면서 중국을 향하게 됐다.

라선의 발전을 가로막는 가장 큰 장벽은 에너지다. 200MW 규모의 선봉(웅기)화력발전소는 현재 문이 닫힌 채 방치되어 있다. 선봉발전소는 제네바 합의에 의해 중유를 공급받았지만, 북한 정부는 한반도에너지개발기구(KEDO)의 경수로 2기가 완성되기를 기다렸다(제7장 참조). 2001년 미국은 북한이 핵무기 개발계획을 속였다고 주장하면서 합의를 파기했다. 그동안 황이 많이 포함된 중유는 저장 과정에서 부식을 일으켜 발전소를 파괴했다. 인근의 정유소도 가동되지 않는다. 최근에는 북한의 전력 상당량을 중국 국경 바로 너머에 있는 훈춘의 발전소에서 공급한다. 하지만 최근의 유엔 제재로 중국과의 이 합의가 계속 지켜질지, 지켜진다고 해도 얼마나 오래 갈지는 매우 불투명하다. 2013년 중국은 지린성의 전력망을 북한에 추가로 연결한다는 계획을 동결했다.

북한은 라선의 시설을 중국 기업과 조직에 일회성 매각이나 장기임대를 하면서 단기 자금을 모으고 있어 라선에서의 계속적인 수익 창출은 불가능해졌다. 처형된 장성택의 죄목은 많지만, 그중에는 라선의 땅을 중국에 팔고 임대했으며 노동력을 '우호적인' 가격에 제공했다는 점도 포함되어 있다.

개성공단과 금강산관광특구, 그리고 약속됐던 관광구역[6]을 제외하면 다른 경제특구들은 대외경제성 산하 국가경제개발위원회가 맡고 있다. 기존의 합작기업투자위원회도 국가경제개발위원회에 통합됐다. 현재 경제특구는 모두 25개다. 3개는 당 산하, 21개는 국가경제개발위원회 산하, 은정첨단기술특구는 과학원 산하다. 라선경제특구를 포함한 3개 특구는 '포로' 인구를 가진 지리기반 모델을 따르고 있다. 중국 단둥과 맞닿은 경제특구 후보였던 황금평-위화도 특구(44km²), 신의주 특구(40km²)는 기껏해야 고르지 못한 개발의 표지였을 뿐이다.

은정특구를 포함한 나머지 19개 경제특구는 2013년 11월과 2014년 6월 두 그룹으로 나뉘어 발표됐다.[7] '제3의 길'을 나타낸다고 할 수 있는 이 특구들은 면적이 $1.37 \sim 8.1km^2$로 다양하지만 전반적으로 작으며, 첨단기술, 수출처리, 농업, 관광 등 특성 별로 나눠져 있다. 첫 번째 그룹은 수출처리구역으로 남포와 중국 국경 지역의 위원, 원산 외곽의 현동, 함흥/흥남 광역시권 등 몇몇 산업발전구역 내부 또는 근처에 있다. 농업 특구는 북평과 어랑에 있다. 또한 관광구역은 온성(두만강 지역에서 온 중국 여행객 대상)과 신평(마식령스키장에서 멀지 않고 경치가 좋은 곳)에 정해졌다. 청진제철소 근처 지역을 포함하는 경제발전구역도 있다. 백두산 근처 혜산과 만포다. 두 번째 그룹은 6개 구역으로 은정특구와 남포 인근의 추가 확장지역, 해주 근처 '국제녹색시범주', 숙천의 안주탄광 근처, 북한 중부의 곡창지대, 중국인 당일 여행자를 위한 구역인 압록강변의 청수 등이다.

에너지와 광업

경제특별구역 밖에서 광업은 가장 중요한 산업 영역이다. 석탄은 북한의 주요 에너지원이며 앞으로도 당분간 그럴 것이다. 북한산 석탄은 질이 낮아도 산업 연료의 90%, 발전용 연료의 45%, 가정용 연료의 80%를 차지한다.

북한은 엄청난 석탄 매장량을 가지고 있다. 국내에서 사용하고도 상당량을 수출할 정도다. 하지만 탄광 대부분이 낙후되어 있어 재정비가 시급하다. 다른 문제는 석탄 혼합물이다. 철 생산에 필요한 코크스가 충분하지 않다. 새로 정비한 강선제철소가 수입 코크스가 아닌 북한산 코크스를 쓴다는 얘기가 돌면서 무연탄을 대체할 혁신적인 방법을 개발하려는 시도는 여러 차례 있었다. 지금은 아무 이야기도 없다.

북한에서 채굴되는 또 다른 광물에는 인산염과 핸드폰, 전기자동차 등 첨단기술제품 제조에 쓰이는 희토류 광물이 있다. 중국은 희토류 광물 공급의 유사 독점 지위 유지에 민감하며, 2007년 이후 모든 종류의 채굴에 5억 달러 이상 투자했다.

에너지는 계속 심각한 문제로 남아 있다. 농촌 지역에 전기는 하루에 기껏해야 서너 시간밖에는 안 들어온다. 원산에서는 도시의 주요 가로등을 외국인 방문객을 위해서만 켠다. 평양의 지하철역도 그렇다. 하지만 평양의 고층빌딩 지역은 늦은 밤에도 조명을 켜 두며 정전도 거의 없다. 2018년 2월 경제제재 때문에 대동강 이남 평양 남부에서 전기 공급이 하루 1~2시간으로 제한됐

토킹 투 노스 코리아

다는 보도가 나온 적이 있기는 하다.

북한은 재생에너지로 눈을 돌렸다. 태양광 패널은 새로 집을 지을 때 기본으로 들어가며 오래된 아파트에 사는 사람들이 많이 구입하고 있다(평양의 고층빌딩 거주자들은 유의해야 한다. 그전에 지은 10~12층짜리 건물은 전기가 없어도 대충 비슷한 기능을 하지만, 새로 지은 70층짜리 건물은 정전이 되면 수직 감옥으로 변할 것이다). 20만 MW급 수력발전소가 희천에서 가동됐다. 대외경제성은 태양광, 풍력, 지열, 수력발전 계획을 자랑스럽게 밝히고 있다. 이 새로운 조합은 대부분 '소프트하고' 규모가 작은 재생에너지다. 군산복합체를 계속 굴러가게 하는 데 이용하기는 어렵다. 대규모 투자 없이는 재생에너지로 경제 현대화와 성장에 필요한 에너지의 양도 질도 맞추지 못한다. 가장 현실적인 선택은 탄광을 가동해 석탄 생산을 대규모로 늘리거나, 모든 정치 문제와 안전 우려를 무릅쓰고 민간용 핵에너지로 되돌아가는 것이다.

또 다른 가능성은 엄청난 잠재력을 가진 조력발전을 이용하는 것이다. 2010년쯤에 영국 세번강 하구에서 조력발전을 연구하던 영국 엔지니어들이 평양에 초대되어 조력발전 가능성을 논의하기도 했다. 이런 움직임이 북한의 마초 기질과 어울리지는 않지만, 북한은 전통적인 에너지와 재생에너지 양면에서 핵 비확산뿐만 아니라 기후 변화에도 신경을 쓰고 있는 것일 수도 있다. 핵에너지를 민간용으로만 쓰는 것은 북한의 최소 요구사항일 수 있다. 조선민주주의인민공화국이 자력으로 핵무기 기술을 개발했음을 고려하면 이제 핵확산 문제는 논의 대상이 아니다. 에너지

협상이 끝난 후보다는 지금 확산에 참여해야 훨씬 더 좋은 입지를 확보할 수 있다.

북한의 잠재적 석유와 가스 자원이 어느 정도인지 추측하기 어렵다. 탄화수소층이 가까운 바다, 특히 서해 바다 밑은 가능성이 있다. 자원을 찾아 서해 앞바다를 탐사하려던 시도는 모두 중국에 의해 좌절됐다. 중국과 북한의 관계는 거의 논의가 되지 않지만, 해상 경계를 둘러싼 분쟁이 있다는 사실은 때때로 중국인 '해적'을 체포하는 과정에서 아주 모호하게 드러나곤 한다.

농업, 영양상태, 산업

식량농업기구에 따르면, 북한의 농업 부문에서 일하는 사람은 전체 노동 인구의 3분의 1이 안 되지만, 조선인민군이 의무적으로 씨뿌리기와 수확을 도와준다는 점을 고려하면 실제 농업 인구는 그보다 훨씬 많다. 열악한 지리, 기후, 물자수급과 부족한 농지, 빈번한 홍수와 가뭄 그리고 비료, 종자, 농업용 기계, 장비, 연료, 에너지 부족에도 불구하고 1990년대 초반 이래 농업 생산은 GNP의 25%를 차지하고 있다. 간석지 개간으로 경작 가능한 농지를 늘리려는 노력이 이뤄졌지만, 간석지는 1990년대 중반 육지 깊숙한 곳까지 들어와 논밭을 수십 년 동안 못쓰게 만든 폭풍으로 완전히 물속에 잠겼다. 보도에 따르면 함흥과 남포에 비료공장이 (재)건설돼 연간 130만 톤까지 비료 생산이 늘어나긴 했다.

여전히 북한은 비료를 수입해야 하지만, 비료 원조 요청에 대한 반응은 미미하다.

2012년 말 세계식량계획은 북한 사람 약 1600만 명(인구의 3분의 2)이 여전히 중앙배급체계에 식량을 의존하고 있다고 추산했다. 1990년대 초반 이래 식량 배급량은 일인당 곡물 최소 573g이라는 기준에 훨씬 못 미쳐왔으며, 2005년 시장에서 쌀 판매가 금지됐는데 2011년에는 250g에 가깝게 떨어졌다. 이 최소 배급량이 조금이라도 늘어나는 때는 몇 안 되는 기념일들이다. 지도자의 생일, 조국해방전쟁 승전일이다. 공식 최소 배급량을 간신히 받았어도 힘들긴 마찬가지다. 배급이 완전히 곡물로만 되어 있어 건강에 필수적인 미세 영양분을 섭취할 수 없기 때문이다. 북한이 자랑하는 의사담당구역제 등 의료시스템 통계를 사용해 유니세프는 15~49세 여성 4명 중 1명이 영양실조를 앓고 있으며 5세 미만 어린이의 32%가 성장지체 현상을 겪고 있다고 추산했다. 게다가 이 어린이들의 19%는 저체중, 5%는 체력이 떨어지고 있었다. 지역 간 불평등 심화로 도시가 아닌 주변 지역에서는 상황이 더 악화되고 있다.

자급이 가능할 정도는 아니지만 2002년 이후 생산성이 오르고 수확량이 늘어났다. 자급을 하려면 매년 최고의 해가 되어도 모자랐다. 그 간극을 채우기 위해 북한은 조금씩 꾸준히 원조를 받았다. 주로 세계식량계획과 유럽연합으로부터였다. 이 식량 원조 덕에 1990년대 후반의 끔직한 상황으로 돌아가지 않아도 됐지만, 기아가 배고픔으로 바뀐 것뿐이었다.

그림 22. 평양의 초밥 식당.

2012년 7월 김정은은 '6.28 방침'을 발표했다. 협동농장의 분조 규모를 반으로 줄여 가족 단위로 만들고 농장원이 생산량의 70%를 가질 수 있도록 한 조치였다. 김정일은 시장이 부상함에 따라 중앙배급체계를 최후의 의존 수단으로 만들면서 효과적으로 농업을 탈집단화했다. 이 개혁으로 곡물 생산은 2005년 400만 톤에서 2010년 450만 톤으로, 2013년에는 약 480만 톤으로 10~15% 늘어났다.[8]

평양과 그 주변 지역에서는 갈수록 늘어나는 평양 소비자들의 수요를 만족시키기 위해 생산을 다양화하려는 시도가 이뤄지고 있다. 인민보안성은 엄청난 규모의 사과 농장인 대동강과일종합가공공장을 설립했다. 논이었던 땅에 공장을 세워 평양 시민에게 말린 과일, 사과 주스, 사이다를 공급한다는 의도다. 이 공장은 평양의 고급 식당에 납품할 황소개구리와 늑대거북을 키우고 있으며, 평양 근교 봉수수경농장은 시금치, 토마토, 오이, 딸기를 재배하고 있다. 한편, 세계에서 3번째로 큰 타조 농장도 평양에 고기를 공급한다.

평양 밖에서는 식량 배급의 접근성 문제와 유통 문제가 늘어나고 있다. 과거에 중앙배급체계는 입수 가능한 곡물만 배급했다. 최상층을 제외하고는 모두가 똑같이 비참했다는 뜻이다. 현재 입수 가능성은 충분하지 않다. 접근 가능성은 재정 자원에 의해 점점 더 많이 좌우되고 있다. 한편, 북동부의 '러스트 벨트'에서는 교통기반시설이 노화하고 이 지역 도시들의 경제 견인력이 약해지면서 굶주리는 사람이 다시 나타나고 있다.

농업 개혁과 달리 2003년의 산업 개혁은 실패했다. 생산 수단은 노후화됐고 정비도 거의 이뤄지지 않았다. 관리자들은 현대 경제가 돌아가는 방식을 교육받지 못했다. 경공업으로 전환하려는 시도가 수 년 간 이뤄졌지만, 군과 석탄, 철, 시멘트 산업과의 뿌리 깊은 유착으로 인해 좌절됐다. 2003년 산업의 95%는 경제 계획에서 벗어났고 기업들은 생산 공정과 제품을 선택하고 고용과 해고를 마음대로 할 수 있게 됐다. 하지만 에너지와 원자재가 없는 상태에서 이런 조치는 고용보다 해고를 촉진시키는 결과를 낳았다. 북한 경제를 화폐 경제로 만든 재정 개혁은 인플레이션을 초래했고, 국내 생산이 없는 상태에서 수입을 촉진했다. 통일 시장의 상품들은 생필품 외에는 중국산이거나 중국을 통해 들어온 것들이다.

2014년 5월 30일에 발표한 산업 개혁은 이보다는 성공적이었다. 관리자들이 부품과 원자재를 시장에서 살 수 있게 하고, 관리자들이 노동자의 임금 책정에 상당한 자율권을 가지도록 허용함에 따라 성공한 기업들은 수익이 급상승했고 기술을 가진 노동자

그림 23. 평양 공장의 기계 기술자. 2012년

수요도 크게 늘었다.

　북한은 노동력 부족에 시달리고 있다. 경제를 띄우려면 새로운 노동자가 필요하다. 중국과 달리 북한에는 노동 예비군이 없다. 2009년 5월 150일 간의 '속도전'이 시작됐고 다시 100일이 연장됐다. 특히 석탄, 철, 철도 부문에서 '자발적으로' 더 오래, 더 열심히 일해 생산성을 높이기 위한 것이었다. 하지만 이렇게 해서 얻은 이익은 매우 적고 그나마도 일시적이었다. 도로에서 빗자루질을 하는 수백 명의 여성이나 몇 달, 몇 년이 지나도 기차가 거의 다니지 않는 철로에 깔린 자갈을 교체하는 수천 명의 남자, 여자, 아이들에게 경제적 목적의식이 있을 리 없다. 장시간 노동으로는 기술을 대체할 수 없다. 북한은 시골을 도시로 만들고 있는 개발도상국보다는 실패한 산업국가에 가깝다.

★

제6장

북한의 일상생활

경제 변화에도 불구하고 북한은 여전히 통제국가다. 북한을 폭넓게 경험한 북한 전문가 안드레이 란코프는 병진노선의 숨겨진 세 번째 요소를 발견했다고 주장한다. '매우 엄격한 국내 감시·통제 시스템의 유지'다. 란코프의 주장에 따르면 김정은은 북한을 베트남 스타일의 '개발독재국가'로 전환하는 중이다.

북한 경제의 발전 여부와 그 방법은 아직 미해결 과제지만, 정치체제만큼은 요지부동이다. 적어도 김정은에 관해서는 그렇다. 북한 사람 거의 모두에게는 '외부'의 준거 틀이 없다. 북한과 남한은 거의 70년 동안 따로 살았으며, 보통의 북한 사람은 북한 외부의 사람 또는 사물을 직접 접한 적이 없다. 인트라넷(북한의 폐쇄형 인터넷. 외국 사이트에는 접속할 수 없으며 국내 자료만 볼 수 있다.) 접근, 국내·외여행, (축구 스코어를 포함한) 뉴스 접근이 아직도 엄격하게 제한된다. 2008년 3월 북한은 남한과 월드컵 예선전이 예정되어 있었다. 이 역사적 대결을 보기 위해 나는 동료들과 함께 평양에 갔다. 북한 정부는 남한의 태극기와 애국가 사용금지를 고집했다. 결국 경기 장소는 막판에 평양에서 상하이로 옮겨졌다. 평양에서 우리는 TV로라도 경기를 볼 수 있으리라고 생각했다. TV 생중계는 없었다. 심지어 0대 0으로 끝난 경기 결과도 3일이 지나서야 소개됐다.

하지만 이런 시스템에 균열이 나타나고 있다. 북한은 전제국가다. 특별히 허락되지 않았으면 금지다. 따라서 '모든 사람'이 법을 어긴다. 경찰도 마찬가지다. 북한의 한 정치국 위원이 내게 몰래 털어놓은 얘기가 있다. 당의 상층부는 경찰이 '우리가 고용한 사람보다 더 많은 수의 범죄자를 체포해야 한다'는 런던 광역경찰청 청장 로버트 마크 경과 비슷한 생각을 한다는 것이다.[1]

닫힌 문 뒤에서는 혁명이 진행되고 있다. 그 주동세력은 1990년대 말 기근 이후 성인이 된 '장마당' 세대다.[2] 장마당의 뜻은 '시장의 마당'으로 암시장을 칭한다. 장마당에는 중국 제품이 밀려들고 있다. DVD 플레이어 가격이 폭락하면서 남한의 드라마, K팝 DVD도 들어오고 있다. 계층에 상관없이 평양의 젊은 세대는 동아시아를 휩쓸고 있는 한류에 빠져 있다. 중국 영화, 미국 영화, 스파이 드라마 〈에이전트 오브 쉴드〉 같은 박스 세트는 장마당에 나오는 즉시 팔린다. 평양의 젊은이들에게 남한의 최신 유행을 따라가지 못하는 것은 소외된다는 것과 같은 뜻이다.

교통

평양에 거주 허가를 받은 사람은 300만 명이 조금 넘는다. 검문소에서는 평양으로 들어오는 사람을 통제한다. 물론 돈과 차가 있는 사람에게 검문은 장벽이 되지 않는다. 평양 안에는 폐쇄구역이 있다. 당과 군의 고위간부들이 살고 일하는 곳으로 보통 사람의 출입이 엄격하게 통제된다. 다차선 고속도로들이 평양에서 밖으로 뻗어있지만, 차를 몰고 다니는 사람은 아주 일부에 불과하다. 이들은 평양의 위성도시 거주를 선택한 부자들이다. 평성 같은 곳인데, 이런 위성도시는 다른 사람들의 눈에 띄지 않게 살면서도 저녁 파티나 유흥을 위해 평양에 가기에도 그리 멀지 않은 위치에 있다. 가장 최근에 생긴 고속도로는 1998년 10차선으로 건설됐으며 평양의 항구도시인 남포까지 46km에 걸쳐 소수의 자동차와 트럭을 실어 나르고 있다.

평양 남자들은 자전거를 타고 출퇴근한다. 자전거마다 등록판이 붙어 있으며 이 등록판은 매년 갱신해야 한다. 20년 전 여자가 자전거를 타면 교통 위험이 된다는 김정일의 지도 이후로 여자들이 자전거를 타는 일은 적어졌다. 자전거를 탄 여자들이 계속해서 교통사고를 일으킨 후의 일로 보인다(그래도 여자들은 버스를 운전하고 교통 통제를 맡기도 한다). 공식적인 제한은 폐지됐지만, 적어도 평양에서는 아직 금기시되고 있다.

트램(노면전차)과 트롤리버스는 전기가 끊어지지 않으면 제 기능을 한다. 차량 내부는 겨울에는 얼 듯이 춥고 여름에는 찔 듯이

토킹 투 노스 코리아

그림 24. 시외에서 자전거 타기

덥다. 평양 사람들은 주로 지하철을 탄다. 도시를 가로지르는 혁신선과 천리마선에서는 그리 혼잡하지 않은 동독제 중고열차가 차분하게 터널을 느릿느릿 오간다. 지하 깊이 자리 잡은 지하철역은 공산주의 국가에서 특별한 성당 역할을 한다. 공습이나 핵 공격을 받으면 평양 사람들은 방독면을 쓰고 지하철역으로 달려들어가 거대한 방폭문 뒤에 숨을 것이다. 플랫폼에는 대리석을 깔았고 벽에는 연기가 나는 공장, 풍성한 곡식, 여성과 아이들 사이에서 노동자들을 이끄는 위대한 지도자 김일성의 모습이 그려져 있다. 쩌렁쩌렁 군가가 울리는 지하철역의 이름은 사람의 마음을 고양시킨다. 붉은별, 전우, 광복, 개선 같은 이름이다. 동물원 근처의 종착역 이름은 '락원'이다. 이와 대조적으로 전국 규모의 교통망은 제한적이다. 지역 간 이동을 하려면 얻기 힘든 허가증이 있어야 해서 수요가 거의 없다. 전철화된 긴 철도망이 있지만, 평양과 베이징을 연결하는 국제열차 노선을 제외하고는 거의 활성화되어 있지 않다.

한 나라의 수도 대부분이 그렇듯이 평양에서도 주거공간은 확보하기 어렵다. 입주 대기 순번에도 정치 성분이 필요하다. 당과 군의 엘리트층은 출입 통제가 되는 비교적 넓은 아파트에 산다. 김정은의 권력 장악 이후 건설 붐이 계속되고 있다. 미래과학자

그림 25. 려명거리신도시에서 립스틱 쇼핑을 하는 여성들. 평양, 2017년.

토킹 투 노스 코리아

거리는 김책공업종합대학의 교수진과 직원용으로 대동강 근처에 2015년 조성됐다.[3] 김일성종합대학 교수진은 이듬해 조성된 려명거리신도시에 2017년 입주했다. 성공한 운동선수들도 그들만의 공동체에 모여 산다. 평양 남쪽에 주소가 있으면 부끄러운 일로 여겨진다.

그래도 평양의 기준은 다른 지역과 시골보다 훨씬 높다. 평양에서는 찔끔찔끔 하지만 수도꼭지에서 물이 나온다. 전기도 거의 다 들어온다. 과거에는 아파트 임대료를 명목상 아주 조금만 냈지만, 2002년 임금 개혁 이후로 상황이 바뀌었다. 현재는 임대료가 수입의 적지 않은 부분을 차지하고 있다. 보통 높고 새로 지었고 도시 중심에서 가까운 아파트가 더 좋고 비싸다. 국제적으로 통용되는 달러나 유로가 있으면 확실히 집을 구할 수 있다. 교육에서 건강, 고용, 주거공간까지 모든 것은 계급과 지위에 기초한다. 그리고 기근 기간 동안 계급과 지위의 차이는 삶과 죽음의 차이를 의미했다.

국민의 사상을 결정하는 교육

조선로동당은 1949년 북한과 남한의 로동당이 합쳐져서 생긴 당이며(제2장 참조), 남한에서는 불법단체다. 조선로동당은 조국통일민주주의전선의 지배적 정당으로 북한을 통치하고 있으며 조선사회민주당과 천도교청우당도 조국통일민주주의전선 소속이다. 1988년 기준으로 조선로동당의 당원 수는 300만 명이며 그 후로도 큰 변화는 없어 보인다. '핵심'계층에 속한 거의 모든 성인이 당원이지만, '당에 속한 존재'는 '당의 존재'와 같지 않다. 오늘날 중국과 베트남을 포함한 모든 공산국가가 그렇듯이 결정권은 내각이 아니라 당이 가지고 있다. 지도자 개인이 가진 것이 아니다. 김정일은 집권하는 동안 당 지도부를 약화했고, 2008년이 되자 중앙위원회 위원 상당수는 사망하거나 노망이 들었다. 당이 다시 제자리로 돌아오고 있다는 조짐이 나타난 것은 이때쯤이다. 〈로동신문〉에는 수만 명이 당 기념관을 방문하고 있다는 기사가 실리기 시작했다. 방문객의 물결은 다 허구였다. 당시 내가 그곳에 있어서 안다. 하지만 그랬기 때문에 평양 주민들은 오히려 기사가 전달하려는 바를 더 확실하게 알 수 있었다.

2010년 9월에 김정은은 조선로동당 제3차 대표자회를 소집하겠다고 발표하면서 뒤늦게 승계를 확실히 했다. 대표자회 소집은 44년 만의 일이었다. 제1차 대표자회는 1958년, 제2차는 1966년이었다. 제3차 대표자회는 중앙위원회부터 정치국까지 당을 일신하고 김정은의 후계자 지위를 확립했다. 이 회의는 나이와 경험을 중시하는 유교사회에서 젊고 경험 없는 김정은에게 믿을 수 있는 기관을 통해 나라가 안심할 수 있는 사람의 손에 있다고 말할 기회를 줬다.

교육은 북한 사회와 문화에서 중심적인 역할을 한다. 북한의 교육제도는 중국과 일본의 교육제도와 많은 면에서 닮았다. 문맹률은 0에 가깝다. 초반에 암기식 학습에 너무 집중하긴 하지만,

과학과 기술, 언어의 교육 수준은 서양 기준으로 볼 때 평균 이상
이다. 하지만 사회 과목들은 서양과 차이가 있다. 김 씨 왕조와 주
체사상에 너무 많은 비중을 둔다. 북한 정권은 집단적 사고를 키
우고 장려하기 위해 교육을 이용한다.

국가는 4세부터 15세까지 11년 동안 전 국민을 대상으로 의무
교육을 제공한다. 유치원 교육 1년도 여기에 포함된다. 엄마가 일

그림 26. 최근에 완공된, 원자 모양을 한 평양의 과학기술전당. 멀리 화력발전소가 보인다.

하러 갈 수 있도록 아이들은 대부분 생후 3~4개월부터 4세까지 탁아소에 맡겨진다. 고아들(그리고 기근 때 버려진 아이들)은 국가가 운영하는 육아원과 애육원에서 양육된다. 열악한 곳도 있고 적절한 곳도 있다. 하지만 이 시설에 맡겨지면 가족사가 깨끗하게 세탁되기는 한다.

당의 엘리트들은 자기들만의 학교를 다닌다. 김정일이 다닌 만경대혁명학원은 혁명유가족의 자녀를 위해 1947년 설립됐지만, 현재는 당과 군의 고위간부 자녀들만을 위한 학교가 됐다. 이 기숙학교를 졸업하면 바로 김일성고급당학교에 진학할 수 있다. 소련의 고급당학교나 중국공산당 중앙당교처럼 당 간부에게 사상교육과 재교육을 제공하는 학교다. 대학(김일성종합대학이 선호된다.)을 졸업한 후 '최고'들은 바로 나라 경영에 참여한다. 반면, 소학교를 졸업한 평범한 학생들은 일반적인 초급중학교나 음악, 미술, 외국어, 컴퓨터 등을 가르치는 전문학교에 진학한다.

교과과정은 학과목과 정치를 합친 과정이다. 언어, 수학, 체육, 미술, 음악 과목과 김 씨 일가의 생애와 생각을 같이 가르친다. 특히 초반부에는 김 씨 일가와 관련된 과목이 대부분을 이룬다. 처음부터 김 씨 왕조는 중심무대에 있다. 김일성의 생가 모형을 교실 한가운데 설치한 유치원 교실에 가본 적이 있다. 백두산 모형을 종이로 만들어 교실 전체를 채운 소학교도 있었다. 아이들은 그 모형 주위에 나란히 앉아 빨치산 투쟁의 교훈을 듣는다.

모든 집에서처럼 모든 교실에는 위대한 지도자 김일성과 경애하는 지도자 김정일의 초상이 나란히 걸려 있다. 벽은 혁명 포스터와 벽화로 장식되어 있다. 저학년 교실에는 만화에 나오는 동물들이 그려져 있지만, 학년이 올라가면서 전투 장면을 묘사한 그림으로 바뀐다. 집단지도가 기본이며, 동일한 교복을 입은 학생 개개인은 민속음악, 전통음악, 단체체조나 율동을 통해 동일한 표현을 한다. 소니아 량의 《일본의 북한인들》을 읽어보면 이 단체활동의 의미를 이해할 수 있다.[4] 일본에서 자신들을 '한국의 재외국민'으로 생각하는 가족에서 태어난 소니아 량은 북한의 교과과정과 교과서를 사용하는 조총련계 학교를 다녔다.

역사는 김일성 부자의 생애를 통해 가르친다. 도덕과 사회 과목은 '어버이 김일성 수령의 어린 시절' 또는 '위대한 지도자 김일성 동지의 혁명 활동'이라는 제목으로 가르친다. 수학 시간도 예외가 아니다. 수학 교과서의 문제는 '조선인민군 병사 3명이 미군 30명을 죽였다. 인민군 병사들이 모두 같은 수의 적군을 죽였다면 한 명당 몇 명의 미군을 죽였는가?'와 같은 것들이다. 글쓰기 교재는 김일성의 어록과 경구로 채워져 있다.

언어는 통제되고 언어 사용은 제재를 받는다. 북한 말과 남한 말은 차이가 심하지만, 서로 의사소통이 안 될 정도는 아니다. 남한 사람에게는 북한 사람들이 정치색이 강한 단어들, 남한에서는 이제 쓰지 않는 말들, 심지어 남한에서 금지된 말들을 쓰면 어색할 수 있다. 혁명, 사상, 동지, 자아비판, 위대한, 경애하는 지도자, 반동 같은 말들이 그렇다. 마오쩌둥 시대의 정치적 용어와 현재 중국어 사이에 격차가 존재하는 것과 비슷하다.

북한에서 고등교육기관에 다니려면 마을, 군, 도 당위원회의 승인을 받아야 한다. 이 학생들은 보통 '핵심'계층 출신이지만, 고아나 버려진 아이들도 일부 섞여 있다. '동요'계층부터는 아주 예외적인 경우에만 고등교육이 허용된다. 고등교육기관에는 종합대학, 사범대학교원대학, 고등기술대학, 의학대학, 이공대학, 예체능대학, 언어전문대학, 군사대학과 군관학교 등이 있다. 종합대학과 단과대학은 모두 280개 정도며 고등기술학교와 특수교육기관은 570개가 넘는다. 북한의 최고 대학은 김일성종합대학이다. 학생수는 1만2000명 정도며 중국, 몽골, 베트남 학생이 아주 소수 다니고 있다. 남한에서 대학을 다닐 만큼의 경제적 능력이 없는 중국인에게 김일성종합대학은 적은 비용으로 한국어를 배울 수 있는 곳이다. 등록금과 기숙사 비용을 합쳐도 1년에 5000달러면 충분하다.

공식적인 학교 수업 외에 과외활동을 통한 '사회교육'도 진행된다. 평양을 포함한 곳곳에는 체육관과 극장을 갖춘 '소년궁전'이 있다. 소년궁전에서는 컴퓨터, 서예, 서커스, 음악, 과학, 스포츠, 특히 북한식 태권도를 배울 수 있다. 만경대학생소년궁전과 평양학생소년궁전에서 진행되는 치열한 수업은 외국인 관광객도 참관할 수 있다. 주말이면 김일성광장이나 대동강변에서 기념행사나 축하행사, 매스게임을 연습하는 어린이들을 볼 수 있다. 조선소년단과 조선사회주의로동청년동맹은 농산물 수확과 건설공사에 청소년을 투입해 노동체험을 진행한다.

그림 27. 조선인민군 해군 병사들이 매스게임을 펼쳐 보이고 있다. 2011년.

국민에 대한 통제

서양의 시각에서 북한은 닫혀 있고 고립되어 있으며 엄격하게 통제되는 나라다. 이런 의미에서 북한과 비슷한 나라는 투르크메니스탄, 사우디아라비아, 에리트레아 정도 밖에는 없다. 매일 간추린 뉴스를 받아보는 당과 군의 최고위층을 제외하고는 아무도 정권의 선전 외에 다른 정보를 공식적으로 얻을 수 없다. 미디어와 인트라넷을 정부가 통제하기 때문이다. 정부가 승인한 책만 읽을 수 있다. 국내여행이나 해외여행을 하려면 허가증이 있어야 한다. 특이하게도 이에 대한 반발 움직임도 없다.

가장 큰 신문은 조선로동당 기관지인 〈로동신문〉이다. 북한판 〈프라우다〉나 〈인민일보〉라고 할 수 있다. 〈로동신문〉의 사설은 당 최고위층의 사고를 반영하며 지도자의 메시지를 보강하는 역할을 한다. 2012년까지 이 신문의 사설은 당의 정론 잡지 〈근로자〉와 공동으로 그해 당의 정책을 알리는 역할을 해왔다. 2013년에는 김정은의 신년사가 같은 목적으로 사설 자리에 실렸다. 신문과 TV 보도는 주로 지도자의 방문 활동과 '현지' 지도 내용, 북한의 경제적 성취, 스포츠를 비롯한 다양한 부문에서의 성공 사례 등에 관한 홍보로 채워진다. 인간적 관심을 끄는 기사, 정보를 주거나 가슴을 따뜻하게 하는 기사, 영웅적 행동을 한 사람에 관한 기사도 있다. 국제 기사는 미국과 일본의 대외정책에 대한 비난이 주를 이루는 반면, 남한에 관한 기사는 대통령에 누구인지에 따라 톤이 달라진다. 자본주의의 해악을 다루거나 중국의 경제적 성공을 다루기도 하며, 특히 외국 인사들의 방문 관련 기사가 많다. 〈로동신문〉은 판매하는 신문이 아니다. 공원, 지하철역, 광장, 일터에 뿌려 지나가는 사람이나 통근하는 사람들이 읽을 수 있게 한다.

북한의 통신사는 조선중앙통신사가 유일하다. 매일 영어, 러시아어, 프랑스어, 스페인어로 뉴스를 배포한다. 월간지로는 영어, 스페인어, 프랑스어, 러시아어, 중국어로 발행되는 〈오늘의조선〉과 〈조선〉이 있다. 주간지로는 〈평양시보〉와 화려한 화보가 들어가는 〈조선화보〉가 있다. 평양에 지국을 둔 유일한 외국 통신사는 AP TV 네트워크다. 북한의 '저널리스트'들이 직원으로 일하며 북한 정부의 행사 일정에 따라 영상을 제공한다. 속보 때문에 곤란해질 위험은 거의 없다.

TV 방송국은 3개가 있다. 조선중앙방송은 매일 방송을 내보내고 개성텔레비전방송과 만수대텔레비죤은 주말에만 방송한다. 외국 정치 파견단이 머무는 고려호텔에서는 한때 BBC월드와 CNN을 시청할 수 있었지만, 현재는 알자지라 영어 방송, 러시아투데이, TV5 르몽드, 중국중앙텔레비전만 시청이 가능하다.

라디오는 11개의 AM·FM 채널이 있다. 제일 큰 채널 2개는 조선의 소리 방송과 조선중앙라디오다. 라디오 뉴스는 중국어, 러시아어, 일본어, 영어, 프랑스어, 독일어, 스페인어, 아랍어로 해외송출된다. 해외 뉴스는 예상 가능한 스토리라인을 따른다. 사악한 미국이나 사과하지 않는 일본과 대비되는 북한의 위대함, 김 씨 일가의 혜안과 선견지명에 관한 내용이다. (일본어 방송 청취자 수를 제외한) 청취자 수를 영국의 주체사상연구소조가 조작한다는 의심을 받고 있기도 하다. 남한 등에서 적대적 의도를 가지고 내보내는 라디오 방송도 20개 정도 있다. 미국의 소리와 BBC 한국어 서비스가 여기에 속한다.[5]

도시 지역 가정 대부분에 있는 라디오와 TV로는 국내방송만 수신할 수 있다. 하지만 DVD 플레이어와 USB를 이용하면 남한 드라마를 불법으로 볼 수 있다. TV의 하루 방송은 뉴스, 영화, 다큐멘터리, 드라마, (지금은 유명해진 모란봉악단이 연주하는) '대중' 음악, 스탠드업 코미디로 구성된다. 스탠드업 코미디는 중국 만담에서 많은 부분을 따 왔다. 만담은 오래된 형식의 코미디로 현재는 정치색이 없어졌지만, 여전히 널리 인기를 끄는 장르다. 영국 걸그룹 스파이스걸스의 북한판이라고 소개되는 모란봉악단은 미니

스커트를 입고 하이힐을 신은 젊은 여성들로 구성됐지만, 전통 방식으로 훈련받은 것이 분명한 뮤지션들이다. 주요 레퍼토리로는 '배우자', '무장으로 받들자 우리의 최고사령', '단숨에' 등이 있다.

서양의 '팝'을 들으려면 인민대학습당에 가야 한다. 비틀즈나 슬로베니아의 전위음악 밴드 라이바흐의 음악을 들을 수 있다. 재즈는 금지된 듯하다. 1964년 김일성은 특정 형태의 음악만 작곡하도록 지시하면서 재즈는 인정하지 않았다. 김일성은 "과거에도 그랬지만 미래에도 우리는 재즈의 침투를 절대 허용해선 안 된다."면서 "재즈는 젊은이를 타락시키고 무력화하며 젊은이의 혁명 의식을 무디게 만든다."고 말했다. 나치가 할 법한 말이다.[6]

가정집, 공장, 회사, 공공장소 어디에나 있는 라디오에서는 군가, 선전가요, 전통음악이 뉴스와 번갈아서 계속 나온다. 모든 라디오에는 등록번호가 매겨져 있으며 조작 여부가 조사된다. 그래도 난민과 이주민 대부분은 남한 방송을 들은 적이 있다고 한다. 이유는 매우 다르겠지만 젊은 당원들이 남한의 대중음악에 깊은 지식을 가지고 있다는 사실도 그들이 남한 방송을 듣는다는 추측을 가능케 한다. 라디오와 DVD 플레이어가 중국에서 싼 값에 점점 더 많이 수입되면서 통제는 빠르게 약화되고 있다. 2010년쯤 북한은 어쩔 수 없이 상황을 인정하고 자체 DVD 플레이어를 만들기 시작했다. 국내용 인트라넷은 2001년부터 가동되고 있다. '핵심계층'만 이 인트라넷에 접속할 수 있지만, 변화의 바람은 바로 그곳에서 불어올 것이다.

21세기에 접어들자 컴퓨터 혁명이 북한을 강타했다. 〈로동신문〉은 공장, 사무실, 학교에 새 컴퓨터가 들어오고 있으며 특화된 IT 교육센터가 연이어 설립될 예정이라고 보도했다. 1990년대에 설립된 조선콤퓨터중심은 소프트웨어의 시험, 등록, 배포를 관리감독한다. 북한은 공격과 방어 양면에서 사이버 전쟁 경쟁에도 뛰어들었다. 북한은 미국이 이란의 우라늄 농축 계획 해킹에 성공한 사실을 놓치지 않았다. 연이은 북한의 미사일 시험 실패도 미국의 해킹 때문이라는 의심을 거두지 않았다. 적어도 지금은 이런 위험이 사라진 것 같다. 평양을 비롯한 다른 몇몇 도시와 연구개발센터 근처에 사는 사람들은 컴퓨터와 모뎀까지는 아니어도 하루에 두세 시간 이상 전기를 공급받는 행운을 누리고 있다.

북한의 이메일 서비스는 정부, 당, 국영기업에 한정되어 있다. 북한의 인트라넷 도메인명인 '.kp'는 3년이나 걸려 ICANN(국제인터넷주소관리기구)으로부터 확보했다. 오래 걸린 이유는 충분한 정보를 제공하지 못했기 때문일 것이다. 정치적 요인이 작용했다고 말하는 사람도 있다. ICANN은 영국의 인도양 영토의 도메인명 '.io'를 영국이 이 영토의 전체 인구를 다 추방하고 10년이 지나서야 승인했다. 이 경우에 정확하게 누가 충분한 정보를 제공했는지는 확실하지 않다. 이메일 주소는 고위관리의 명함에서나 드물게 보이는 정도며 보통은 조직이나 부서에만 주어진다. 명함에는 이름, 직위, 전화번호, 팩스번호 정도만 있으며 드물게 회사 주소가 들어가는 경우도 있다. 대사관 직원이나 자주 해외여행을 하는 사람은 대부분 G메일을 사용한다.

국민의 건강

경제가 붕괴되기 전까지 북한은 광범위한 공중보건체계를 자랑했다. 병원, 의원, 약국으로 구성된 제도적 구조는 유지되고 있지만, 문제는 이런 시설에 의약품, 의료장비, 난방, 깨끗한 물, 위생 등 기본 요소들이 갖춰져 있지 않았다는 데 있다. 대부분의 의약품은 달러나 유로를 받는 곳이나 외국 NGO에서만 구할 수 있다. 북한 최대의 산부인과 병원인 평양산원은 1500병상을 가진 '시범'병원으로 화려하게 문을 열었지만, 현재는 엑스레이 기계에 사용할 필름도, 마취가스도 없다. 앰뷸런스와 경막외 마취제도 거의 없다.

그나마 있는 자원도 세쌍둥이 출산에 집중된다. 북한 민속전통에서 세쌍둥이는 특별한 위치를 차지하기 때문이다. 엘리트층과 부유층을 위한 특별 시설은 있다. 2017년 문을 연 안과병원에는 VIP층과 고급 선글라스 테를 파는 상점이 있을 정도다. 최고위층은 외국에서 의료서비스를 받을 수 있지만, 장소는 취리히나 파리가 아니라 보통 모스크바다.

이런 예를 제외하면 의료서비스는 기초 수준에 머물러 있다. 이 문제에 관해서는 실제로 보기도 했고 경험도 했다. 눈으로 본 것은 기근 기간인 1998년 희천아동병원에서였다(제2장 참조). 개인

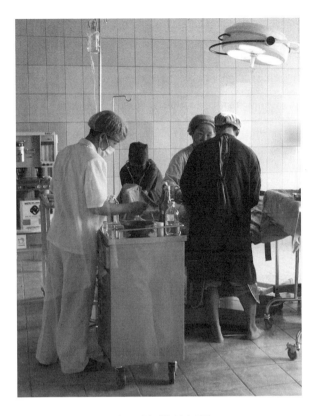
그림 28. 평양 병원의 수술 장면.

적인 경험은 그로부터 15년 후 당시 16살이던 아들이 함흥도립 병원에 입원했을 때 했다. 함께 북한을 방문했던 아들이 식중독에 걸렸다. 급하게 병원에 실려 간 아들은 매트리스에 아무것도 깔려 있지 않은 삭막한 금속 침대에 눕혀졌다. 밑바닥을 제거한 병을 거꾸로 매달아 만든 정맥주사 장치가 아들에게 연결됐다. 아들이 경련을 시작하자 간호사 3명과 의사 2명이 경련이 멈출 때까지 옆에 앉아 있었다. 5~7시간 동안 차에 태워 아들을 평양에 다시 데려가기로 결정한 뒤 나는 신문지에 싼 흰 알약 하나를 받았다. 그때 병원 사람들의 호의를 생각하면 지금도 너무나 감사한 마음이 든다. 나중에 그 병원을 찾아가서 감사의 말을 전하려고 했지만, 아직까지는 그러지 못했다. 그들의 마음은 고마웠지만, 정작 병원에는 아무것도 없었다. 매일매일 그들이 받아야 하는 스트레스가 어느 정도인지는 상상할 수조차 없다.

이런 부족함 때문에 침술, 부항, 뜸 같은 전통요법이 다시 사용되기 시작했다(물론 그 전에 완전히 사라졌던 것은 아니다).[7] 의약품 부족이 전통요법에 대한 관심을 부활시킨 요인 중 하나라는 주장을 지지해서인지 진단은 서양식이고 치료는 한국식이다. 전통요법 중에는 잘 듣는 것도 있다. 인삼은 대사작용을 활성화하고 정신적·육체적 행복감을 높이며 해독 기능과 면역체계 강화 기능이 있다. 웅담은 간 질환과 내장 질환 치료 기능이 있다. 곰 뼛가루는 류머티즘을 치료하고 평양의 약수는 만성 위염에서 피부염까지 모든 질환 치료에 도움이 된다. 원산에서 남쪽으로 약 50km 떨어진 호수인 시중호 부근에는 피부 질환, 기관지염, 심장 질환을 치료하는 뜨거운 진흙요법을 전문으로 하는 게스트하우스가 있다. 나도 한 번 시도한 적이 있다. 즐거운 경험이었지만 좋은 쪽으로든 나쁜 쪽으로든 별 효과는 없었다.

1970년대에 박멸된 줄 알았던 말라리아도 결핵과 함께 다시 나타났다. 1998년 기후 조건 때문에 중국과 한반도에 말라리아가 제한적으로 발생했다. 중국과 남한에서 발생한 말라리아는 바로 통제됐지만, 살충제나 약품, 장비가 없는 북한에서는 그렇지 않았다. 중국의 한 전문가는 유일하게 이용할 수 있었던 실험실 장비가 1940년대 소련에서 만든 현미경 한 대뿐이었다고 말하기도 했다. 5년 사이에 최대 30만 명의 농장 노동자가 한 번 걸리면 몇 달씩 반복적으로 앓는 재발성 말라리아에 감염됐다. 2016년 현재 말라리아 환자는 5000명을 약간 웃도는 수준이다. 이 숫자는 해마다 줄고 있지만, 박멸되려면 아직 멀었다.[8]

학교에서는 레크리에이션 운동이 필수다. 위생, 보건, 건강한 생활은 교과과정에 포함되어 있다. 하지만 김정은은 지독한 골초며 아동병원을 방문할 때 담배를 피우는 모습이 화면에 잡힌 바 있다. 여자들은 거의 통계가 안 잡히지만, 남자는 거의 모두 담배를 피우는 북한에서도 흡연을 줄이기 위한 운동이 〈근로자〉의 권고로 2010년 시작됐다. 현재는 호텔과 공공건물에 금연구역이 지정되어 있으며 장기 흡연자 일부가 담배를 끊기 시작했다. 외국 언론에서는 이 금연운동조차 북한을 공격하는 구실로 이용됐다. 〈타이베이타임스〉는 '북한에서 흡연자는 대학 못 간다'라는 제목의 기사를 실었다.[9] 하지만 〈로동신문〉에 실린 이 기사의 원문을 보면 유럽의 금연운동과 별 차이가 없음을 알 수 있다.

범죄와 처벌

북한의 인권 상황은 끔찍한 수준이다. 구체적인 숫자가 공표되지는 않았지만, 1년에 수백 명씩 처형됐을 수도 있다는 조짐이 보인다. 정치범은 가족과 함께 수용소에 감금된다. 하지만 1930년대 일본, 1960~70년대 중국처럼[10] 주요 장애물 중 하나는 수용소가 아니라 정권의 속성이다. 수백만 명이 자신의 생각과 스스로 만든 감옥에 갇혀 있다. 대부분 굳은 믿음을 가진 사람들이다. 사회적 통일성은 위협보다는 세뇌와 믿음에 기초한다.

북한에도 음주와 폭행을 통한 단순 절도부터 살인까지 보편적인 범죄들이 존재한다.[11] 북한은 범죄율이 증가한다는 사실을 인정하지 않지만, 정황증거가 이를 뒷받침하고 있다. 시장경제의 부상으로 훔칠 물건도 더 많아졌다. 시장과 함께 폭력 집단과 매춘, 마약과 악덕 사채업자도 등장했다. 이들의 존재가 진보의 신호라면 북한은 정치 분석가들 대부분의 진단보다 훨씬 더 잘하고 있다. 통일시장의 뒤에는 어두운 세력이 늘어나고 있으며, 오래된 아파트 단지에는 보안 목적으로 설치하는 철망이 점점 더 높아지고 있다.

인민보안성과 국가보위성은 내부 안보를 맡고 있는 기관이다. 인민보안성은 일반적인 경찰 업무와 사회 통제를, 국가보위성은 감시와 정보를 책임지고 있다.[12] 인원 14만4000명의 인민보안성은 북한에서 가장 권한이 많은 기관 중 하나다. 산하에 27개의 부서와 12개의 지역사무소가 있다. 최말단 조직은 분주소다. 법과 질서 유지, 일반적인 범죄 수사, 수용소와 교도소 관리, 교통 통제, 운송, 소방 업무도 인민보안성 관할이다. 또한 당 건물과 정부 건물, 국가시설, 고위관리의 집을 경호하며 인구조사 기록과 주민 개인정보의 관리, 사회적 배경을 기준으로 한 시민 분류, 정부 기밀서류 관리, 도로와 주요 국가시설 건설, 선동활동 지휘도 인민보안성의 업무다.

국가보위성은 정보기관으로 정치범 수사와 정치범 수용소 관리를 맡고 있다. 당의 통제를 받는 인민보안성과 달리 국가보위성은 김정은에게 직접 보고한다. 국가보위성은 집단감독과 집단처벌 업무도 맡고 있다. 국가보위성의 요원들은 직장과 조직, 주거지 등 북한 전역에 파견되어 있다. 20가구에서 50가구가 한 집단으로 묶이며, 이는 다시 5가구(5호) 단위로 세분된다. 다섯 가구마다 파견되는 5호담당 선전원은 가구들의 활동과 태도를 감시해 정보를 상부에 보고한다. 5호 단위에서 가장 흔한 범죄는 '반혁명 발언과 청취'다. 이 감시체계는 1930년대부터 내려오는 일본의 고방(交番, 파출소)체계를 모방했지만, 김일성은 1967년에 자신이 이 체제를 고안해냈다고 주장했다. 또한 국가보위성은 고위관리와 정부 조직, 대사관, 공장, 협동농장에 파견된 직원의 감시도 맡고 있다.

'일상적이고 비정치적인' 범죄자는 재판을 거쳐 교도소에 수감한다. 경범죄자와 좀도둑을 가두는 교도소와 상습범과 중범죄자를 가두는 교도소가 따로 있다. 1978년까지 죄수들은 중노동 처벌을 받았다. 중노동형은 공식적으로 폐지됐지만, 아직까지 노동교화소가 몇몇 남아있는 것으로 확인되고 있다.[13]

정치범 수용소는 이런 교화소보다 훨씬 더 열악하다. 정치범 수용소는 보통 산간벽지에 있는데, 위성사진 촬영 결과에 따르면 최근 몇 년 동안 이 수용소들이 합쳐지고 규모도 줄었다고 한다. 정치 범죄에 대한 판단은 대부분 자의적이고 재판도 형식적이다. 재판을 받는 것 자체가 유죄를 의미한다. 범죄 내용보다는 범죄자가 누구인지에 의해 운명이 결정된다. 정치 교화소와 정치범 교도소에는 일반인이 수용되지 않으며 전 당 간부와 그 가족, 탈북자의 친척, 부패로 기소된 고위관료만 수용된다.[14] 부정한 수단으로 돈을 벌거나 실수를 저지른 사람은 가족과 함께 교도소에 갇힌다. 가족 처벌은 김정은 집권 후 줄어드는 추세다.

정치범 수용소가 처음 외부로 알려진 것은 베네수엘라의 시인이자 공산주의자인 알리 라메다에 의해서다. 《김일성저작선집》을 스페인어로 번역하기 위해 1966년 북한에 온 라메다는 도착한지 1년 만에 미국 간첩 혐의로 기소되어 20년 형을 받고 사리원 부근 수용소에 수감됐다. 라메다는 국제사면위원회에서부터 루마니아 독재자 니콜라에 차우셰스쿠에 이르기까지 다양한 국제사회의 압력으로 1974년 결국 석방됐다. 1979년 국제사면위원회는 라메다가 겪은 일을 담은 보고서를 출간했다.[15]

제3부
외교 무대

★

제7장

핵 요인

북한은 세계에서 5번째로 큰 군대를 보유하고 있다. 상비군 120만, 예비군 700만, 전시에 적 후방에서 작전을 수행할 특수부대 10만 명으로 구성된 군은 국가의 중추 역할을 하며 GDP의 25%를 소비한다. 엄밀히 말해 북한은 세계 최대의 군사 강국과 아직 전쟁 중이다. 이는 정권이 확실하게 생존할 능력 확보가 항상 급선무라는 뜻이다. 러시아와 중국의 쌍둥이 핵우산 아래 있는 북한을 조지 W. 부시는 '깡패국가', '폭정의 전초기지', '악의 축'이라고 불렀고, 도널드 트럼프는 취임 초기에 '화염과 분노'라는 말로 북한을 위협했다.

핵 억지력으로 재래식 군대를 보강하겠다는 북한의 의지는 미국과 영국의 지독한 간섭주의의 결과다. 북한 수준에서는 엄청난 지출이지만, 다른 나라와 비교하면 북한의 국방 예산은 상대적으로 매우 적은 편이다. 미국, 일본, 남한의 국방비를 모두 합친 것의 2%가 채 안 되며 그나마도 해마다 줄고 있다. 남한은 북한의 GDP 전체보다 더 많은 돈을 국방비로 쓰고 있으며 세계에서 가장 무기 구매를 많이 하는 나라 중 하나다.

북한이 피해망상을 가진 이유는 누군가 북한을 치려고 해서가 아니다. 평양의 한 당 고위간부는 다음과 같이 말했다. '이라크, 리비아, 시리아로부터 얻은 교훈은 그들이 대량살상무기를 갖고 있었다는 것이 아니라 갖고 있지 않았다는 것이 진짜 문제였다는 점이다.' 이것이 북한의 뇌리에 깊숙이 박힌 생각이다. 2003년 12월 카다피가 초기 단계의 핵 프로그램을 포기하자 북한은 리비아의 예를 따르라는 압력을 받았다. 하지만 북한은 TV로 생중계되는 카다피의 처참한 종말을 생생하게 지켜봤다. 김정은이 정권을 이어받은 지 겨우 한 달밖에 지나지 않은 시점이었다. 북한 지도부도 죽음을 자초하고 싶지는 않았다. 핵 억지력을 완성하면서 북한은 미래에 미국이 사주할지도 모를 정권 교체 시도를 확실히 저지할 수 있게 됐다.

게다가 핵 억지력의 보호 기능은 경제 성장의 자물쇠를 푸는 열쇠로도 볼 수 있다. 북한이 외부 개입에 취약한 상태로 남아있는 한 1백만 군대를 유지하면서 GDP의 4분의 1을 국방비로 사용하는 것 외에는 선택의 여지가 없기 때문이다. 핵 억지력을 확보하면서 북한은 재래식 무기 경쟁에서 남한, 미국, 일본에 밀리지 않으려고 처절하게 노력할 필요가 없어졌다. 그 경쟁에서 승리할 수 없다는 사실을 북한은 잘 알고 있다. 자원과 인력도 군에서 민간경제로 옮길 수 있게 됐다. 대량살상무기는 북한 경제를 일으키는 데 충분조건은 아니어도 필수조건은 된다.

미국의 반응은 일본, 남한과 연계해 전역미사일방어체계(이하 TMD), 구체적으로는 사드(종말고고도지역방어, THAAD)를 배치하는 것이었고 지금도 그렇다. TMD는 이름 자체가 모순에 가깝다. '미사일 방어'는 방어적 성격 못지않게 공격적 성격을 띤다. 이 방어체제는 미국이 북한을 예방 또는 선제 타격할 능력과 그 타격으로 요격하지 못한 북한 미사일로부터 남한, 일본 그리고 미국을 보호할 능력을 강화한다.

사드는 아직 일부만 남한에 배치됐기 때문에 북한이 선제 공격하면 남한은 몇 안 되는 북한의 핵무기에도 압도당할 것이다. 북한은 재래식 탄두 사이에 핵무기를 아주 소량 섞어 그 두 가지를 구분하는 사드의 알고리즘을 교란할 가능성도 있다. 게다가 일부 미국 미사일 방어체계의 성능은 알려진 것보다 심각하게 낮은 수준이다. 패트리어트 미사일 시스템은 명중률이 10%밖에는 되지 않는다.[1]

특히 2017년 1월 트럼프 취임 후 미국은 유엔을 통해 북한에 대한 압력을 최대한 늘리고, 북한이 핵무기와 미사일 계획을 모두 포기할 수밖에 없도록 경제제재를 가했다. 1994년부터 2002년까지 비핵화를 위해 노력했던 북한은 계속되는 '공화국에 대한 미국의 적대 정책'으로 핵개발을 지속할 수밖에 없었다.[2] 과연 누가 누구에게 위협인가?

북한 군사력에 관한 이해

　북한이 반영구적 전시 체제에 있는 군사 정권이라는 사실은 별로 놀랍지 않을 것이다. 어쨌든 엄밀히 말해 북한은 미국과 유엔 사령부에 군대를 파견한 나라들과 여전히 전쟁 중이다. 현재 김정은의 지휘를 받는 군은 1950년 한국전쟁이 시작된 이래 북한 사회의 핵심 역할을 해왔다. 2230만 인구를 가진 나라에서 군은 17~50세의 남성 인구 전체로 구성되어 있다(예비군 포함).

　하지만 다른 관점에서 생각해 보면, 군사력 면에서 북한은 225만 군대(예비군 포함)를 보유하고 2015년 현재 5985억 달러의 국방 예산을 사용하는 미국과 상대도 되지 않는다. GDP의 3.8%, 연방 재량 예산의 54%에 해당하는 액수다. 세계 인구의 4.4%밖에 안 되는 미국의 국방 예산은 전 세계 국방 예산의 37%에 해당한다. 또한 94개 국가 또는 조직에 무기를 수출하는 미국은 전 세계 무기 수출에서 차지하는 비중이 30%에 이르는 세계 최대의 무기 수출국이다. 게다가 미군은 기술적으로도 가장 진보했으며 최첨단 기술 수준을 유지하기 위해 수십억 달러가 넘는 돈을 쓰고 있다. 북한의 국방 예산은 북한 GNP의 4분의 1에 가깝지만, 남한의 국방 예산만 해도 북한 예산의 5배에 근접한다. 남한은 훈련이 잘 된 62만5000명의 군인으로 구성된 군대를 보유하고 있으며, 5만8000명의 미군이 남한과 일본에 주둔해 도움을 주고 있다. 평화헌법이 만들어낸 일본의 이미지도 현실을 속이고 있다. 일본은 2018년 국방비로 80억 달러를 지출하면서 세계에서 5번째로 많이 쓰는 나라가 됐다. 글로벌파이어파워의 2017년 군사력 평가에 따르면 미국이 1위, 일본이 7위, 대한민국이 12위다. 북한은 23위로 호주 다음 순위를 차지했다. 북한군은 남한의 침략에 심각한 걸림돌은 될지 몰라도 침략군으로서의 공격 위협은 제로에 가깝다.

북한이 남한 본토와 일본의 상당 부분을 타격할 수 있는 중거리탄도미사일의 발사 능력을 갖춘 지는 오래됐다. 2017년 북한은 여러 차례 중거리 미사일과 ICBM을 시험 발사하면서 사정거리를 비약적으로 늘렸다. 2018년 현재 북한은 중거리 미사일로 괌과 괌의 미군기지들을 타격할 능력을 갖추고 있다. ICBM으로 미국 본토를 타격할 수도 있다. 하지만 여기에는 심각한 문제와 결함이 있다. 아직 비행체에 탄두를 탑재하는 기술이 부족하다. 북한은 폭탄도 ICBM도 가지고 있지만, 그 미사일에 탄두를 적재할 역량이 충분한지는 확실하지 않다. 북한이 폭탄을 미사일에 장착할 수 있을 정도로 크기를 줄일 능력이 있는지는 아직 증명되지 않았다. 비행체와 탄두를 결합했을 때 작동하는지 아직 시험해보지 못한 것은 확실하다.

북한이 미국에 실존적 위협이 되려면 극복해야 할 질적·양적 장애물이 네 가지 더 있다. 재진입, 방어 수단, 조준, 숫자다. 재진입 문제를 보자. 대기권으로 재진입할 때 탄두는 공기 마찰을 일으켜 엄청난 열을 받는다. 보호되지 않으면 탄두는 탄도의 이 지점에서 파괴된다. 2017년 8월 남한의 국방부 차관은 북한이 이 기술을 완벽하게 구현하려면 1~2년은 계속 테스트해야 할 것이

라고 밝혔다.[3]

방어 수단을 살펴보자. 북한이 미사일의 성능과 생존성을 강화하려면 각기 다른 목표물이 설정된 여러 개의 탄두를 탑재한 다탄두 각개목표설정 재진입 비행체를 전개해야 한다. 그러면 공격자는 방어자보다 엄청나게 유리해지고, 여기에 미사일 방어망을 교란하는 디코이(교란물체)가 있으면 더 좋다. 그러려면 북한은 보유 핵무기를 소형화해야 할 뿐만 아니라 미사일의 적재 역량도 강화해야 한다(미사일의 소형화는 간단한 핵폭탄 제조보다 열 배는 어렵다).

조준과 관련해서 북한에 가장 시급한 것은 미사일유도시스템의 강화다. 앞에서 말했듯이 현재 미국은 미사일이 목표물의 반경 80km 내에 떨어질 확률을 50%밖에 안 된다고 추산한다.[4] 이런 상황에 기초할 때 현재는 전략적 조준이 불가능하며, 주요 대도시 방향으로 떨어지길 바라고 높이 쏘는 방법밖에 없다.

이 모든 상황은 숫자가 중요하다고 말하고 있다. 정확성 부족을 극복하려면 북한은 훨씬 더 많은 미사일과 탄두를 만들어내야 하며, 열핵역량을 더 발전시켜 무기 생산량을 늘려야 한다. 참고로 중국은 실험 없이도 그렇게 할 수 있었다. 따라서 단순히 핵실험 동결만으로는 이 문제를 풀 수 없다.

2017년 11월 북한이 제3차 ICBM 시험 발사를 한 뒤 개발 완료를 발표하자 세계는 북한이 허세를 부리는지, 사용 가능한 플루토늄으로 30~85개의 탄두를 만들어낼 수 있는 무기 설계를 정말 성공적으로 끝냈는지 추측하기 시작했다. 미국은 당황했다. 예방 공격에 대한 전 세계적 지지가 폭주했고 미국은 악의적 무시

(트럼프는 '최대 압박'이라는 말을 선호한다.)를 할지 핵 '동료'가 된 국가와 군축 대화를 할지 선택해야 했다.

북한의 무기는 핵뿐만이 아니다. 2017년 2월 김정은의 이복형 김정남을 VX(3세대 신경가스)로 암살한 것을 보면 북한의 화학무기 수준이 어느 정도 높은지 짐작할 수 있다. 미국은 북한이 이미 탄약에 장착해 나라 전역에 배치한 화학무기가 5000톤 정도 되며 강계와 삭주에 각각 화학무기 공장이 있다고 주장한다. 이스라엘, 이집트, 남수단과 함께 북한은 화학무기금지조약을 비준하지 않은 4개국에 포함되어 있다.

이와 대조적으로 북한은 1987년 생물무기금지협약에 가입했다. 2002년 CIA 보고서에 따르면 북한의 자원은 (서양 기준으로) 전염성 생물작용제와 탄저병, 콜레라, 전염병을 일으키는 독소를 생산할 생물기술 기반을 가지고 있다. 북한은 생물작용제를 무기화할 수 있는 기반을 보유했다고 생각되며 사용 가능한 생물무기를 보유했을 수도 있다.[5]

북한이 대량살상무기를 확산시킬지 모른다는 우려의 목소리가 있다. 과거에 북한은 파키스탄과 관련 전문지식을 교환한 적이 있지만, 그때 확산시킨 쪽은 파키스탄이었다. 악명 높은 압둘 카디르 칸이 북한에게 미사일 기술을 받고 2세대 P-2 가스 원심분리기를 제공했다. 과거에 북한은 거금 35억 달러를 받고 이란, 파키스탄, 시리아, 리비아 등에 미사일과 기술을 팔았다.

미래의 확산 가능성에 관해 북한은 그런 일은 일어나지 않을 것이라고 말해왔다. 현재 상황에서 기술을 사려는 나라는 거의 없다. 평양에서는 국가가 아닌 단체들은 당장 쓰기 위해 구매하리라는 것과 화학적 흔적을 추적하면 누가 팔았는지 바로 알아낼 수 있고 그에 대한 보복이 따르리라는 것을 잘 알고 있다.

마지막 우려 대상은 사이버 전쟁이다. 미국과 남한은 북한에 5000명의 해커가 있으며 이들을 히든 코브라, 사이버 사령부, 라자루스 그룹 같은 이름으로 묶어 이용한다고 주장한다. 이들의 활동 중 잘 알려진 것은 김정은 암살을 다룬 '코미디' 영화 〈디 인터뷰〉(2014년) 때문에 소니픽처스를 공격한 일이다. 2017년 5월 유포된 워너크라이 맬웨어가 세계적으로 거의 25만 대의 컴퓨터를 감염시키고 영국 국가보건의료서비스에 큰 피해를 준 사건도 이들과 관련 있다.[6] 범인들은 비트코인을 요구했다. 다행히도 영국의 한 보안 전문가가 '킬 스위치'를 발견해 공격을 중지시켰다. 미국의 보안회사들은 북한을 비난했다. 유출된 메모를 보면 미국 국가안보국(NSA)은 '중간 정도의 신뢰 수준'으로 이 공격이 북한의 첩보기관인 정찰총국과 연결되어 있다고 판단했음을 알 수 있다. 조지 W. 부시 시절 국토안보부 장관이었던 마이클 처토프도 범인이 요원이거나 북한의 협력자라고 주장했다.

영국도 미국과 같은 시각을 나타냈다. 영국의 국립사이버안보센터는 라자루스 그룹으로 알려진 북한 정부 산하 해킹 집단이 공격의 배후라고 결론 지었다. 외교 부문에서 영국 외무·영연방부는 영국 주재 북한 대사에 문제를 제기했고, 북한 대사는 북한 정부의 개입을 거세게 부인했다. 북한 대사는 유엔 북한대표부 부대사 김인령이 기자회견에서 한 다음과 같은 말을 반복했다.

'사이버 공격에 조선민주주의인민공화국이 관련되어 있다는 주장은 말도 안 된다.…이상한 일이 발생할 때마다 조선민주주의인민공화국과의 연계설을 의도적으로 흘려 시끄러운 반공화국 운동을 일으키는 미국과 적국들의 전형적 수법이다.'[7]

이는 '한 번 누명을 쓰면 계속 쓰게 되는' 문제일까? 누가 공격의 배후인지는 아무런 증거도 없다. 왜 북한이 영국 국가보건의료서비스를 공격했는지도 불분명하다. 가장 그럴듯한 시나리오는 2014년 소니픽처스 공격에서 쓰던 방법을 중국어를 사용하는 집단이 재사용했다는 것이다. 여기서도 북한의 개입은 정황증거만 있을 뿐이다. 이메일 해킹 수법을 썼다는 것은 대부분의 추측과 달리 이들이 미국의 관습과 민감한 부분을 잘 알았다는 뜻이다. 언어학적 분석 결과에 따르면 이메일을 작성한 사람들은 중국어와 영어에 능통했다. 이는 북한 사람들이 확실한 범인이라는 직관에 반하는 결론을 내리게 했다. 북한 내부에서는 윈도우 운영체제와 윈도우에 내장된 '백도어'를 사용하지 않고 북한만의 운영체제인 붉은별 리눅스를 사용한다.[8]

이런 상황은 계속 이어진다. 2018년 2월 7일 〈재팬타임스〉 1면 기사 제목은 '북한, 코인체크 해킹 절도 시도: 남한 정보기관'이었다(코인체크는 일본 최대 암호화폐 거래소다). 기사는 '절도의 배후가 북한일 가능성이 있다'는 내용으로 시작했지만, '북한 사람들이 배후인지 확실한 증거는 없다'고 끝을 맺었다. 기사를 자세히 읽지 않은 사람들은 제목만 보고 북한을 비난하는 기사라고 생각했을 것이다.

실제로 북한 사람들은 거의 대부분 범인보다는 피해자다. 미국과 이스라엘 정부가 가스 원심분리기의 오작동과 붕괴를 일으켜 이란의 핵무기 개발 프로그램을 파괴하기 위한 스턱스넷 맬웨어 작전을 벌인 후, 북한의 무수단 중거리 미사일이 시험 기간에 폭발하고 발사 후에도 통제 불능사태가 여러 차례 벌어지자 북한은 그들에게서 의심의 눈길을 거둘 수 없게 됐다. 보통 실패율은 10% 정도여야 했지만, 88%까지 올라갔기 때문이다.' 북한은 미국이 사이버 공격과 함께 '결함 부분'을 불법으로 공급망에 심어 놓았기 때문이라고 봤다. 배선을 완전히 새로 하고 소프트웨어를 새로 설치하자 문제는 해결됐다.

어떻게 여기까지 왔는가

북한의 핵 프로그램이 처음 시작된 것은 과학원 파견단이 모스크바에 초청되어 핵에너지 콘퍼런스에 참석했던 1955년 7월이다. 그 다음해 북한과 소련은 두브나 합동원자핵연구소에 북한 과학자들을 보내 교육시키기로 합의했다. 1959년에는 더 확장된 형태의 합의가 이뤄졌으며 중국과도 첫 번째 합의가 성립됐다. 1964년 중국의 핵실험 이후 김일성은 마오쩌둥에게 핵폭탄을 요청했다. 소련은 이미 거절했을 제의였다. 마오쩌둥도 역시 거절했다. 김일성의 무분별한 내전 의지는 심한 상처를 입었다.

오래지 않아 소련이 양보했다. 1960년대 초반 북한은 평양에서 북동쪽으로 100km 떨어진 영변에 원자력 연구소를 설립했고, 1965년 소련은 북한에 2MW급인 스위밍풀형(IRT) 원자로를 팔았다. 소련의 과학자들이 파견돼 현장훈련을 맡았다.

김일성은 1970년대 초반 마오쩌둥에게 두 번째 거절을 당했다. 남한이 자체 핵개발을 시도하려던 시점이었다. 당시 북한이 남한의 계획을 알았다는 증거는 없다. 북한은 1970년대 말이 되어서야 핵개발을 처음 시도했다. 1980년 소련의 도움으로 북한은 5MW급 실험용 흑연감속로를 영변에 건설했다. 1986년 이 원자로는 임계상태에 도달했다. 이 원자로는 무기용 플루토늄을 생산하는 수준을 넘어섰으며, 북한 내에서 채굴한 천연 우라늄을 사용했기 때문에 외부 자원에 의존해야 할 중수나 농축우라늄 없이 연료 사이클을 돌릴 수 있다는 엄청난 이점도 있었다. 게다가 북한은 핵연료 생산공장, 사용후연료의 단기 저장시설, 플루토늄 추출용 재처리시설도 건설했다. 이는 적절한 선택이었다. 소련 붕괴 후 스위밍풀형 원자로는 연료가 새로 조달되지 않아 폐기 직전 상태를 맞았기 때문이다.

1990년대 초반 영변에서는 50MW급 흑연감속로가 완공을 앞두고 있었고 또 다른 200MW급 원자로도 근처에서 막 건설되기 시작했다. 하지만 1994년 제네바 합의로 공사가 중지되면서 두 원자로 모두 버려진 상태가 됐다.

러시아 정보기관과 미국 CIA는 1962년 쿠바 미사일 위기 이후 처음으로 핵전쟁의 위험이 높아졌다고 생각했다. 이 상황의 시작은 1992년 이 두 기관 모두 북한이 영변 원자로에서 추출한 플루토늄으로 핵무기를 최대 5개 만들어 보유하고 있다고 각자 정부에 잘못 보고한 데서 비롯됐다. 영변 원자로는 소련의 도움으로 건설됐기 때문에 러시아는 북한에 NPT 협약을 지켜 IAEA 사찰을 받으라고 압력을 행사했다. 북한은 결국 1992년 5월부터 11월까지 4차례에 걸쳐 IAEA의 특별사찰을 수용했다. 북한은 플루토늄이 핵무기 프로그램에 전용되고 있는 시설 두 곳에 사찰관들의 접근을 거부했지만, 이 특별사찰로 플루토늄 추출 시설의 존재가 확인됐다.

사찰을 위해 시설을 개방하라는 국제적 압력이 점점 늘어났고 NPT 규약대로라면 개방은 거절할 수 없었다. 1993년 3월 북한은 NPT 탈퇴를 선언했다. 북한은 '각 당사국은 당사국의 주권을 행사함에 있어서 본 조약상의 문제에 관련되는 비상사태가 자국의 지상이익을 위태롭게 하고 있음을 결정하는 경우에는 본 조약으로부터 탈퇴할 수 있는 권리를 가진다.'는 조약의 제10조 1항을 들었다. 불합리하다고 할 수 없는 결정이었다. 북한이 자신의 권리를 행사한 것이지만, 191개 NPT 가입국 중 이 조항을 들어 탈퇴한 국가는 북한이 유일했다. 북한의 탈퇴로 미국과 남한은 중대한 위기를 맞았다. 미국과 남한은 북한이 이미 핵무기를 보유했거나 곧 보유할 증거라고 주장했다. 엄청난 과장이었다. 우리가 살펴보았듯이 무기급 물질에서 실제 무기를 만드는 과정은 길고 힘든 과정이기 때문이다. 북한은 플루토늄을 전용하다 들키고 싶지도, IAEA 사찰단이 미국 정보기관의 대리인 역할을 하도록 허용하고 싶지도 않았던 것이다.

석 달 후 북한의 NPT 탈퇴가 확정되기 하루 전 북한은 미국과의 직접 협상을 조건으로 시계를 멈췄다. 하지만 1994년 3월 재개된 사찰은 바로 문제에 봉착했다. 북한이 사용후 연료봉을 빼내는 과정을 공개하지 않겠다고 한 것이다. 그렇게 하면 그전의 플루토늄을 재처리했다는 증거를 없앨 수 있기 때문이었다. 1994년 5월 사용후 연료봉이 옮겨졌다는 사실을 IAEA가 확인하자 위기는 걷잡을 수 없을 정도로 고조됐으며, 클린턴 정부는 군사행동을 할 수도 있다는 위협을 가했다. 북한의 핵시설에 예방 타격이 준비되고 클린턴은 이를 승인했다.[10] 일본 오키나와의 가데나 공군기지에서는 F-11폭격기들이 출격을 준비했다.

모두 예상됐던 일이었다. 〈포린어페어스〉는 다음과 같은 기사를 실었다.

> 1950년 트루먼 정부는 소련이 핵무기를 갖추지 못하도록 예방 타격을 고려했지만, 그로 인한 충돌이 규모 면에서 제2차 세계대전에 이를 수 있다고 판단해 견제와 억제가 더 나은 선택이라고 결정했다. 1960년대 케네디 정부는 중국 지도자 마오쩌둥이 정신적으로 불안정하다고 판단해 소련에게 중국의 초기 핵 프로그램을 합동으로 공격하자고 제안했다(소련은 거절했다).[11]

북한은 클린턴의 위협에 서울을 '불바다'로 만들겠다고 대응했다. 2005년 1월 내가 미국 측 주요 인사 중 한 명인 윌리엄 페리를 만났을 때, 그는 당시 공습이 준비됐고 언제든지 출격할 수 있었다고 확인해줬다. 페리는 1994년부터 1997년까지 클린턴 정부의 국방장관이었다.

구원의 손길은 마지막 순간에 도착했다. 지미 카터 전 미국 대통령의 독자적 개입으로 상황은 급변했다. 카터는 위기가 가장 고조된 순간에 평양을 방문했다.[12] 카터는 면담을 거부하던 김일성과 결국 몇 시간 동안 비공식적으로 미국-북한 직접 회담과 보상 패키지를 포함하는 내용의 협상을 진행했다. CNN에 이 협상 내용을 밝히면서 카터는 백악관의 의구심에도 불구하고 클린턴의 손을 잡아끌었다.

이에 따라 1994년 9월 23일부터 10월 21일까지 열린 제네바 협상에서 양측은 합의서에 서명했다. 북한은 1000MW급의 핵확산저항형 경수로 2기를 2003년까지 제공받기로 하고, 그 대가로 영변 원자로의 동결, 새로 짓던 원자로 2기의 건설 중지를 약속했다. 경수로 완공 전까지 북한은 에너지 공급 감소분을 채워줄 중유를 매년 50만 톤씩 공급받기로 했다. 실제로 그 경수로들이 가동된다고 해도 북한의 낡고 부실한 전력망으로는 감당하지 못했을 것이다. 미국은 40년 동안 계속된 경제제재 해제와 관계 정상화를 약속했다. 원자로들이 실제로 가동 준비가 되어야만 북한은 사찰단이 플루토늄이 전용되고 있는지와 얼마나 많은 양이 전용되고 있는지 조사할 수 있도록 허용하고, 그동안 안전한 장소에 보관할 사용후 연료봉의 국외 반출을 허용할 예정이었다. 그 이전은 아니었다. 정치적 위기를 해결하기 위한 기술적 해결책이었다.

미국은 경수로 지원 약속 이행을 진지하게 고려하지 않았던 것 같다. 미국은 북한 붕괴까지 시간을 벌 목적으로 제네바 합의에 거짓 서명했다. 미국에게 북한은 소련과 동구권 국가들 다음으로 무너질 도미노 블록이었다. 북한의 붕괴가 이들 국가들과는 달리 늦어지고 있었다면 그 속도를 늦추는 브레이크는 경수로 건설이었다. 클린턴의 수석 협상역인 로버트 갈루치는 미국이 경수로 건설 약속을 지킬 필요가 없어진다는 전제 아래 움직였다. 당시 경수로 건설에 관해 개인적으로 질문 받은 갈루치는 질문자들에게 북한이 와해되고 있으니 걱정할 필요 없다고 안심시키기도 했다. 갈루치만 이런 생각을 한 것이 아니었다. 미국 국가안보기록보존소 기밀 해제 문건에 따르면 1997년 CIA 전문가들도 북한이 5년 안에 붕괴한다고 예상했다.[13] 또한 이들은 붕괴 이후 북한을 남한이 접수하면 원자로를 덮을 콘크리트 덮개 두 개 정도는 쉽게 만들 것이라고 생각했다.

하지만 불행히도 미국의 이런 기대는 희망사항에 불과했다. 북한은 1990년대의 위기를 이겨냈다. 북한의 '공산주의'는 소련이 동구권 국가들에게 전파했다가 고르바초프가 개혁을 시작하자마자 버팀목을 상실해 바로 무너졌던 허약한 공산주의가 아니었다. 그와 대조적으로 북한의 사상적 상부구조는 한반도의 역사, 경험, 문화에 깊이 뿌리내리고 있었다. 북한에서 마르크스-레닌주의는 일본의 천황 숭배와 비슷한 형태로 변형됐다. 김일성은 철학자이자 왕 같은 존재가 됐다. 동유럽과는 달리 북한 사람들은 내부에서 항복한 적이 없다. 미국은 김일성의 뿌리 깊은 이단적 공산주의의 토착적 특징과 역사적 연속성을 가진 북한 정권이 동구권 공산국가 정권들과 다르다는 점을 인식하지 못했다.

의도가 어떻든 미국은 약속을 지키지 않았다. 북한에 대한 경제제재는 해제되지 않았으며 약속했던 관계 정상화도 이뤄지지 않았다. 미국은 교묘하게 메뉴를 골라 다른 나라들이 비용을 대게 하고 자기들은 중유 외에 아무것도 기여하지 않았다. 그런데도 2003년까지 경수로를 짓는 역할은 제네바 합의의 실무기구인 한반도에너지개발기구(이하 KEDO)가 맡을 예정이었다. 뉴욕에 있으며 미국 정부가 운영하는 기구다. 남한은 비용의 70%인 46억 달러를 책임지고 일본은 마지못해 나머지를 떠안았다. 거의 반세기만에 집권한 좌파 총리인 일본 사회당의 무라야마 도미이치는 남한과 둘만 책임지는 것에 난색을 표했다. 무라야마는 유럽연합이 참여해 정치적으로 도와준다면 10억 달러를 내겠다고 밝혔다. 유럽연합은 유럽원자력공동체의 이름으로 참여했지만 5년 동안 7500만 달러 밖에는 내지 않았다. 그 사이에 뉴질랜드, 우즈베키스탄, 아르헨티나를 포함한 9개국이 우여곡절 끝에 3억 달러를 지원했다. 처음부터 비용은 상승했다. 남한의 기여 부분은 비용과 함께 늘어났지만, 다른 나라들의 지원은 그대로였다. 자금 문제가 불거지기 시작했다.

북한 사람들은 속도가 지지부진하자 불평하기 시작했다. 1996년에 이미 KEDO는 재정 문제로 경수로 완공 시한인 2003년을 지키지 못할 수 있다고 밝힌 바 있다. 시작부터 러시아와는 관계가 뒤틀린 상태였다. 러시아는 일본과 똑같은 조건으로 참여하지만 돈은 내지 않겠다고 주장했다. 과거 북한에 핵을 제공한 사실을 감안해달라는 것이었다. 도둑이 참회하고 훔친 물건을 돌려줄 테니 보상금을 달라는 형국이었다. KEDO는 1999년이 되어서야 남한의 한국전력공사 컨소시엄과 원자로 턴키 계약을 체결했다. 결국 콘크리트가 부어진 것은 2001년 8월이었다.

공사가 계속 중단되자 좌절한 북한은 2001년 4월 보상을 요구했다.[14] 북한의 요구를 받은 미국은 골대보다는 경기장 전체를 옮기는 방식을 선택했다. 미국은 우선 북한의 미사일 실험과 미사일 수출을 요구하고, 그 다음으로 의심이 가는 지하시설 사찰을 요구했다. 동시에 당시 공화당이 장악했던 미 의회는 경수로 대신 '그린콜' 발전소를 2001년 3월까지 건설하겠다고 제안했다. 결국 미국은 처음 합의와는 달리 IAEA가 사찰을 '완료'할 때까지 주요 핵시설 부품을 북한으로 반입하지 않겠다고 협박한 것이다. KEDO는 결국 '유명무실'해지기 훨씬 이전부터 이미 죽은 프로젝트였다.

미국은 북한에서 비밀 핵 프로그램을 연달아 발견했다. 1990년대 말 위성 정찰로 금창리 인근에서 지하시설을 찾아냈고 핵무기 시설임이 빠르게 '확인'됐다. 미국은 사찰 권리를 요구했다. 결국 북한은 감자 10만 톤을 받는 조건으로 사찰을 수용했다.[15] 정치적인 대실패였다. 핵시설이라고 했던 곳에는 김일성 동상과 다른 전쟁기념물 등이 보관되어 있었다.

부시 정권은 북한의 비밀 핵 프로그램을 찾겠다고 벼르고 있었다. 2002년 10월 국무부 동아시아태평양 담당 차관보 제임스 켈리와 북한 외무성 제1부상 강석주 사이의 회담에서 우라늄 농축 프로그램과 적어도 핵무기 2개를 만들 수 있는 양의 플루토늄이 북한에 있다는 증거가 제시됐다. 분노한 강석주는 결국 맹렬하게 반박했다. '당신네 대통령이 우리를 악의 축이라고 했다.…당신네 군대는 한반도에 주둔하고 있다.…우리는 당연히 핵 프로그램을 갖게 되어 있다"[16] 이 발언은 북한이 비밀리에 고농축우라늄 프로그램을 보유했다는 확인으로 받아들여졌다.

심지어 강석주의 이 '고백'은 테이프에 녹음되거나 글로 옮겨지지도 않았다. 북한 사람들은 강석주의 말이 잘못 해석됐으며 그 말은 핵 프로그램을 가질 만한 '당위성이 있다'는 것이지, 이미 가졌다는 말이 아니라고 반박했다.[17] 강석주가 한 한국말에 미묘하지만 중요한 차이가 있을 수 있다는 점을 감안하면 해석은 더 난감해진다. 한국어 화자에게도 '갖게 되어 있다'(가질 만한 당위성이 있다)와 '갖게 되었다'(이미 수중에 들어왔다)는 얼핏 들어서는 구별하기 애매한 말이다. 미국은 이 발언을 무시하고 중유 제공을 중단했다.[18]

북한 입장에서는 놀랄 일도 아니었다. 미국이 제네바 합의를 지킬 것이라는 북한의 믿음은 약속했던 물품이 북한에서 가장 추운 몇 달 동안 제대로 도착하지 않으면서 이미 무너져 있었다. 미국의 중유 공급 중단은 마지막 쐐기가 됐다. 약속은 모두 물거품이 됐다. 북한은 대안이 없었다. 2002년 말 이전에 핵무기 부품을 실제로 보유했는지는 분명하지 않지만, 북한은 확실히 빠른 속도로 핵폭탄을 만들어냈다.

북한의 핵 프로그램은 8년 동안 동결됐고, 그 대가로 북한은 총 15억6000만 달러를 받은 셈이 됐다. 지불한 액수도 아주 적었지만, 미국은 그마저도 동참하지 않았다. 조지 W. 부시 정부가 저지른 실수와 꾸며낸 음모로 위기는 다시 고조됐다. 2003년 1월 북한은 영변 핵시설을 재가동하면서 NPT 탈퇴를 확실히 했다. '자국의 최고 이익을 위태롭게 했다'는 발언을 다시 한번 반복하면서 입장을 분명히 했다. 부시의 선제 억제라는 새로운 전략 정책과 1994년의 예방 타격 계획을 염두에 둔 것이었다.[19] 핵시설 재가동으로 북한은 사용후 연료봉 8000개를 재처리하고 무기급 플루토늄 45kg을 추출할 수 있게 됐다. 핵폭탄 5~6개를 만들 수 있는 양이다. 게다가 매년 5kg의 플루토늄을 더 생산할 수도 있었다. 2005년 2월 10일 북한은 핵무기 보유를 발표했다. 북한 국가수반 김영남은 '핵 억지력'은 순전히 자위를 위한 것이며 핵무기를 '먼저 사용하는' 일은 없을 것이라고 주장했다.

미국의 행동과 반응은 2년 만에 북한을 핵무장국가로 만들었다. 북한은 고농축우라늄 무기 프로그램 보유를 부인했지만, 보유하고 있었다고 해도 실제로 폭탄을 만들려면 6~10년은 걸렸을 것이다. 게다가 우라늄 무기는 플루토늄 무기보다 무겁고 미사일에 장착하기도 더 힘들다. 따라서 북한은 자신들의 목적에 부합하는 핵무기를 서둘러 만든 것이다. 비용은 중요한 요소가 아니었다. 2002년 원유 가격으로 중유 50만 톤은 2억 달러에 못 미쳤다. 항공모함 한 척의 6개월 유지비다.

북한은 파키스탄의 핵과학자이자 사업가인 압둘 카디르 칸으로부터 고농축우라늄 프로그램 청사진을 확보했다. 칸은 자신의 핵기술을 북한 외에도 리비아, 시리아, 사우디아라비아에 판 사람이다. 칸은 북한을 13차례 방문했다. 칸이 핵기술을 팔러 다니지 않은 나라는 인도와 이스라엘 밖에 없다. 파키스탄은 북한으로부터 미사일과 미사일 기술을 받고 그 대가로 P-2 고속 원심분리기 최대 20대와 탄두 설계도, 자국이 핵실험에서 얻은 무기 실험 데이터를 북한에 넘긴 것이 거의 확실하다.[20]

고농축우라늄 프로그램에는 매우 특수한 물질과 부품, 100~200W급의 질이 좋고 충분한 전기가 필요하다. 그러려면 중간 크기 도시 하나에 전력을 공급할 수 있을 정도로 큰 발전소와 일정한 전류를 확보해야 한다. 전기가 나갈 정도는 아니라 해도 조명이 계속 깜빡거리는 일반적인 북한의 전기 출력 수준으로는 어렵다. 또한 모든 고농축우라늄 시설에는 접근 도로도 있어야 한다. 원심분리기 캐스케이드를 갖춰야 하고 1년에 폭탄 1~1.5개를 만들 만큼 충분한 분열물질을 제조할 원심분리기 1000대를 수용할 수 있는 큰 공장이 있어야 하며 철도의 측선에 가깝게 있어야 한다. 이 모든 시설은 미국의 첩보위성의 눈을 피하기 어려울 것이다. 2010년 전 로스알라모스 국립연구소 소장 지그프리드 헤커는 영변에 가서 자신이 둘러봤던 시설이 파키스탄의 P-2 모델로 제작한 원심분리기 2000대 정도였다고 추정했다.

북한은 가스 원심분리기 최소 1000대를 건설하는 데 필요한 특수 알루미늄 합금을 다량 확보하기 위해 예전부터 노력했다.

2003년 4월 알루미늄 튜브 214개를 싣고 북한으로 향하던 선박이 독일 함부르크에서 적발되기도 했다.[21]

하지만 미국의 배신은 북한이 1990년대 후반 우라늄 농축 능력을 확보할 명분을 제공했다. 경수로는 영변 원자로와 달리 농축우라늄을 원료로 사용한다. 따라서 북한이 경수로를 이용하면 미래에도 계속 원료를 미국에 의존해야 한다. 무기급 고농축우라늄에 필요한 93% 농축이 아니라 10~15%의 저수준 농축 능력이면 미국이 연료 수입을 막아도 북한은 영향 받지 않고 경수로를 계속 운영할 수 있다. 나중에 알고 보니 북한은 미국을 너무 믿고 있었다. 미국이 장기적으로는 믿을 수 없는 파트너라고 생각했지만, 북한은 최소한 미국이 경수로 약속만큼은 지킬 것이라고 믿었다. 고농축우라늄 프로그램은 훗날 영변에 실험용 경수로를 건설하는 원동력이 되었을 것이다. 영변 원자로 건설이 처음 관찰된 것은 2010년이지만, 가동된 것은 2018년 여름부터다.

거듭된 핵실험

2006년 10월 9일 북한은 북동부 김책시 인근 산악지역에서 첫 번째 지하 핵실험을 실시했다. 실험으로 인한 충격은 리히터 규모 4.2였으며 그 후 방사성 제논이 대기 중에서 검출됐다. 폭발이라기보다는 웅웅 소리가 나는 정도였으며 북한이 핵실험 2시간 전에 중국에 미리 통보했을 때 예상했던 충격의 8분의 1에 불과한 TNT 1000톤 폭발 수준이었다. 이 핵실험은 북한이 핵장치를 만들 수 있는 물질과 기술을 보유했음을 알렸지만, 실패한 실험이었다. 엄밀히 말해 이 폭발은 불완전핵폭발(fizzle, 핵폭발 위력의 극단적인 감소 현상)이었다. 조작을 잘 못해 폭탄의 구성요소들이 조기 핵분열을 일으켜 출력이 급속하게 줄어드는 현상이다. 임계 전 물질 두 조각이 충분히 빠른 속도로 융합되지 않으면 핵물질의 대부분이 분리되면서 소규모 폭발이 발생하는 불완전핵폭발 현상이 나타날 수 있다. 이 실험은 역대 핵실험 중에서 가장 출력이 작은 실험이었다.

2007년 2월 북한이 4억 달러 원조를 받고 주 원자로를 폐쇄하기로 했을 때 잠깐 화해 분위기가 조성됐다. 2008년 6월 북한은 영변의 냉각탑을 폭파했고 미국은 '테러국가' 명단에서 북한을 제외시켰다. 하지만 화해는 오래 가지 않았다. 12월에 북한이 국제 사찰단의 핵시설 접근을 거부하자 회담이 다시 결렬됐다. 북한의 두 번째 핵실험은 2009년 5월이었다. 5.4킬로톤의 출력을 보였고 진전이 늦다는 것을 드러냈다.

2012년 2월 기이한 2.29 합의가 이뤄진다. 북한이 (표면적으로) 식량 겨우 24만 톤을 받고 미사일 프로그램 전부를 폐기한다는 합의였다(10여 년 전 미국은 땅에 구멍 하나 조사하자고 10만 톤의 원조를 했다). 북한-미국 간 회의가 연이어 열린 후 양측은 합의사항에 관해 서로 엇갈린 내용을 발표했다. 어느 쪽도 상대방이 발표한 내용을 읽지 않은 것 같았다. 미국은 '미사일 실험 중지'에 북한의 우주계획이 포함된다고 생각한 반면, 북한은 위성 발사가 포함되지 않는다고 생각했다. 당연한 결과지만 양측의 합의는 3주도 안 되어 북한이 김일성 주석 탄생 100주년을 축하하며 미사일 시험 발사를 발표하자 서로 비방하며 깨졌다. 2012년 4월 6일 발사된 광명성 3호는 수백 명의 외국초청인사가 보는 앞에서 발사 후 90초도 못 날아가고 폭발했다. 미국은 거래를 파기했다.

1년 뒤 김정은은 자신의 첫 실험이자 북한의 3번째 실험을 진행했다. 출력은 14킬로톤이었다(1945년 미국의 '트리니티' 실험과 같은 규모다). 북한은 결국 출발점에 제대로 선 듯했다. 다음해 북한은 핵무기 소형화 능력이 있다고 주장했지만, 입증하지는 못했다.

2016년 1월 10킬로톤 규모의 실험에 이어 9달 후에는 그 출력의 2배에 이르는 실험이 뒤따랐다. 모든 핵실험 중 최대 규모는 2017년 9월 제6차 핵실험이다. 이 실험에서 출력은 10배 이상 뛰어 70~280킬로톤을 기록했다. 북한의 기대치를 뛰어넘는 규모로 실험장을 완전히 파괴하지는 않았으나 상당 부분 손상시켰다. 북한은 이 실험이 북한 최초의 수소폭탄 실험이라고 주장했지만, 작은 무기로 높은 출력을 낼 수 있는 일종의 중간 규모 폭탄인 증폭형핵분열탄이었을 가능성이 더 높다.[22] 2018년 초 현재 북한은 괌의 앤더슨 공군기지를 타격할 수 있는 핵탄두 탑재 중거리 미사일을 보유하고 있을 것이다. 하지만 조준 기술은 없을 것이다. 중거리 무기에는 ICBM의 대기권 재진입 같은 문제가 없다.

사실상 북한이 세계에서 9번째 핵 보유국이 된 것은 과거 미국 정부의 악의, 배신, 형편없는 위기관리 능력, 무능력이 결합된 결과다. 미국, 영국, 프랑스, 중국, 러시아, 이스라엘, 인도, 파키스탄 다음이다. 현재 핵 보유국 클럽에 가입하지 못하고 있는 북한은 핵확산의 원천이라는 비난을 받고 있다. 비난은 반드시 미국과 함께해야겠지만, 이 비난은 '원천'이라는 말을 '원인'이라는 말로 교체하면 힘을 갖게 된다. 남한 정부가 독립적인 핵 억지력을 가지는 길로 간다면 일본의 강력한 견제를 받게 될 것이고, 남한과 일본 두 나라 모두 북한의 핵무기 보유가 미친 파급효과에 끌려가게 될 것이다.

하지만 전 세계 핵확산의 대부분은 한 나라, 한 사람에 의해 이뤄졌다. 압둘 카디르 칸과 파키스탄이다. 파키스탄은 인도나 이스라엘처럼 NPT 가입을 거부하고 핵확산에 적극적으로 참여했으며 이슬람 근본주의자들에게 핵이 넘어갈 가능성을 높이고 있다. 1980년대 파키스탄은 핵개발에 한창이었다. 파키스탄이 아프가니스탄의 공산주의 정권과 소련 지원군을 무너뜨리기 위해 미국과 손을 잡고 있을 때였다. 하지만 미국과 파키스탄의 밀월관계는 1990년대 중반에 이르자 깨지기 시작했고 파키스탄은 재정적으로 도탄에 빠졌다. 인도와의 무기 경쟁에서 밀리지 않기 위해 파키스탄은 북한의 미사일 기술을 받고 핵기술을 내줬다.

이스라엘의 핵무기 프로그램을 돕기 위한 서방의 공모, 특히 프랑스와의 공모와 지역 경쟁국인 이란이 그 선례를 따라야 할 필요성은 서로 관련이 있을 것이다. 세계평화를 위협하는 나라는 핵을 가진 북한 밖에 없다. 이스라엘(1966년에 핵무장)도 인도(1974년)도 파키스탄(1998년)도 아니다. 미국 입장에서는 핵확산 국가들이 다 같지는 않다. 1960년대에 미국은 중국의 핵에 대응하기 위해 인도에게 핵무기 개발을 권유할 생각도 했다.

하지만 어떤 의미에서 더는 이런 논리가 맞지 않는다. 미국은 북한이 핵무기 보유국인지 아닌지에 관해 논리를 무시하는 주장을 하면서 부인하고 있다. 움직일 수 없는 사실은 북한의 괌과 미국 본토를 확실히 타격할 수 있는 핵무기와 미사일 확보를 미국이 막지 못했다는 것이다. 북한은 이제 비확산 문제를 일으키는 나라가 아니다. 북한은 핵 억지력 문제를 일으키는 나라다.

국제무기상 북한

북한의 탄도미사일 기술은 옛 소련과 중국에 빚을 지고 있다. 1960년대 초반 소련은 지대공 미사일, 로켓포와 함께 추진체와 유도장치를 북한에 넘겨줬다. 소련은 1970년대 스커드-B미사일에 이어 1985년부터 1988년까지는 그 업그레이드 모델을 제공했다. 이 미사일을 분석해 북한은 화성5호와 화성6호를 만들었다. 중국은 지대공 미사일과 대함 순항 미사일을 제공했다.

1975년에는 중국-북한 합동 프로그램인 둥펑61이 시작됐다. 사정거리 600km의 이동식 탄도미사일을 만들기 위한 프로그램이다. 이 프로그램은 3년 후 폐기됐다. 짧은 기간이었지만 이 프로그램으로 북한의 엔지니어들은 미사일 개발, 추진체 설계, 생산 과정을 배울 수 있었다.

그 후 북한은 이집트, 이란, 리비아, 파키스탄, 시리아에서, 때로는 불법으로 구입한 소련 미사일 기술을 이용해 소련과 중국의 미사일 성능을 개선했다. 미국의 싱크탱크 핵위협방지구상은 1976년부터 1981년까지 소련의 스커드-B미사일 상당량이 이집트에서 북한으로 재수출됐다고 주장한다. 당시 북한은 이집트와 공동으로 탄도미사일 프로그램을 진행하고 있었다.[23] 북한은 소련 붕괴 후 공급과잉 상태로 전락해 저임금에 시달리던 러시아 미사일 전문가들을 북한에 데려와 매우 유용하게 써먹었다.

25년 후 북한은 아주 훌륭한 무기들을 가지게 됐다. 남한 본토 어디라도 타격할 수 있는 단거리 미사일, 적재 용량 700kg으로 일본 대부분을 타격할 수 있는 로동 중거리 미사일(최대 사정거리 1500km), 미국 어디라도 타격할 수 있는 사정거리를 가지고 있지만 핵무기를 적재할 정도의 용량은 없어 보이는 화성15호 등이다.

북한은 다른 나라들과 기꺼이 기술을 공유했다. 이란의 샤하브 미사일과 파키스탄의 가우리 미사일은 사실상 로동 미사일과 쌍둥이며 리비아의 알파타 미사일에는 로동 미사일의 기술이 포함되어 있다. 파키스탄의 가즈나비 미사일은 대포동1호와 매우 비슷하다. 시리아는 이전 버전인 화성6호에 만족했다. 500km 정도의 사정거리면 이스라엘과의 대치에 충분히 사용할 수 있기 때문이다. 하지만 초창기에는 문제도 있었다. 미사일 신뢰성과 사정거리가 그렇게 뛰어나지 않았다. 북한의 미사일을 구입한 이란과 UAE는 화성5호의 신뢰성이 떨어져 실망했다. 이란-이라크전의 두 번째 국면, 즉 1988년 '도시들의 전쟁' 기간에 이란은 화성5호 미사일을 77대 발사했고 최소 10~15%가 발사와 동시에 폭발했다. 북한의 초기 미사일은 분명 이류였지만 아쉬운 쪽이 고를 수 있는 상황은 아니었다. 수십 년 동안 북한은 세계의 비호감 국가들에 미사일을 수출해왔다. 전부 합치면 35억 달러어치 화성 미사일과 로동 미사일이 이란, 파키스탄, 시리아, 리비아, UAE, 예멘에 팔렸다. 이라크에게는 팔지 않았다.

북한의 무기 수출이 시작된 것은 1960년대다. 군사 장비, 훈련, 제3세계 민족해방운동 조언자 등의 형태로 도움을 주면서부터다. 북한이 어느 정도까지 개입했는지는 확실하게 알 수 없지만, 제한된 자료를 근거로 추측하면 비교적 비용이 적게 드는 훈련에 도움을 주고 조언해준 정도였던 것 같다. 미 의회도서관의 국가별 보고서에 따르면 1990년 이전까지 북한은 62개의 집단에 군사 원조와 훈련을 제공했다. 아프리카 25개국, 중남미 19개국, 아시아 9개국, 중동 7개국, 유럽 2개국이다. 북한은 또한 국내에서 5000명 이상의 요원을 훈련시키고 7000명 이상을 군사 고문관으로 파견했다. 47개국으로 파견된 요원들은 대부분 정찰총국 출신이다.[24]

아시아에서 가장 큰 도움을 받은 사람은 앞에서 살펴봤듯이 캄보디아의 노로돔 시아누크다. 김일성은 그에게 강력한 정치적 지원 외에 물질적 지원도 했다. 캄보디아에 병력 파견도 제안했지만, 노로돔은 마다했고, 대신 북한 망명과 북한의 평생 경호를 선택해 영화 제작에 몰두했다. 노로돔은 김일성을 '나의 가장 확실하고 진실한 친구이자 가장 확고한 지지자'라고 불렀다.[25]

1970년대 김일성은 아프리카의 여러 나라와 집단에 지원과 적당한 정도의 군사 장비를 제공했다. 모로코로부터의 독립을 위해 투쟁하던 서사하라의 폴리사리오 전선, 앙골라, 베냉, 부르키나파소, 콩고, 에티오피아, 가나, 마다가스카르, 모잠비크, 세이셸, 탄자니아, 우간다, 잠비아, 짐바브웨의 정부군 또는 혁명군이 도움을 받은 집단들이다. 1980년대 북한은 짐바브웨 육군 제5여단을 훈련시켜 내란 진압과 국내 보안활동에 도움을 줬다. 북한은 이 여단의 거의 모든 장비를 제공했으며 약 1800만 달러 상당의 소형화기와 탄약을 제공했다. 결과가 완전히 성공적이지는 않았다. 1986년 짐바브웨 정부는 영국 군사훈련관들이 이 여단을 다시 훈련시키도록 했다. 북한은 1982년 몰타 군대에도 구체적으로 확인되지 않은 양의 무기와 군사훈련을 제공했다. 공식적으로는 '제국주의에 대항하는 공동 투쟁'에서 북한과 몰타의 우호관계와 연대를 강화한다는 명분을 내세웠지만, 뒤로는 GDP가 북한보다 훨씬 높은 몰타가 북한에 비용을 지불한 거래였으며 김정일의 몰타 체류 지원에 대한 보답이기도 했다. 존 스위니는《북한 잠입취재》에서 아일랜드공화국군 공식파가 1980년대 후반에 무장요원들을 북한에 파견해 무기훈련을 시켰으며(아일랜드공화국군이 무장투쟁을 포기한 지 15년도 넘게 지난 시점이다.), 아마도 아일랜드공화국군 임시파와 함께 북한의 100달러 위조지폐를 세탁하는 일을 했다고 주장했다.[26]

1970년대 중남미에서도 북한은 아르헨티나, 볼리비아, 브라질, 칠레, 과테말라, 멕시코, 파라과이, 페루, 베네수엘라의 반정부집단에 비슷한 도움을 제공했다. 1983년 미국의 그레나다 침공 기간에 미군이 확보한 문서에 따르면 북한은 무기, 탄약, 초계정 2대를 지원했다. 북한은 니카라과 산디니스타 정부군에게도 초계정과 다른 확인되지 않은 도움을 제공했다. 하지만 돈의 힘은 정치의 힘보다 강했다. 1986년 4월 북한은 페루 정부에 소형화기를 팔고 이전에 자신이 도와주던 마오쩌둥주의 게릴라 집단 '센데로 루미노소(빛나는 길)'의 진압을 도왔다.

또한 북한은 중동 지역 군사작전에 개입했다는 의심도 받고 있다. 1973년 10월 욤키푸르 전쟁에서 북한군 조종사들이 이집트 비행기를 몰았으며, 1979년부터는 100명이나 되는 북한군 조종사와 공군 요원들이 리비아에서 현지 조종사들을 훈련시켜 소련제 전투기를 조종할 수 있게 만들었다는 이야기가 있다. 북한의 팔레스타인해방기구 지원은 1970년대 후반에 시작되어 1990년대 초반까지 계속됐다.

1990년대 초반에 이르자 북한은 훨씬 더 다양한 종류의 무기를 공급할 수 있게 됐다. 좌파 혁명세력에 대한 지원은 여전히 북한의 군사 원조의 한 부분을 이루고 있었지만 소련 붕괴 후 정치적 측면은 앞에서 본 페루의 경우처럼 경화 수요에 자리를 내주게 됐다. 무기 수출은 미사일, 탱크, 기갑전투차량, 자주포, 중포, 해군 함정 등으로 확대됐다. 북한의 무기 기술은 과거에도 그랬지만 지금도 최첨단과는 거리가 멀다. 하지만 값이 싸고 다른 데서 무기를 구할 수 없는 국가나 집단이 선택할 수 있다는 두 가지 장점이 있다.

2011년 핵위협방지구상은 카다피로부터 입수한 리비아 물건 중 일부에 한국어로 표시된 물건이 있었다고 주장했다.[27] 2007년 9월 이스라엘 공군이 부분적으로 완성된 핵원자로를 폭파하기 전 북한에서 온 기술자들이 시리아의 핵 프로그램을 돕고 있었던 것이 확실하다. 더 흥미로운 것은 미얀마의 경우다. 앞에서 언급한 것처럼 북한은 1983년 양곤에서 남한 대통령 전두환 암살 시도를 했고, 그로 인해 북한과 미얀마(당시 버마)의 관계는 단절됐다가 20년이 조금 지나 회복됐다. 군사 독재자 탄 슈웨가 북한의 도움을 받아 핵무장을 할 생각을 하면서다. 군부 내의 반대와 늦은 진전 속도 때문에 이 프로그램은 폐기됐다.

대포동1호 미사일의 발사는 클린턴의 두 번째 임기 막바지인 1998년 8월 31일 광명성 위성의 궤도 진입의 발판이 됐다. 광명성 위성의 궤도는 일본 상공을 지나갔지만, 위성은 3단계에서 점화에 실패해 태평양에 잔해를 뿌리며 추락했다(일본은 수많은 반대 증거에도 불구하고 광명성1호가 실패한 위성이 아니라 시험 발사된 미사일이라고 완강하게 주장했다). 그래도 광명성1호의 발사는 북한의 미사일 기술이 아무도 예상하지 못한 빠른 속도로 진보하고 있음을 전 세계에 분명하게 보여준 예라고 할 수 있다. 위성 발사체의 개발 성공으로 북한에 ICBM을 만들고 발사할 수 있는 길이 활짝 열리게 된 것이다. 상황이 이렇게 되자 클린턴 정부의 대북정책조정관 윌리엄 페리는 1999년 5월 파견단을 이끌고 북한의 미사일 프로그램을 돈으로 사버리는 것과 비슷한 거래를 시도했다.[28] 북한은 핵무장 계획을 동결하고 장거리 미사일 기술 개발을 포기하면 외교와 무역을 정상화하겠다는 미국의 제안을 받았다. 제네바 합의에서 이미 다루지 않은 내용은 거의 없었지만, 북한은 미국의 제안을 무시하지 않았다.

2000년 6월로 예정된 김정일-김대중 정상회담 준비를 하느라 북한은 2000년 9월이 되어서야 미국에 답을 했다. 당시 북한의 조명록 원수는 백악관을 방문해 북한이 '장거리 탄도미사일의 생산, 판매, 사용'을 협상을 통해 포기할 의지가 있다는 편지를 전달했다. 미 국무장관 매들린 올브라이트가 거래를 마무리 짓기 위해 급파됐지만, 상황이 이상하게 돌아가기 시작했다. 미국의 제안은 대선 개표 과정에서 플로리다 주 재개표 논란이 벌어지면서 조지 W. 부시가 존 케리보다 표를 덜 얻고도 대통령에 당선되면서 완전히 무효화되어 버렸다. 클린턴이 평양으로 날아가기에는 너무 시기가 늦었고 북한은 정권을 물려받을 공화당 행정부와의 거래는 아무런 소용 없음을 잘 알고 있었다.

2년 후 당시 국무부 군축담당 차관이었던 존 볼턴은 회고록에 이렇게 썼다. '9.11 테러로 북한은 궁지에 몰렸지만 그해 말 나는 실패한 제네바 합의와 그 선언 내용들을 완전히 무너뜨리기 위해 공세적으로 움직일 수 있게 됐다.'[29] 스타워즈 기술로 수익 창출을 노리고 있던 미국의 군산복합체와 미 제국이 무력으로 북한의 정권교체를 하길 원하는 완강한 신보주의자들은 환호했다. 부시 행정부는 미국 본토를 타격할 수 있는 북한의 핵 억지력 개발을 중지시킬 수 있는 최후이자 최선의 기회를 일부러 없애버렸다. 다 이긴 싸움에서 일부러 져준 것이다. 미국과의 거래 가능성이 없어지자 북한은 미사일 개발, 배치, 수출을 계속 이어갔으며 핵 프로그램도 재개했다.

북한의 미사일 개발과 판매는 완전히 합법적인 일이었다. 1994년 제네바 합의 내용에도 미사일의 시험, 배치, 판매에 관한 조항은 없었다. 북한은 미사일을 수출을 제한하는 그 어떤 합의도 한 적이 없으며, 미사일 판매는 국제법에 반하지도 않는다. 2002년 12월 미국은 로동 미사일을 싣고 예멘으로 가다가 미국-스페인 연합작전으로 인도양에서 잡힌 북한 국적 선박 소산호를 풀어줄 수밖에 없었다. 예멘이 자국이 구입하고 지불을 완료한 무기의 배달을 요구했기 때문이다. 당시는 선박이나 화물의 이동을 금지하는 국제법 조항이 없을 때였다.

이런 상황에 변화가 온 것은 2006년 7월 북한의 위성 발사와 미사일 시험 이후다. 2006년 7월 15일 유엔 안보리 결의 제1695호는 북한의 미사일 판매를 금지하고 배달을 중간에서 중지시킬 수 있는 정지수색작전을 승인했다. 또한 이 결의에 따라 유엔 회원국들은 북한의 미사일 관련 물품과 기술을 사고 팔 수 없게 됐다.

2006년 위기를 초래한 것은 대포동 미사일의 연이은 발사였다. 미국은 2단계 대포동 미사일의 사정거리가 하와이와 알래스카를 타격하기에 충분한 6200km가 될 것이며, 3단계 미사일은 미국 본토 전체를 사정거리 안에 둘 것이라고 주장했다.

2차 위성 발사일은 2006년 7월 4일로 잡혔다. 미국의 독립기념일에 맞춘 도발적인 움직임이었다(한국 시간으로 4일은 미국 시간으로 5일이기는 하다). 북한은 대포동2호를 포함해 7대의 미사일을 발사했고, 대포동2호는 43초 만에 동해상에 추락했다. 하지만 같이 발사된 로동 미사일과 화성 미사일은 북한의 기술적 역량과 미사일의 신뢰성이 급속하게 커지고 있음을 드러냈다. 이번 시험은 재정적, 기술적 측면에서 더 중요한 시험이었다. 1998년 8월 대포동 미사일 발사를 지켜본 잠재적 구매자들이 있었다. 2006년 7월 4일 시험도 그랬을 것이다. 하지만 실패한 위성 발사는 북한의 미사일 프로그램을 비난하며 경제제재를 확대하는 구실이 되기도 했다.

하지만 북한이 세계 무기시장에서 상당 부분을 차지하고 있다는 말은 과장이다. 북한의 무기 판매는 세계 무기시장 전체의 아주 미세한 부분밖에는 차지하고 있지 않다. 미국의 연간 무기 판매의 0.4%가 채 안 되며 호주, 캐나다, 스웨덴 같은 군사 강국의 무기 판매량보다도 적다. 북한을 안보 위협이라고 말할 수 있는 유일한 논리는 무기를 구입하려는 집단에게 언제든지 무기를 팔 준비가 되어 있다는 북한의 주장에 기초를 두고 있다. 기본적으로 북한의 고객은 미국과 유럽의 무기시장에서 기피되는 국가 또는 집단이다. 북한의 무기 판매가 내전과 지역분쟁 악화와 권위주의 정부의 정권 유지에 기여하고 있는 것은 확실하다. 하지만 무기 수요가 계속 늘고 있는 사우디아라비아에 무기를 공급하는 미국과 영국에게도 같은 말을 할 수 있다. 사우디아라비아는 예멘 내전 지원, 카타르 위협, 이란과의 지역 대치를 위해 2015년에만 93억 달러를 무기 구입에 사용했다. 국제 무기시장에서 북한의 존재는 세계를 위협할 정도가 아니다. 그냥 귀찮은 존재 정도다.

스타워즈 vs 북한

북한 미사일과 핵무기의 위협은 미국이 TMD와 사드를 더 넓은 개념의 국가미사일방어체계(이하 NMD)의 일부로 남한과 일본에 팔 완벽한 기회를 제공했다.[30] 1998년 북한의 위성 발사 이후 일본의 보수정치세력, 특히 집권 자민당은 북한이 일본의 안보에 위협이 된다고 주장하기 시작했다. 일본 헌법 9조는 다음과 같다.

> 일본 국민은 정의와 질서를 기조로 하는 국제평화를 성실히 희구(希求)하며, 국권의 발동인 전쟁과 무력에 의한 위협 또는 무력의 행사는 국제 분쟁을 해결하는 수단으로서는 영구히 이를 포기한다.
>
> 전항의 목적을 달성하기 위하여, 육해공군 그 외 전력은 이를 보유하지 아니한다. 국가의 교전권은 이를 인정하지 아니한다.[31]

이 헌법 조항에도 불구하고 일본은 급속하게 군사력을 증강했다. 해상에는 이지스 순항함, 공중에는 공중조기경보통제기, 지상에는 패트리어트 지대공 미사일, 사드를 갖췄다. 일본은 제1차 걸프전에서 성능을 인정받은(최근 조사결과에 따르면 이야기는 좀 다르다.[32]) 패트리어트를 이미 도심 인근과 공군기지의 24시간 작동 가능한 미사일 발사대에 설치한 상태다. 하지만 실제로 일본을 위협하는 것은 북한의 ICBM이 아니라 중거리 미사일이다. 이 중거리 미사일은 이미 1993년에 처음 배치됐다. 북한이 ICBM을 일본에 낭비할 이유는 절대 없다.

하지만 북한의 장거리 미사일 역량과 성능이 계속 높아짐에 따라 일본 신보수주의자들과 미국 군산복합체의 수요도 충족됐다. 일본 신보수주의자들은 1947년 미국의 강요로 제정된 평화헌법 제9조를 폐기하기 위해 국민투표 소집을 정당화할 확실한 위협을 찾고 있었다. 이 헌법 조항은 일본이 '보통'국가가 되는데 정치적 방해물로 여겨진다. 미국 군산복합체에게 북한의 미사일 역량 상승은 문제가 터지기를 간절히 기다리는 해결방법이라는 미사일 방어의 딜레마를 해소시켜준 계기였다. 몇 억 달러가 들어간 1998년 북한의 위성 발사는 전쟁주의자와 물질주의자의 기도에 대한 응답이었다. 덕분에 북한 미사일 예산의 200배, 북한 GNP의 10배에 이르는 예산을 쓰는 미국의 미사일 방어 프로그램이 정당화됐다.

부시 행정부는 NMD를 밀어붙이겠다는 의지가 강했다. 군수업자와 이데올로기가 그 뒤에 있었다. 신보수주의 싱크탱크인 헤리티지 재단을 산파로 레이건 행정부 시절 탄생한 NMD의 개념은 1500개에 이르는 소련 ICBM의 위협에 대처할 탄도탄 요격유도탄 방어체계를 구축한다는 것이다. 하지만 이 명분은 소련의 붕괴와 함께 사라졌다. 영국이나 프랑스는 제쳐두고라도 중국이 ICBM으로 미국을 위협할 것이라고 생각하는 사람은 거의 없다.

스타워즈, NMD, 사드의 정당성이 확보되려면 미국에게는 악성 국가가 존재해야 한다. 기껏해야 테러 폭탄과 자살공격을 무기로 삼는 이슬람국가(ISIS), 탈레반, 알 카에다와 동조세력에 대항해 이런 방어 시스템을 배치하기에는 명분이 약하다.

따라서 NMD는 북한의 위협에 대한 방어를 위해 재탄생했다. 군사력이 몇백 분의 1밖에 안 되는 나라를 대상으로 한 것이다. 게다가 일단 배치되면 TMD와 사드는 핵탄두가 탑재된 미사일이 얼마 안 되는 북한을 예방 타격 또는 선제 타격할 수 있게 된다. 초기 타격에서 파괴되지 않은 미사일은 일본과 일본 주둔 미군기지에 닿기 전에 미사일 방어체계에 의해 완전히 제거되지는 않더라도 심각한 타격을 받을 것이다.

명중률이 50%를 겨우 넘는 상황에서 미사일 방어 뒤에 자리 잡은 생각은 그리 단순하지 않다. 미국의 미사일 실험은 계속 실패하고 있다. 하지만 미사일 기술의 궁극적인 효과는 미국이 신념에 찬 행동을 할 수 있게 만드는 것이다. 스타워즈의 기술적 모순성에 대한 경고의 목소리는 억제됐다. 1995년 하원의장 뉴트 깅그리치가 이끄는 공화당은 높은 평가를 받아오던 의회 산하 기술영향평가국(OTA)을 폐지했다. 복잡한 과학기술 문제에 대한 독립적인 평가를 맡았던 OTA가 스타워즈 뒤에 숨은 기술에 대해 매우 비판적이고 권위 있는 비난을 담은 보고서를 발표했기 때문이다.[33]

비행 단계의 미사일을 요격한다는 처음 계획은 추진 단계 요격, 즉 발사 직후에 타격하는 방식으로 전환됐다. 가속된 미사일이 대기권을 벗어나면서 다탄두 각개목표설정 재진입 비행체를 전개하기 전에 요격하는 방식이다. 이 비행체는 한 번 발사로 여러 목표물을 타격할 수 있고 발사 단계 NMD 기술을 사실상 무력할 수 있다. 미사일이 대기권을 벗어났을 때 따로따로 전개되는 디코이들과 여러 개의 탄두를 섞기 때문에 대기권 재진입 단계 방어는 수십 배 이상 어려워진다. 현재 사용 가능한 미사일 방어체계는 물론 개발 중인 방어체계의 감당 능력을 훨씬 넘어서는 상황이 벌어진다.

초기 단계 미사일 방어체계는 기술적으로 단순하지만 치명적인 실수가 발생할 수 있다는 위험을 안고 있다. 상황을 알리고 행동할 시간이 몇 초에서 몇 분에 불과하기 때문이다. 미 국방부는 기껏해야 3~4분 안에 발사될 ICBM이 선제 타격 목적인지 시험 목적인지 결정해야 한다. 미사일의 탄도는 지리적·물리적 상황, 정치적 상황, 그리고 분별 불가능한 전자적 신호에 의해 결정된다. 이 과정에서 판단 오류가 발생하면 NMD가 예방하려던 바로 그 전쟁을 촉발할 수도 있다.

TMD, 특히 사드의 일본 주위와 한반도 배치는 중국의 ICBM을 무력화하겠다는 위협이 되면서 지역 무기 경쟁을 촉발하고 있다. 중국은 2011년 국방백서에서 '핵무기를 먼저 사용하지 않는다는 약속과 최소한의 억지력 유지'라는 정책을 다시 강조했다.[34] 이 '최소'는 강화된 공격적, 방어적 배치에 대응하기 위한 요소를 모두 고려해 결정될 것이며, 중국은 이 '최소'에 따라 이전 상태를 유지하기 위해 국방 예산을 늘려 ICBM을 추가 배치할 것이다.

중국은 미국과 일본이 남한과는 달리 TMD 배치를 북한에 대항하기 위한 공격적 배치인 동시에 중국에 대한 억지력으로 보고 있다고 생각한다.

NMD는 북한 같은 '깡패국가'나 러시아, 중국에 대한 방어용이 아니다. 중국이 ICBM을 추가 배치한다고 해도 그렇다. 미국의 의도가 그렇다면 전술적으로 NMD는 21세기 판 마지노선이라고 할 수 있다.

앞에서 살펴보았듯이 2018년 초 현재 북한은 플루토늄 기반 핵무기 탑재가 가능한 단거리 미사일과 일본 열도 전역을 타격할 수 있는 핵무기 탑재 가능 중거리 미사일도 보유하고 있는 것이 거의 확실하다. 발사 역량 면에서는 2017년 액체 연료에서 고체 연료로 전환이 가능해지면서 발사 장소의 제한이 사라졌으며, 야간 이동 발사가 가능한 이동식 발사차량 도입으로 발사 준비 시간이 크게 줄었다. 이동식 발사차량은 중국 완산 공장에서 구입한 목재 운반용 트럭에 유압펌프와 제어장치를 추가해 개조했다. 발사하는 동안 파괴되지 않도록 차량은 발사대와 분리된다. 고체 연료로의 전환은 북한의 초기 단계 잠수함 발사 미사일 프로그램도 혜택을 받았다. 동시에 NMD를 피하기 위해 북한이 디코이 비행체 또는 위장 깃발을 단 화물선 같은 색다른 수단을 사용할 가능성도 무시해선 안 된다.

영향과 해결방법

북한은 자신들이 처한 상황을 명확히 이해하고 완전히 합리적인 대응으로 핵과 미사일 프로그램을 개발했다.[35] 김정은의 권력 장악 후 북한의 핵·미사일 개발 의도의 진정성에 대한 의심은 사라졌다. 북한의 핵 억지력은 국가 방어에 핵심적이며, 정권의 생존을 보장하는 미국과의 빅딜과 이에 대한 국제사회의 지원을 통해서만 최종적으로 포기할 수 있는 것이다. 2018년 이전에 북한이 비핵화 가능성을 마지막으로 언급한 것은 김정일 시절인 2010년이었다.

북한의 핵 정책은 취약성과 힘의 비대칭성을 나타낸다. 서로를 확실하게 파괴하는 것은 가능성으로 생각된 적이 없다. 북한이 가장 이루고자 하는 것은 완전 파괴가 아니라 미국의 몇몇 주요 도시에 대한 핵공격이다. 미국의 공격이 한 번만 이뤄져도 북한의 핵무기가 거의 다 파괴될 가능성이 높은 상황에서 북한은 선제 타격에 대응하는 '전갈 정책'을 추구하고 있다. 핵무기를 쓰거나 패하거나 둘 중 하나라는 얘기다. 북한은 군사 목표물과 민간 목표물, 즉 '대 군사' 표적과 '대 가치' 표적을 구별할 능력이 없다. 북한의 중장거리 미사일 유도기술이 너무 기초 수준이라 정밀 타격이 불가능하기 때문이다. 또한 서울의 용산기지, 오키나와의 후텐마기지 등 남한과 일본 주둔 미군 대부분이 민간인이 집중된 도시에 있기 때문에 민간인 피해는 더 심해질 것이다.

북한이 단계적 상승을 위한 계획을 짜지 못하는 데는 몇 가지 요인이 작용하고 있다. 미국이 핵 선공 가능성을 배제하지 않고 있으며, 북한의 군사행동 위협이 감지되면 선제 타격을 한다는 내용의 미국-남한 작전계획 5015가 2015년에 발효됐으며, 2016년 11월 정권의 '참수작전'을 내세운 미국, 남한, 영국의 연합훈련인 '무적방패작전'이 그 요인 중 일부를 차지하고 있다. 이라크의 예와 2017년 4월 '모든 폭탄의 어머니(GBU-43 공중폭발대형폭탄)'의 아프가니스탄 투하는 선제 보복이 마지막 의지 수단임을 분명히 보여줬다. 승리는 불가능하다. 대리인에 의한 할복이 있을 뿐이다.

왜 특정한 나라, 특히 이란과 북한의 핵개발만 세계평화에 위협으로 받아들여질까? 이스라엘과 파키스탄은 왜 그렇게 생각하지 않을까? 북한의 최우선 순위는 정권 생존이다. 핵 억지력 구축은 한반도에서 전쟁이 다시 발생하면 사망할 수백만 명의 사람, 무력에 의한 경제 붕괴 후에 사망할 가능성이 높은 수십만의 사람을 위한 분명한 선택이다. 북한은 협상을 통한 해결을 원하고, 미국의 신보수주주의자들은 북한 정권 교체를 원한다.

북한에게 미사일 기술 수출과 핵개발을 포기하는 대가로 단기적인 보상을 해주는 것은 2001년 6월 미국이 아편 생산 포기를 대가로 탈레반에게 4000만 달러를 준 것과 근본적으로 다르지 않다. 약간 금액이 더 많지만, 제네바 합의에서 보았듯이 그 돈은 다른 나라가 내게 될 것이다. 대신, 북한의 풍부한 광물 자원을 기반으로 수출 산업을 새로 구축할 수 있도록 무기 수출로 벌어들이는 정도의 원조 제공은 합리적 선택이 될 것이다. 유럽연합과 중국은 미국의 반대를 극복할 수 있는 정치적 추동력을 제공하고, 남한은 자국 이익을 위해, 일본은 제2차 세계대전의 유산을 청산한다는 차원에서 필요한 재정 지원의 상당 부분을 제공할 수 있을 것이다.

핵위기 해결이라는 측면에서 첫 번째로 강조해야 할 점은 6자회담이 죽었다는 사실이다. 북한은 이렇게 밝혔다. '6자회담의 목적은 우리가 핵보유국이 되지 못하게 하는 것이다. 하지만 우리는 이미 핵을 가지고 있다. 얘기할 거리가 남아있는가?' 북한은 대화 재개를 위한 틀로 기능할 수 있는 제도적 구조를 추구하고 있으며, 북한의 이런 움직임에는 대화의 선결조건으로 핵 억지력 포기가 포함되어 있지 않다. 북한의 우선순위는 현재 진행되고 있는 남한과의 대화와 병행해 미국과 쌍방 대화를 진행하고, 궁극적으로는 기부와 보장을 할 나라들과의 다자간 대화로 위기를 구성하는 모든 요소들을 해결할 수 있는 포괄적 계획을 만들어내는 것이다.

기회는 도널드 트럼프가 김정은의 2018년 조기 정상회담 제안을 받아들이면서 열리기 시작했다. 하지만 정상회담은 겨우 그 과정을 시작하는 데 그쳤다. 무엇인가를 구축할 토대를 간신히 놓은 것이었다. 그 과정이 실패한다면 미국은 '동적인 해결'을 다시 추구할 것이다. 북한의 핵시설 파괴와 지도자 참수를 시도하는 선제 군사 공격을 뜻한다. 중국(그리고 프랑스)은 추가 핵실험 가능성에 우려를 표시하고 있지만, 미국의 한계는 북한이 미국 영토를 타격할 수 있는 핵무기에 대기권 재진입 기술을 적용할 수 있는 기반 기술을 거의 확보하는 시점이다.

일부 미국인들은 북한에 '코피 전략'을 사용해 미리 미국의 의도를 보여야 한다고 주장하고 있다. 북한의 핵시설 등을 선제 정밀 타격하고 동시에 사드, 이지스 시스템, 항공모함 같은 전략자산을 한반도 주변에 집결시켜 북한을 압박함으로써 반격을 사전에 차단하고 나아가 북한의 핵폐기를 이끌어 낸다는 전략이다. 북한은 최근 고체 연료 로켓 시험에 성공하면서 이전에는 보이지 않던 신속성과 이동성을 과시했다. 북한이 미사일 유도기술을 상당히 많이 진전시켰다는 주장이 나오면서 미국의 우려는 증폭됐다. 미국은 사이버 전쟁을 통해 결함이 있는 요소들을 비밀리에 공급해 북한의 프로그램을 와해시키려는 시도를 계속할 것이다.

오바마 정부의 유산인 '의지 연대'가 다시 결성될 수 있다는 증거도 나타나고 있다. 2016년 11월 미국, 남한, 영국의 연합훈련인 '무적방패작전'이 그중 하나다. 영국, 미국, 일본의 특수부대가 연합해 웨일스의 폐기된 트로스피니드 핵발전소를 '포획'하는 해상 공격훈련을 한 '완갑전사작전'도 있었다(흥미롭게도 이 핵발전소의 설계는 영변 핵발전소와 똑같다). 2017년 12월에는 유엔사령부 회원국들이 캐나다 밴쿠버에서 회의를 열었다. 남한도 일본도 이 회의에 참석했다. 2018년 1월 영국은 남한에 군사 파견단을 보내 한반도에 전쟁 징후가 보였을 때 한국 거주 영국인 8000명을 대피시키는 계획을 조율했다. 중국은 '혁명을 구하기 위해' 군사 개입을 할 계획을 세워놓고 있다. 최근 미국이 출구전략 없이 군사 개입을 해왔다는 사실을 감안하면 트럼프 정부의 민간인들이 군이 대화에서 파괴로 돌아서는 것보다 더 빠르게 돌아설 수 있다는 것이 전혀 놀라운 일은 아니다.

한국전쟁에 유럽이 부분적으로 개입했던 일을 생각해보면 유럽연합은 세계경제에 차지하는 비중이 크기 때문에 개입하면 상황을 호전시킬 수 있을 것이다. 하지만 유럽연합도 미국처럼 경제 개혁이 단기적인 비핵화에 가장 큰 장애물이 됐다는 사실을 제대로 이해하지 못했다. 북한에게 핵 억지력은 경제 개혁의 충분조건은 아니었지만 필요조건이었던 것이다.

남한과의 관계

한국전쟁이 끝난 지 65년이 지난 현재 북한과 남한 주민 사이에는 거의 접촉이 없다. 1990년대 말까지는 사실상 접촉이 전혀 없었다. 남한 사람들은 정부 허가를 받지 않으면 갈 수 없다. 남한의 국가보안법은 북한을 찬양하거나 북한에 동조하는 것을 금지한다. 위반에 대한 처벌은 징역형에서 사형에 이른다. 문구상으로만 그런 것이 아니다. 1975년 '인민혁명당 사건'으로 남한인 8명이 재판을 통해 처형당했다. 2002년 의문사진상규명위원회는 사형당한 8명이 거의 무죄가 확실하며 이들의 자백은 고문에 의한 것이라고 발표했다.

남북대화 시도는 그전에도 있었지만, 진정한 기회의 창이 최초로 열린 것은 김대중이 4수 끝에 1997년 대통령에 당선되고 나서다. 김대중 정부는 포용과 위협 자제를 기초로 한 햇볕정책을 펴면서 북한 붕괴를 추진했던 이전 정부의 강경노선을 버렸다. 북한에 대한 이런 접근법 때문에 김대중은 1992년 대통령 선거에서 패배했다. 정계에서 은퇴해 영국 케임브리지 대학으로 간 김대중은 독일 통일 과정에서 배울 점을 연구하면서 잠시 쉴 수 있었다. 서독은 동독 흡수가 어렵다고 판단했다. 통일이 되면 독일의 경제적·정치적 안정성이 위협받는다고 생각할 정도였다. 서독은 동독 경제가 정확하게 얼마나 심각한지 알지 못했다. 서독의 40% 정도라고 추정됐던 동독의 생활수준은 실제로 그보다 훨씬 낮았다는 사실이 나중에 밝혀졌다.

하지만 한반도 상황은 그보다 훨씬 나빴다. 북한은 동독보다 훨씬 더 큰 나라였다. 당시 북한의 생활수준은 남한의 10분의 1에도 미치지 못했다(2018년에는 40분의 1에 근접했다). 산업도 거의 존재하지 않았으며 되살려서 쓸 사회기반시설도 거의 없었다. 동독 사람들은 서양의 생활방식과 수준을 어느 정도 이해하고 부러워했지만, 북한 사람들은 자기중심적 사회에 살았고 대부분은 대안으로 무엇이 있는지도 전혀 몰랐다. 북한 경제는 위축됐고, 남한 경제는 급성장하고 있었다. 남한에 의한 통일 추정비용은 남한을 파산시킬 정도까지 급상승했다. 불안한 민주화 과정이 아직 많이 남아 있는 상황에서 21세기를 코앞에 두고 남한에 경제 위기가 닥쳤다. 북한의 공산주의자들은 민주화 게임을 하고 싶었을까? 남한의 군부는 그런 움직임을 방관하려 했을까? 어쨌든 김대중은 북한이 파괴의 대상이 아니라 지원의 대상이라고 주장했다. 조기 통일은 '1민족 2국가 2체제'로 대체됐다.

한반도의 통일은 38선을 사이에 둔 양측 모두의 최고 가치였다. 처음에 북한은 의심을 떨치지 못했고 분노를 표시하기도 했다. 양측은 반세기 동안 같은 목표를 두고 서로 싸워왔다. 북한은 이러다 관심이 없어지면 남한이 떨어져나갈 수도 있다고 생각했다. 북한을 경제적으로 의존하게 해 나중에 흡수를 쉽게 하려는 절묘한 속임수가 분명하다고 생각했다. 하지만 김대중은 미국과 협의해 경제제재를 완화했고 북한은 자신도 모르게 햇볕정책에 따뜻한 태도를 보이게 됐다.[36]

2000년 6월 15일 김정일은 아스팔트로 포장된 평양 순안국제공항에서 김대중을 맞이했다. 두 지도자가 서로 안은 모습은 전 세계로 송출됐고 북한에 대한 남한의 인식을 바꿔놓았다. 정상회담은 굉장한 성공이었다. 5개 항으로 구성된 남북공동선언문에서 두 정상은 통일 방법에 관한 공통분모를 인정하고, 한반도의 통일 문제를 '자주적으로 해결'하고, '인도적 문제를 조속히 풀어가기로' 하고, '경제협력을 통하여 민족경제를 균형적으로 발전시키고 서로의 신뢰를 다져나가기로' 합의했다. 이 모든 사항은 '당국 사이의 대화를' 통해 실천하고, 김정일이 '적절한 시기에' 서울을 방문하기로 했다.[37]

남북공동선언은 성과가 있었다. 2004년 3월까지 남북장관급 회담 13차례를 포함해 국방장관 회담, 경제 회담 여러 차례, 남북 이산가족 상봉이 6차례 열렸다. 단일기를 들고 단일팀으로 시드니 올림픽 개회식에 공동 입장하기도 했다. 남한 내의 비판 목소리에도 불구하고 햇볕정책은 남북 간 화해, 협력, 교류에 가속도

를 붙였다.[38]

김대중의 후임은 그와 생각을 같이 하는 노무현이었다. 노무현의 지지 기반은 '386세대'로 급격하게 옮겨갔다. 30대로 80년대에 민주화 운동을 한 60년대 생을 뜻한다. 이들은 노무현이 훨씬 더 급진적이 될 수 있도록 정치적 공간을 마련해줬고 노무현은 북한과의 화해를 더 열심히 밀어붙였다. 그 결과 남한의 대미·대일관계에는 긴장이 흘렀다. 핵 위기에도 불구하고 남북간 교류와 협력 속도가 더 빨라졌고 남북간 방문과 무역도 폭발적으로 늘어났다. 정기적인 정부 차원 실무 회담을 통해 개성산업공단 같은 프로젝트가 진행되고 철도와 도로가 다시 연결됐으며 금강산 관광이 장려되고 이산가족 상봉시설이 세워졌다.

하지만 이 상황은 오래 갈 수가 없었다. 부시의 고의적인 제네바 합의 파기와 그 뒤를 따른 이라크의 운명을 지켜보던 북한은 큰 불안감을 느꼈고, 안보에 대한 걱정이 앞서게 됐다. 남북 화해보다 노무현의 평양 방문과 공동선언 발표는 햇볕정책의 마지막을 장식했다. 미 국가안보보좌관 콘돌리자 라이스와 국방장관 로버트 게이츠는 노무현을 '반미주의자'라고 불렀다[39](그들의 관점에서는 그랬다. 위키리크스에 따르면 노무현은 2006년 8월 언론사 간부들과의 비공개 면담에서 '미국이 북한을 공정하게 다루지 않고 있다'고 했다).

보수주의자인 이명박에게 대통령 자리를 넘겨준 노무현은 한계점까지 괴롭힘을 당하다 2009년 5월 스스로 목숨을 끊었다.[40] 그 후 남북관계는 2017년까지 계속 내리막길을 걸었다. 2010년 3월 남한 해군 초계함인 천안함이 어뢰 공격을 받아 해군 46명이 목숨을 잃었다. 이명박은 북한과의 모든 무역관계 중단으로 대응했고 북한은 남한과 접촉을 끊었다. 2010년 11월 남한 해군이 분쟁 대상인 북방한계선을 넘어 사격훈련을 실시하자 북한은 '핫라인'을 통해 훈련 중지를 요구했다. 남한이 이를 거부하자 북한은 연평도에 포격을 가했고 해병 2명, 민간인 2명이 사망했다. 이에 남한도 대응 포격을 했다.

그 뒤를 이어 이뤄진 북한의 핵실험들로 미국-남한 연합훈련이 더 잦아지고 새로운 훈련도 생겨났다. 이명박의 뒤를 이은 사람은 남한의 독재자 박정희의 딸인 보수주의자 박근혜였다. 박근혜는 2016년 광명성4호 위성 발사에 대응해 개성산업공단을 폐쇄했다. 개성공단은 마지막으로 남은 남북협력의 상징이자 북한의 수익원이었다.

2017년 7월과 11월의 북한의 ICBM 발사는 '판을 뒤엎는' 수준을 넘어서 규칙을 뒤엎는 수준의 변화를 일으켰다. 남한은 미국이 자국의 이익을 먼저 챙기겠다고 협박하고 있는 가운데 자신의 운명에 대한 통제력을 상실할 위험에 처하게 됐다. 미국이 보인 모순적이고 일관적이지 않은 반응은 상황을 더 악화했다. 문재인 대통령을 지지하는 진보세력은 한반도에서 어떤 합의라도 이루지 못하면 무슨 일이 일어날지 모른다는 생각에 고민이 깊어졌다.

지금까지도 남한 안보의 기반은 남한-미국 군사동맹이라는 단단한 축이다. 이 실질적인 동반자관계로 두 나라의 군사 자원은 함께 묶였고, 종속적이라곤 해도 남한에게는 의사결정 과정에서 역할이 주어졌다. 카터 이후 모든 미국 대통령은 남한에 무조건적인 지원을 하면서 동아시아에서 미국의 이익을 챙겼다. 이 상황이 무너지기 시작한 것은 트럼프 당선 이후부터다. 진짜 위험은 미국에게 남한의 관심사가 점점 더 지엽적인 문제로 보이게 될 것이라는 데 있다. 북한이 동북아시아에 대한 위협이라기보다는 미국의 국내 안보에 대한 위협으로 인식되고 있기 때문이다. '미국을 다시 위대하게!'라는 구호에는 아시아의 작은 깡패국가에게 위협받는 미국은 없어 보이지만 말이다.

문재인은 2017년 박근혜 탄핵에 따른 보궐선거로 당선됐다. 취임 후 처음 몇 달 동안 문재인은 워싱턴 DC에 가서 트럼프를 만나고 함부르크에 가서 G20 정상회의에 참석했다. 그 후 문재인은 내각에 '우리가 스스로 해결할 수 있는 것이 별로 없다'고 말했다. 완전히 진심은 아니었어도 문재인의 의도는 이 말로 분명히 전달됐을 것이다. 북한과 미국의 냉혹한 논리 사이에 갇힌 문재인은 다른 길을 원했다. 평양을 제외해 북한의 분노를 사긴 했지만, 도쿄, 베이징, 모스크바, 바티칸 등 세계 곳곳에 특사가 파견됐다. 특사들은 이란 핵협상과 포괄적 공동행동계획에 대해 이해하고 그로부터 교훈을 얻으려 했다.

이명박 당선 이후 거의 10년 동안 막후 채널과 비선을 포함해 북한과의 모든 접촉은 끊긴 상태였다. 문재인 당선 후에도 남한이 남한 영해에서 표류 중이던 북한 어부들과 배를 돌려보내면서 이를 알리기 위해 확성기를 사용해야 했을 정도였다. '핫라인' 전화 3대는 모두 작동하지 않는 상태였다. 동해안 쪽에 있던 전화기

토킹 투 노스 코리아

1대는 산불로 타버렸고, 서해안 쪽에 설치된 전화 2대로는 북한에 걸 수는 있었으나 아무도 받지 않는 상태였다.

북한은 남한 정부가 말만 하고 듣지는 않는다고 주장했다. 북한의 우선순위는 안보와 경제였지, 이산가족 상봉이나 동계올림픽 참가가 아니었다. 원칙적으로 남한은 북한을 핵무장국가로 인정하는 데 반대한다. 그럼에도 불구하고 문재인의 입장의 기본 축은 좀 더 절묘하다. '포 노즈(four nos)' 정책이다. 북한에 대한 적대적 정책이 없고, 북한을 공격할 의도가 없고, 북한 정부에게 해를 끼치거나 북한 정부를 교체할 의도가 없고, 한반도 통일을 인위적으로 서두르려고 노력하지 않는다는 정책이다. 하지만 남한의 군부세력은 항상 동참하려고 하지는 않는 듯하다. 기껏해야 진보를 좌절시키고 최악의 경우에는 방해도 한다.

2018년 평창 동계올림픽 남북한 단일팀 구성에 대한 남한의 조기 제안에는 문제가 있었다. 동계스포츠 시설이 없는 북한 선수들은 올림픽 기준을 맞추지 못했다. 4년 전 러시아 소치 동계올림픽에 북한은 단 한 명의 선수도 내보내지 못했다. 북한의 국제올림픽위원회 위원인 장웅이 2017년 초여름 북한 태권도시범단과 함께 서울을 방문했을 때 처음 보인 반응은 남한이 '순진하거나 큰 기대 없거나 둘 다'라는 점잖은 논평이었다. 하지만 결국 정치적 의지와 국제올림픽위원회가 문제를 해결했다.

돌파구는 김정은의 신년사를 통한 선언과 제안이었다. 김정은은 북한의 핵·미사일 프로그램의 완성으로 핵실험과 ICBM 발사를 유보한다고 밝혔다. 또한 김정은은 동계올림픽에 고위관리와

운동선수를 응원단과 함께 보내겠다고 제안했다. 국제올림픽위원회는 북한에 '와일드카드'를 배정했고 남한은 남한 스키선수들의 마식령스키장 연합훈련을 제안했다.[4]

냉전 기간에 미국은 뉴욕, 로스앤젤레스, 워싱턴 DC에 대한 핵 위협을 무릅쓰면서까지 베를린을 보호했다. 미국은 북한이 남한이나 일본, 또는 양쪽 모두를 공격하면 평양을 날려버리겠다고 협박해왔다. 하지만 지금까지 남한과 일본을 보호한 미국의 핵 우산은 미국 본토를 희생하는 수준은 아니었다. 워싱턴 DC나 시카고가 위협받고 있는데 미국이 동북아시아에서 핵 억지력을 확장할지는 의문이다. 따라서 단기적으로 보면 미국 정부는 미래의 '여기'가 아닌 현재의 '거기'와의 전쟁을 선택하려고 한다. 신뢰성이 떨어지는 미국을 더 꽉 껴안아야 하는 것이다. 결과는 이랬다. 김대중과 노무현에게는 미국의 패권주의적 사고에 도전할 여지가 있었지만, 문재인에게 그런 사치는 허용되지 않는다. 미국은 문재인이 트럼프 행정부에 조금이라도 영향력을 계속 행사하려면 반대자가 아니라 충실한 심복이 되어야 한다고 생각한다.

이는 북한의 핵·미사일 실험은 국제법 위반이고 남한과 미국의 연합군사훈련은 적법하다는 주장과 궤를 같이 한다. 연합군사훈련은 천안함 침몰 이후 정례화됐으며 현재는 미국의 관료주의와 밀접하게 연결되어 있다. 하지만 트럼프는 싱가포르 정상회담 직후 기자회견에서 연합군사훈련을 '전쟁놀이'라고 부르며 일방적으로 중단을 발표했다.

사드의 문제점은 첫 번째 배치가 아니라 앞으로 진행될 배치에 있다. 애초에 사드 배치는 중국이 북한의 고삐를 죄지 않는 데 대한 보복으로 당시 대통령 박근혜가 구상한 것이었다. 군사적 관점에는 말도 안 되는 얘기다. 군부의 지배적인 의견은 '건초 더미에서 바늘 찾기(핵탄두를 장착한 미사일 한두 개를 그렇지 않은 미사일들 사이에 섞어서 찾기 힘들게 만드는 방법)'식 미사일 공격에 대항해 현실적인 방어책을 마련해야 한다는 것이다. 그러려면 사드 배치가 5~6번 더 이뤄져야 한다.

남한은 기본적으로 미국이 우선순위를 차지하고 있는 상황에서 미국과 중국 사이에서 균형을 맞추느라 극도의 어려움을 겪을 것이다. 군부의 계속적인 압박, 한미 FTA 재협상을 하겠다는 트럼프의 위협으로 대표되는 미국 무역의 강경 선회, 그로 인한 경제 위기 가능성 고조 등에 대처해야 하는 문재인이 미국에 '노'라고 말할 의지가 있거나 말할 수 있다고 생각하는 사람은 거의 없다. 더 심각한 문제는 남한이 그동안 미국에 종속되어 누린 것들을 미국에 다시 갚아야 할 상황이 온다는 데 있다.

장기적으로 남한은 국가 자율성 회복을 원하고 있다. 문재인은 북한에 대한 그 어떤 군사행동도 거부하려 하겠지만, 정작 군사행동이 시작되면 남한 군부가 방관하는 상황은 상상하기 힘들다. 기본적으로 군부는 그 상황이 되면 동북아시아 지역의 다른 국가들이 개입할 것이고 자신들도 움직일 수밖에 없다는 생각을 하고 있다. 2017년 당시 일본 방위상이었던 이나다 도모미는 북한의 미사일이 일본 상공으로 발사된다면 전쟁을 불사하고 격추시킬 것이라고 위협하기도 했다.

이런 상황에서 남한의 정치인들과 대중은 남한이 핵 억지력을 가져야 한다는 생각을 점점 더 많이 하고 있다. 중국은 거세게 반발하겠지만 중국은 이미 남한 내 사드 배치에 따른 '경제제재'를 하고 있기 때문에 더 할 수 있는 일은 거의 없을 것이다. 일본도 뭔가 하는 시늉은 낼 것이다. 하지만 아베는 속으로 일본 평화헌법 제9조 폐기에 쐐기를 박고 보통국가로 전환할 구실이 생긴 것에 만족할 것이다.

남한 사람 대부분은 북한 정권 제재가 이전의 '당근과 채찍'에서 '당근'을 없애고 사실상 북한 경제를 봉쇄하는 방향으로 급속하게 옮겨갔다고 생각하고 있다. 북한 경제가 완전히 봉쇄된다면 여기서 중국 역할이 중요한데, 경제제재는 북한의 핵심계층인 '중산층'의 생활수준에 심각한 영향을 미칠 뿐만 아니라 북동 지역의 '러스트 벨트'와 주변 지역에 빈곤, 기아, 심한 경우 기근을 일으킬 수 있다. 2017년 11월에는 청진 인근 사람들이 이미 감자로 연명하기 시작했다는 믿을 만한 보도가 있었다. 평양의 시장에서는 소비재 판매가 급감했고 경제적 여유가 되는 사람들은 썩지 않는 식료품을 집에 쌓아놓고 있다.[42]

북한의 평창 동계올림픽 참가와 그 뒤를 이은 정상회담을 북한이 남한, 나중에는 미국이 쉬운 선택지를 '마음에 드는 대로 고르도록' 허용하려는 전주곡이라고 받아들여서는 안 된다. 북한은 남한에게 두 가지를 원하고 있다. 첫째, 북한은 평화를 향한 협상을 통한 로드맵 작성을 목표로 미국이 의미 있는 참여를 할 수 밖에 없도록 문재인이 미국을 설득하길 바란다. 이 로드맵은 트럼프-김정은 정상회담을 가지고 나서야 비로소 시작됐다. 두 번째, 북한은 이산가족 상봉 같은 상징적인 화해 움직임보다는 경제적 참여를 적극적으로 원한다. 북한이 원하는 것은 개성산업공단과 금강산관광특구의 재개다. 개성산업공단의 폐쇄로 역풍을 맞은 남한 중소기업들이 시위를 벌이던 대통령 선거운동 기간에 문재인은 개성공단의 재개를 약속했다. 북한은 돈이 필요하다. 그리고 공식 입장이 무엇이든 북한에 대한 엄격한 경제제재를 폐기해준다면 중국의 지린성과 러시아 국경 지역인 프리모르스키 지역에서 계속 희생하며 경제적 피해를 당하고 있는 관료들과 무역업자들에게도 힘을 불어넣어줄 수 있을 것이다.

제8장

외교: 화해와 고립 사이

북한은 은둔자들의 왕국이 아니다. 과거에도 그랬던 적이 없다. 그렇게 되길 원했을 수도 있지만, 힘과 영향력을 추구하는 주변 국가들과의 상호작용이 너무 많았다. 냉전 기간에는 북한에 우호적인 국가가 열 손가락으로 꼽을 정도였을 때도 있었다. 하지만 3차에 걸쳐 ICBM을 발사하고 6차에 걸쳐 핵실험을 진행한 지금도 북한은 외부 세계와 상당히 많은 연결고리를 유지하고 있다. 2017년 미국이 북한과의 외교관계를 완전 단절까지는 아니어도 축소하라는 압력을 국제사회에 행사했는데도 그렇다.

북한의 유일한 외교 성공사례는 스페인이었다. 북한은 2014년 1월 마드리드에 대사관을 열었다. 스페인 프로축구리그 소속 클럽에서 훈련받는 젊은 축구선수 수십 명에 대한 지원이 주목적이었다(게다가 이탈리아에서도 선수 두 명이 프로 계약을 체결했다. 세리에 A 소속 피오렌티나의 최성혁과 세리에 B 소속 페루자의 한광성이다). 2017년 9월 스페인 정부는 스페인 주재 대사 김혁철을 외교상 기피인물로 지정했다. 쿠웨이트, 페루, 멕시코 주재 대사도 현지에서 같은 조치의 대상이 됐다. 김정남 암살 사건 이후 말레이시아는 북한 대사를 추방했다가 싱가포르 정상회담 이후 말레이시아의 새 정부가 이 조치를 번복했다. 관련된 다른 나라 중 어디도 외교관계를 단절하지는 않았다. 평양에는 아직 외국 대사관이 수십 곳이나 남아 있다. 하지만 외부 세계와 북한의 관계는 급작스럽게 악화 국면으로 치달았다.

김정은이 권력을 처음 장악한 시점에 남한, 일본, 중국에서는 지도자가 교체됐고 미국에서는 오바마 정부가 선거 부담에서 막 벗어나 두 번째 임기를 시작했다. 북한은 최소한 외교 관계에서만이라도 경제적·정치적 개방을 시도했다. 하지만 중국이라는 '친구'에 대한 신뢰가 사라진 상태에서 내부 결속과 외부 안보라는 두 마리 토끼를 다 잡아야 했던 북한은 양보 대신 대립을 선택했다. 일단 대립을 선택한 이상 빠르게 움직여야 했다. 김정은은 미국을 저지하려면 본토를 위협할 수 있는 핵 억지력을 갖춰야 한다고 결론지었다. 북한의 핵기술 보유가 검증된다면 정권은 안전해지겠지만, 결론과 실행 사이에는 위험한 공백기가 생길 것이고 이 기간에 미국은 예방 타격을 할 수도 있는 상황이었다.

목표는 경제 발전이었지만 수단은 로켓과 핵기술이었다. 장기적인 경제적 이득을 얻기 위해 북한은 제재 강화에 따른 단기적

고통을 감수했다. 미국의 신보수주의자이자 유엔 대사인 존 볼턴이 제재 결의안에 개입했던 2005년과 2006년 이후 크게 줄었지만, 유엔 안보리 결의안에는 '우주 공간의 평화적 사용'을 위한 자유재량권이 명시되어 있었다. 하지만 이 자유재량권의 범위에 핵무기는 포함되지 않았다. 그 결과는 끝도 없는 제재의 강화였고, 2013년 3월 유엔 조사위원회는 북한을 인권 범죄 혐의로 국제사법재판소에 제소하려고 했다(이 시도는 결국 2014년 말 중국의 거부권 행사로 좌절됐다).

2017년 8월과 12월에 부과된 제재에 따라 북한 경제는 숨쉬기가 더 힘들어졌다. 북한은 2017년 내내 미사일과 핵개발에 박차를 가했다. 연속적으로 미사일 시험 발사를 통해 북한은 잠수함 발사 역량, 괌과 미국 본토 타격 능력을 갖추기 시작했음을 보여줬으며 결국 2017년 11월에는 화성15호 시험 발사로 미국 전체를 타격할 수 있는 능력을 과시했다. 그 후 북한은 잠시 숨을 고르고 핵·미사일 프로그램의 완성을 선언했다. 김정은은 신년사에서 핵 억지력 개발이 완료됐다고 다시 한번 밝히고, (별로 도움이 안 되는 얘기였지만,) 이제 대량 생산을 할 시기라고 덧붙였다.

2016년 9월 북한은 15킬로톤 출력의 히로시마 핵폭탄과 20킬로톤 출력의 나가사키 핵폭탄 사이의 출력을 가진 소위 소형화된 핵무기를 시연했다. 2017년 9월에는 수소폭탄이라고 주장했지만, 삼중수소 증폭핵분열탄일 가능성이 높은 핵폭탄의 실험을 했다. 출력이 가변적이라는 북한의 주장은 이 추측에 힘을 실어줬다. 출력은 최대 250킬로톤 정도로 추정된다.

도널드 트럼프는 예측불가능하고 화려하고 변덕스러운 행보를 보였지만, 대북 강경론자인 힐러리 클린턴이 2016년 11월 대선에서 승리했어도 결과는 본질적으로 같았을 것이다.

1980년대 말과 1990년대 초 미국의 냉전 승리로 몇 안 되는 북한의 우호국들이 힘을 잃었다. 옛 소련 전역에서 붉은 현수막과 동상이 내려지던 1989년 말 김일성은 차우셰스쿠 부부의 총살 장면을 TV로 지켜봤다. 탈공산주의 국가의 지도자들은 궁핍한 북한이 아니라 급속히 발전하는 남한으로 눈을 돌렸다. 1988년 서울올림픽은 남한의 경제적 성공을 잘 보여줬다. 1987년부터 1989년까지 남한의 대중국 무역량은 2배, 대소련 무역량은 3배로 늘어났다. 소련은 1988년에 서울에 무역사무소를 설치했고, 소련의 뒤를 이은 러시아 연방은 1991년 남한과 외교 관계를 수립했다. 1년 뒤 중국도 남한과 수교했고 북한은 격노했다. 중요한 것은 새로운 현실에 대한 인식이었다.

1990년대 초 러시아 초대 대통령 보리스 옐친은 남한을 선택하면서 북한을 완전히 배제하기 시작했다. 북한에 미친 경제적 영향은 엄청났다. 앞에서 살펴보았듯이 중국과 소련은 점점 더 조악해지고 간신히 기능만 하는 물품들을 북한으로부터 수입하고 석유와 다른 물품들을 '우호적' 가격으로 수출하면서 북한에 대한 영향력을 늘리기 위해 서로 경쟁하던 사이였다. 소련의 붕괴와 함께 시장은 판매자 중심으로 변화했다. 러시아-북한 무역은 1989년 30억 달러에서 1999년에는 거의 100분의 1수준인 4000만 달러로 급감했다. 부실한 물품을 대신해 달러나 유로같은 경화가 교환 수단이 되면서부터였다. 원조 성격이 강한 식량과 에너지를 확보하지 못한 채 질 낮은 상품을 맞바꾸던 고정 시장마저 사라지자 북한은 경제적으로 고립무원의 상태에 빠졌다. 중국도 러시아의 선례를 따랐다. 마오쩌둥의 내전 승리 이후 최초로 중국은 북한에 경화 결제를 요구했다.

평양에는 24개국의 대사관이 있다. 캄보디아, 베트남, 라오스, 인도, 독일, 영국, 스웨덴 대사관 등이다. 스웨덴은 호주, 캐나다, 그리고 미국의 이익대표국(무력 분쟁, 전쟁, 외교관계 단절 등으로 일방의 당사국 의뢰에 의해 그 당사국이나 국민의 이익을 타국의 당사국 영역 내에서 보호할 임무를 위탁받은 제3국 - 역주) 역할도 하고 있다.[1] 스웨덴은 유럽연합에 가입하기 20년도 더 전인 1973년 4월 북한과 외교 관계를 수립했다. 현재 평양에는 유럽연합 국가 중 7개국의 대사관이 있다. 불가리아, 체코, 독일, 폴란드, 루마니아, 스웨덴, 영국이다. 영국은 유럽연합을 공식 탈퇴하는 2019년 3월 29일에 대사관을 철수할 예정이다. 북한도 시리아, 인도네시아, 베네수엘라를 포함해 거의 50개국에 대사를 파견했다. 또한 북한은 제네바, 파리, 뉴욕에도 유엔 주재 대표부를 파견한 상태다. 2001년에 이미 유럽연합과 외교관계를 수립한 북한은 오랫동안 브뤼셀의 유럽연합 본부에 대사를 파견하려 했지만, 프랑스의 반대와 벨기에의 비타협적인 태도 때문에 거부당했다.[2]

북한의 외교관계를 이해하고 이에 대처하기 위한 열쇠는 정책을 결정하는 곳이 외무성이 아니라 중국이나 베트남처럼 당이라는 사실에 주목하는 것이다. 외무성의 유럽, 아시아, 아프리카, 아메리카를 담당하는 국과 함께 조선로동당 국제부에도 별도 조직이 구성되어 있다. 중국, 옛 소련, 동유럽, 유럽, 아시아, 아메리카를 담당하는 조직이다. 당내에는 이런 지리적 구분을 기준으로 하는 부서와 함께 조직, 지도, 연구 등을 담당하는 수평적 부서도 있다. 남한과의 관계는 국제관계가 아니라 국내관계로 간주해 (독자 권한을 가진 부서로 운영되는) 조선아시아태평양평화위원회와 조선로동당 통일전선부가 맡고 있다.

일본

소련 붕괴 이후 북한은 일본과 화해를 시도해야 할 매우 실용적인 동기를 갖게 됐다. 1965년 일본은 한반도 점령과 식민지배에 대한 사실상 '배상금'을 남한에 지급하고 국교를 정상화했다. 무상 공여 3억 달러, 장기 저리의 차관으로 5억 달러를 제공하는 거래였다. 이와 비슷한 거래를 북한과 한다면 일본은 현재 가치로는 125~250억 달러를 지급해야 할 것으로 추산된다. 북한 주민 1명당 475~950달러가 된다.

1989년 3월 일본 총리 다케시타 노보루는 의회 연설에서 일본의 한반도 식민지배에 '깊은 반성과 유감'을 표시하고 북한과의 대화를 요청했다. 그 후 1990년 9월 일본 의회 대표단은 평양을 방문했고 1991년 1월부터 1992년 11월까지 관계 정상화 협상이 8차례 열렸다. 북한은 미국에게 주장할 때처럼 식민지 이후 기간에 대한 추가 배상을 요구했다. 협상은 결국 결렬됐다. CIA가 일본 정부에 북한의 핵계획에 관해 보고한 직후였다.

1998년 북한이 일본 상공으로 위성을 발사했지만, 결국 2000년 4월 대화의 장은 다시 마련됐다. 하지만 이 대화는 일본 해상보안청 소속 순시선이 일본 측 배타적 경제 수역을 침범한 북한 선박을 공작선으로 추정하고 추격해 침몰시킨 사건으로 중지됐다. 1년 뒤 고이즈미 준이치로 일본 총리가 평양을 방문해 김정일과 정상회담을 했다. 두 정상은 북한이 미사일 시험 유보 상태를 유지하고, 김정일은 일본인 납북 사건에 대해, 고이즈미는 한반도 점령에 대해 사과한다는 내용의 조일평양선언에 합의했다. 북한은 1977년부터 1983년까지 '깡패 부대'가 일본인 13명을 납치했으며 그중 8명은 사망했다고 밝혔다. 생존자 5명에게는 '임시' 방문 형식으로 일본 방문이 허용됐고 이들은 북한으로 다시 돌아가지 않았다. 이들은 비밀 고농축우라늄 프로그램 보유를 북한이 '자백'했다고 미국이 발표한 후 48시간도 채 안 돼서 일본에 도착했다. 2004년 5월 고이즈미는 당일 방문 형식으로 평양에 다시 가서 납북자 5명의 가족을 일본으로 데려왔다. 고이즈미는 그 직전에 일본이 승인한 식량·인도주의 원조와 맞바꾼 것이라는 주장을 일축했지만, 별로 설득력은 없었다.

김정일은 납북 사건에 대해 사과하고 납북 일본인 5명을 석방하면 일본과의 관계가 개선되리라고 생각하는 전략적 실수를 저질렀다. 일은 그렇게 풀리지 않았다. 일본 언론의 부추김도 있었지만, 일본 대중은 북한과 일본 정부가 납북자 문제를 너무 오랫동안 무시해왔던 점에 분노했고, 관계는 더욱 나빠졌다.

북한이 제1차 핵실험을 실시한 뒤인 2006년 10월 일본은 북한으로부터의 모든 수입을 금지했다. 일본이 납북자 문제에 계속 집착하면서 2007년과 2008년 양국 관계와 6자회담 모두 교착상태에 빠졌다. 일본이 북한에 고농축우라늄을 제공하지 않은 이유도 이 문제가 풀리지 않아서로 드러났다. 2009년 북한이 탄도 미사일을 대량 발사하고 또 한 차례 핵실험을 진행하자 관계는 훨씬 더 악화됐다. 일본은 이에 대한 대응으로 기존의 수입 금지 조치에 이어 수출 전면 금지 조치를 단행했다.

김정일의 사망과 김정은의 집권도 관계 개선에 아무런 도움이 되지 못했다. 북한이 2012년 4월과 12월에 위성을 발사하고 2013년 2월에 제3차 핵실험을 실시하자 일본의 일방적 경제제재는 더 강화됐다. 2013년 일본 정부는 유럽연합과 함께 조사위원회 구성을 내용으로 하는 유엔 인권위원회 결의의 후원국이 됨으로써 보복 수위를 더 높였다.

2014년 교착상태의 납북자 문제를 해결하기 위해 스톡홀름, 베이징, 베를린에서 협상이 진행됐다. 북한은 8명의 '사망한' 납북자에 대한 조사를 새로 해 1년 안에 자세한 보고서를 제출하겠다고 약속했다. 그 반대급부로 일본은 도쿄 거주 북한인 대표단에 6~7년 만에 처음으로 평양 방문을 허용했다. 하지만 보고서는 결국 나오지 않았다. 2015년 7월 강석주는 2014년 스톡홀름 합의 이후 북한은 약속했던 조사를 했지만, '실종' 납북자를 찾을 수 없다는 결론을 내렸다고 밝혔다. 북한 입장에서는 이 문제가 종결된 것이었다. 일본은 그 후로도 오랫동안 미국과 유럽연합에 로비하고 다큐멘터리를 제작하고 납북자 친척들을 동원하면서 목소리를 높였다. 계속되는 북한의 핵·탄도미사일 실험, 특히 일본 상공을 통과한 2017년 미사일 발사로 북한에 대한 악감정은 더 깊어졌다. 현재 일본에서 생산되는 모든 휴대폰에는 북한이 일본 상공 너머로 미사일을 발사하면 경고를 표시하는 기능이 탑재되어 있다.

북한은 납북자에 대한 일본의 집착이 협상의 진전을 방해한다고 주장하면서 미래의 협상에서 일본이 어떤 역할도 하지 못하리라고 생각하고 있다. 현재 일본 총리인 아베가 지난 수년 간 중심이 되어서 해온 역할도 문제를 악화시키는 원인 중 하나다. 2002년 고이즈미 내각의 관방장관이었던 아베는 자민당 내의 반대를 무시하고 일본으로 데려온 납북자 5명을 북한으로 되돌려 보내고 그들의 가족은 일본 방문 후 되돌려 보내겠다는 약속을 파기한 책임을 지고 있었다. '납북자'가 계속 새로 발견되면서 이 문제는 일본이 사활을 건 문제가 됐다. 그 후 몇 년 동안 시민사회단체들은 900명의 납북자를 더 찾아냈다. 아베는 2006년 고이즈미에 이어 총리에 취임한 후 고위관리들로 구성된 독립 조직인 납치문제대책본부를 설립해 유권자들의 지지를 얻었다. 그 후 아베는 언론과 여론을 이용해 자신을 '(17명으로 추정되는) 아직 돌아오지 않은 납북자들의 생존을 확인하고 그들이 최종적으로 돌아올 때까지 일본을 쉬지 않게 만들 책임질' 인물로 각인시켰다. 하지만 이는 기껏해야 희망사항에 불과한 것이었다. 남성 평균 기대수명이 66세밖에 안 되는 북한에서 납북자 중 최고령자는 93세, 다른 두 명은 80대가 됐을 것이기 때문이다.

다른 납북자들의 유해를 북한이 돌려줬지만, 그 또한 논란을 불러일으켰다. 일본 정부는 요코다 메구미라고 북한이 주장하는 유해를 대상으로 DNA 분석을 해 북한의 주장과 달리 요코다와 관계없는 두 사람의 것이라는 결과를 발표했다. 북한이 거짓말을 했다는 주장이었다. 이 분석 결과는 세계 최고의 과학 학술지 〈네이처〉에 공개됐다. 하지만 〈네이처〉는 일본 데이쿄 대학의 분석이 화장한 표본 분석 경험이 없는 젊은 교수들에 의해 미국 법의학 실험실에서는 오염 위험 때문에 이미 용도 폐기된 기술로 진행됐다는 사실을 밝혀냈다.[3] 연구자인 도미오 요시 역시 자신의 결과가 '결론을 내릴 수 없는' 상태였다고 말했다.

내각관방장관 호소다 히로유키는 〈네이처〉의 기사를 '부정확하고 왜곡됐다'고 공격했다.[4] 〈네이처〉는 매우 이례적으로 사설을 통해 일본의 'DNA 테스트 결과 해석은 정치 개입에서 벗어날 수 있는 과학의 한계를 침범'했으며 '북한을 다루는 일은 절대로 재미있지 않았지만, 그렇다고 해서 과학과 정치의 분리라는 법칙을 깨는 것이 정당화되지는 않는다'고 밝혔다.[5] 독립적인 테스트를 위해 유해를 돌려달라는 북한의 요구는 거절됐고 일본 정부는 6자회담에는 참여하면서도 일방적인 제재를 새로 추가했다.

또 하나의 걸림돌은 '요도호 사건'이다. 1970년 일본에서 적군파 요원 9명이 일본 항공 351편 여객기를 납치해 승객 129명을 태우고 북한으로 도주한 항공기 공중 납치 사건이다. 납치범 중

4명은 아직 평양에 살아있으며 정치적 망명을 인정받은 상태다.[6] 일본 정부가 납치범들에게 납치 혐의를 거두면 일본으로 돌아가 거의 10년 형을 살겠다는 이들의 요청과 북한의 승인에도 불구하고 일본 외무성은 일관되게 이들의 본국 송환을 거부하고 있다. 이들이 평양에 머물고 있다는 사실은 여러 해 동안 미국이 북한을 '테러국가' 명단에서 지우지 않은 핑계가 되고 있다.

따라서 일본은 한반도 위기를 풀기 위한 모든 다자간 협상에서 배제될 가능성이 높다. 일본은 6자회담이 수명을 다했으며 그렇게 된 데는 일본의 책임이 제일 크다는 사실을 인정하지 않는다. 다음 단계는 남북협상과 북미협상이 병행되고 서로 얽히면서

그림 29. 남아 있는 일본 적군파 납치범. 2016년. 사진=데이비드 얘로

진행될 것이며 해결 방안이 도출된다면 '돈을 내는 나라들'과 '보장을 해주는 나라들'이 구성원이 되는 다자간 협상이 필요할 것이다. 중국과 남북한은 일본을 뭔가를 만드는 나라가 아닌 파괴하는 나라로, 회의적인 나라가 아니라 일을 망치는 나라로 보고 있다.

중국

중국은 북한의 가장 큰 동맹국이었으며 아직도 많은 사람이 그렇다고 생각한다. 소련 붕괴와 함께 중국은 북한이 의지할 수 있는 유일한 강대국이 됐다. 꽤 오랫동안 북한의 해외 무역의 90% 정도는 중국과 이뤄지거나 중국을 통해 이뤄졌다. 주로 광물, 해산물, 섬유를 수출하고 석유를 수입했다. 2017년 하반기 가장 최근 제재가 이뤄지기 전에는 무역이 활기를 띠었다. 중국의 공식 보고서에 따르면 2017년 1/4분기 북한-중국 무역은 지난해보다 37.4% 신장했다.[7]

하지만 중국과 남한 사이의 무역 규모에 비하면 이는 아주 작은 양이다. 중국에게 북한은 경제적 기회보다는 정치적 문제에 더 가깝다. 2009년 양국이 '북·중 우호의 해'를 선언한 후 후진타오는 김정일에게 '사회주의 현대화'를 권고했다.[8] 하지만 1년 뒤 중국은 천안함 침몰 사건과 관련해 북한을 비난하지 않았다. 미국의 냉소에 적잖게 자극받았기 때문이다. 게다가 유엔 조사위원회 보고서를 '불합리하다'고 비판했다.

　그래도 '입술과 이처럼 가까운' 관계라는 말로 10여 년 동안의 두 나라 관계를 설명할 수는 없다. 가장 중요한 전환점은 김정은의 승계였다. 김정일 치하에서는 중국 측에서 북한에 올 때가 더 많기는 했어도 두 나라의 왕래가 매우 잦았다. 2011년 이 상황은 새 지도자가 마음에 들지 않던 중국이 잘못된 말 두 마리에 승부를 걸면서 완전히 뒤집어졌다. 그 말 두 마리는 처형된 장성택과 암살된 김정남이다. 게다가 그 후에는 북한 지도부, 장성택과 가까웠던 중국 백만장자 궈원구이가 정부와의 불화로 미국으로 망명하는 바람에 중국은 북한 지도부를 들여다볼 눈마저 잃었다.

　중국은 북한의 핵 프로그램을 자국 안보에 대한 위협으로 여겨 '결연한 반대'의 태도를 보이고 있다. 북한의 핵무장은 미국에 의한 한반도 봉쇄, 미사일 방어체계의 남한과 일본 배치, 미국이 강요한 평화헌법 제9조의 폐기에 정당성을 부여하고 있다. 이 모든 것은 북한뿐만 아니라 중국에게도 똑같이 위협이 되고 있다. 김정일은 핵 프로그램을 선택의 대상으로 생각했지만, 김정은에게 핵 프로그램은 핵심 목표였다.

　중국은 북한의 모든 핵실험에 판에 박힌 비난을 해왔지만, 2012년 북한 최고인민회의가 헌법을 개정해 북한을 '핵무장국가'로 만들자 태도는 진지하게 변화했다. 유엔 안보리에서 중국과 러시아는 제재를 막는 입장에서 자제하는 입장으로, 기권에서 지지로, 결국에는 시늉만 내던 입장에서 실제로 행동한다는 입장으로 정치적 태도를 전환했다.

2016년 초만 해도 중국은 제재를 심각하게 생각하지 않았다. 이 태도가 바뀐 것은 북한의 2월 위성 발사를 중지시키기 위해 보낸 특사를 공개적으로 무시한 다음부터다. 북한에 대한 태도를 얼마 전에 누그러뜨린 중국에게는 잊지 못할 모욕이었다. 게다가 그전 12월에 중국 공연무대 배경으로 사용한 '버섯구름' 그림을 내리라는 중국 당국의 요청을 거절한 모란봉악단을 중국이 쫓아낸 일 때문에 문제는 더 복잡해졌다. 중국은 석탄 수입을 중지했다. 북한은 환멸과 배신감을 느끼기에 이르렀다.

그림 30. 일거리를 기다리고 있는 라선항

이제 중국은 북한의 가장 친한 친구가 아니다. 최근까지는 양국이 적대적 관계였다. 양측이 서로에게 가진 불신의 정도는 가볍게 생각하기 힘들 것이다. 무역 외에는 북한에 영향력을 거의 미치지 못해도 중국은 현 상태를 유지하고 싶어 한다. 중국은 북한의 무릎을 꿇릴 정도의 경제적 영향력이 있지만, 북한이 언제든지 싸움을 시작할 수 있으며 그로 인해 수백만 명의 난민이 지린성으로 밀려들고 미군이 압록강 바로 남쪽에 들어올 수 있다는 것도 너무나 잘 알고 있다. 지린성에서는 2018년 초에 난민 수용소가 건설되고 있었다. 미국은 '휴전 상태의 유지'를, 중국은 '혁명의 유지'를 원한다. 적의 적은 친구다. 문제는 누가 적이고 누가 친구인가다.

3월과 5월, 7월에 김정은이 베이징에 가서 중국과 갑자기 화해하고, 싱가포르 정상회담 직후 시진핑을 만나러 다시 베이징으로 간 것은 미국이 북한을 전쟁에 져서 '항복하는 국가'로 다루려 한다고 북한이 느낀다는 사실을 반영한다. 북한은 존 볼턴이 트럼프에게 밀어붙이고 있는 리비아 모델이 아니라 '단계적이고 동시적인' 비핵화 모델을 수용할 수 있도록 시진핑과 문재인의 지지를 구하고 있다.

미국

버락 오바마 취임 후 4개월이 지난 2009년 5월 북한은 제2차 핵실험을 진행했다. 오바마는 겉으로는 아무것도 하지 않았다. 협상도 위협도 없었다. 다른 방법을 사용하기 위해 기다렸다. 제재를 통한 압력이 북한의 태도를 변화시킬 때까지 기다린다는 '전략적 인내'였다. 협상 테이블에 앉는데 인센티브가 있어서는 안 됐다. 그동안은 기술이 현상을 유지할 것이었다. 사드와 다른 미사일 방어 무기체계가 배치되고, 이 무기체계가 미국의 군수업자들에게 최소한이라도 이익을 보장해주는 데 도움이 된다면 좋은 일이었다. 오바마는 또한 북한의 대리 파트너인 중국이 합리적으로 생각하도록 압력의 수위를 높였다. 말할 필요도 없이 전략적 인내(더 정확하게는 악의적 무시)는 효과가 없었다. 오바마 집권 기간에 북한은 핵실험을 3차례, 위성 발사를 2차례, 미사일 발사를 거의 70차례 더 진행했다.

모든 반대 주장에도 불구하고 트럼프 취임 첫해는 변화보다 연속성이 더 많은 부분을 차지했다. 분위기는 어두웠으며 '화염과 분노' 같은 말로 얼룩졌지만, 미국은 의도적으로 늦장을 부리고 있었다. 공개적으로는 장거리 미사일 발사와 핵실험이 미국과 유엔의 제재를 강화했다. 미국 정가에서는 김정은이 신년사를 발표한 후에도 이런 분위기가 계속됐고 트럼프는 '최대 압박'의 효과를 들먹였다.

미국의 닫힌 문 뒤에서는 이라크의 선례를 따라 김 씨 가족과 정권의 우호세력을 교란하고 시민 불안을 조장하는 비밀공작에 관한 이야기가 나오고 있었다. 북한의 대응은 놀랄만한 것이 못 됐다. 과거의 최후통첩 문구에서 복사해다 붙인 수준이었다. 거기에 미국의 괌 군사기지를 미사일로 공격하고 재래식 탄두를 탑재한 미사일을 남태평양 깊숙이 발사하겠다는 아주 구체적인 위협이 추가됐을 뿐이었다.

다양한 의미에서 미국과 북한은 공모와 협력을 하고 있다. 미사일의 사정거리와 정확성, 핵실험 성공, 탄두 소형화에 관한 북한의 과장된 주장은 피해망상증이거나 경제적 이익을 노리거나, 혹은 둘 다에 해당하는 세력들에 의해 뒷받침된다.

2016년 1월 2일 북한을 여행하던 미국 학생 오토 웜비어가 평양의 양각도 호텔 출입통제구역에서 액자에 담긴 포스터를 훔치려다 체포됐다. 오토의 아버지 프레드는 동계올림픽에 펜스 부통령 수행단원으로 왔던 사람이다. 북한은 웜비어가 재판에서 선고받은 직후 식중독에 걸렸으며 약과 수면제 처방을 받았다고 밝혔다. 웜비어는 밤새 구토하다 질식했고 뇌에 산소 공급이 끊겼다 (북한에 있는 다른 사람들은 웜비어가 방 커튼으로 자살 기도를 했다고 은밀하게 주장했다). 다음날 아침 웜비어는 의식을 잃은 채 발견됐다. 책임자들은 당황해서 지휘 계통을 따라 보고하지 못했고 그가 의식을 회복하기만을 기다렸다. 미국으로 송환됐을 때 웜비어는 식물인간 상태였다. 평양친선병원에서 충분한 보살핌을 받은 후였다. 반대 주장을 하는 사람도 있지만, 돌아왔을 때 그에게 욕창, 체중 감소, 상처는 없었다.'

지도부와 김정은이 정확하게 언제 웜비어의 상태를 알았는지는 분명하지 않다. 미국으로 송환되기 몇 달 전에 알았다는 주장도 있다. 당시 국가안전보위부의 최상층 인물들이 아무런 설명

없이 갑자기 교체됐기 때문이다. 외무성은 사건이 한참 진행된 후에도 몰랐던 것이 확실하다. 미국 요원들이 웜비어를 데려가려고 왔을 때 외무성과 병원 당국은 그의 석방이 법원의 권한인데도 모두 국가안전보위부의 허가 없이는 움직이지 않으려고 했다. 웜비어 사건으로 트럼프는 여행 금지령을 내렸다. 인도주의적 차원이나 국가 이익 차원에서 북한을 방문하려는 미국 시민은 특별 여권을 신청할 수 있다. 이는 북미정상회담이후에도 여전히 그대로다.

미국의 제재 강화는 모든 형태의 관계에 해로운 영향을 미치고 있다. 미국 시민이 포함된 모든 회의는 미 국무부 승인을 받아야 한다. 교통비, 호텔 숙박료, 식사비 지출마저도 북한에 대한 재정 지원으로 간주한다. 영향은 미국에만 한정되지 않는다. 국제적십자위원회 같은 조직도 북한 관련 일을 진행할 때 유엔 안보리 제재위원회와 협상해야 한다. 유엔 안보리 제재위원회가 미 국무부보다 상대하기는 쉽지만, 그래도 필요한 승인을 받으려면 4~6주는 걸린다.

북한 입장에서 미국은 믿어서는 안 되는 상대다. 과거의 협상이 미국의 뜻대로 진행되지 않았다면, 그 협상들은 북한의 뜻대로도 진행되지 않은 것이었다. 북한은 클린턴 대통령으로부터 제네바 합의를 지키겠다는 편지를 받은 적이 있다. 하지만 그 편지는 부시 대통령의 합의 파기를 막을 수 없었다. 트럼프 행정부의 고위관리 일부는 정상회담과 대화가 궁극적으로 성과를 낼 수 있을지에 회의적이다. 성과가 나지 않는다면 좋아할 사람들도 있을 것이다. 그들 입장에서 미국은 세 번이나 협상했지만 실패한 상태다. 삼진 아웃인 것이다.

2018년 3월 김정은의 북미정상회담 제의와 그보다 훨씬 더 놀라운 트럼프의 전격 수용이라는 이중폭탄은 모든 상황을 한꺼번에 뒤집어 놓았다. 하지만 처음에 트럼프의 의도는 정상회담을 코앞에 두고 강경하지만 실용주의적인 백악관 국가안보보좌관 H. R. 맥마스터를 해임하고 그 후임으로 북핵을 막을 유일한 방법은 전쟁뿐이라고 주장해왔던 볼턴을 기용함으로써 의심을 받았다. 하지만 결국 볼턴은 폼페이오 국무장관에 의해 배제됐다.

북한은 평화조약 또는 평화합의 후 조기 종전 선언을 요구하고 있다. 미국 내 일부 세력은 그런 평화합의는 사실상 북한을 핵무장국가로 인정하는 일이라고 주장하고 있다. 외교적 합의는 다른 무엇보다도 기술적 역량을 바탕으로 한다. 2017년 11월 ICBM 발사 실험과 핵실험 동결 선언으로 북한은 미국의 선제 군사 타격 직전에 멈췄다. 북한은 트럼프가 싱가포르에서 7월 27일 종전 선언을 약속했다고 주장했다.

북한의 비핵화에 필요한 것은 무엇일까? 북한은 제네바 합의 조건으로 돌아가 영변 원자로와 실험용 경수로를 폐쇄하고 그 원자로들이 생산해 낼 전력에 대한 보상으로 경수로를 요구할까? 그렇게 한다면 정치적으로도 매우 큰 문제가 될 수 있지만, 북한 경제의 에너지 부족 현상을 해결하기 위해 재래식 발전소를 이용하게 된다면 수입 연료에 대한 의존성이 높아져 고통을 겪을 수밖에 없다. 경수로를 다시 살린다면 시간을 절약할 수는 있다. 기

토킹 투 노스 코리아

초공사가 이미 되어 있는 데다 현재 상황에 맞춰 빠르게 제도적 장치를 조율할 수 있기 때문이다. 재생에너지로 간극을 채울 수도 있다. 하지만 북한의 남성적인 권력 정치는 내용보다 형식을 선호한다. 어쨌든 전국 수준의 전력망을 새로 구축하지 못하면 아무것도 할 수 없다.

미국은 협상 결과로 몇백억 달러를 쓸 의지도 능력도 없다. 트럼프는 값싼 해결책을 찾고 있다. 그리고 트럼프가 돈을 쓰려고 한다 해도 의회는 절대 예산 승인을 해주지 않을 것이다. 이 어려운 문제를 풀기 위해서는 선수들이 더 많이 필요하다.

유엔

한국전쟁에 미국이 지금도 판문점 성조기 옆에서 펄럭이는 유엔 깃발 아래 개입했다는 사실을 생각해보면 북한과 유엔의 관계에 문제가 많다는 것이 전혀 놀랍지 않다. 수십 년 동안 남북한 어느 쪽도 유엔 회원국이 아니었다. 하지만 1991년 제46차 유엔총회 결의안 제1호에 따라 남북한은 동시에 가입했다.

1990년대 중반 기근 시기부터 현재까지 유엔은 정권 제재와 인도주의 원조 사이에서 끊임없이 줄타기를 해왔다(제4장 참조). 남북한 어느 쪽도 놓치지 않기 위해 유엔은 점점 더 절묘하고 미친듯이 움직여야 했다. 예를 들어 2018년 4월 유엔은 북한의 식량 불안에 대처하기 위해 1억1100만 달러 모금운동을 시작했다.

2017년 8월에도 유엔은 심각한 가뭄 피해에 대처하는 데 도움을 주기 위해 600만 달러를 지출했다. 하지만 제재가 새로 가해지면서 수백만 달러 상당의 응급의료 키트가 중국 국경에 인질로 잡혔다. 키트 안에 가위가 들어 있었기 때문이다. 한편, 대북 금융제재로 유엔이 북한 현지 활동 단체에 합법적인 자금을 송금하기도 매우 힘들어졌고 비용도 더 많이 들게 됐다.

2006년 북한의 제1차 핵실험에 대한 대응으로 유엔은 사치품과 북한의 핵 프로그램에 도움을 줄 가능성이 있는 기술 수출을 금지했다. 2009년 위성 발사 후 더 넓은 범위의 무기 금수조치가 뒤를 이었다. 2013년 1월에는 미사일 발사에 의한 제제가 이뤄졌다. 이 제제에서 유엔은 군사기술 연구개발에 사용하기 위한 화

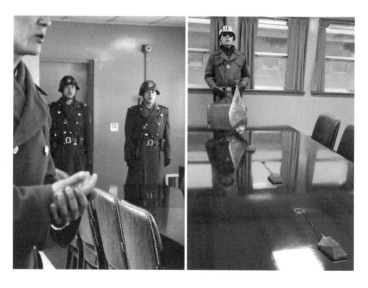

그림 31, 그림 32. 북한 쪽에서 들어간 판문점(왼쪽)과 남한 쪽에서 들어간 판문점.

토킹 투 노스 코리아

물을 압수하고 파괴할 수 있게 했으며, 2013년 3월 제3차 핵실험 이후에는 금, 바나듐, 티타늄, 희토류 광물 수출 금지 조치를 단행 하면서 석탄과 철 수출은 '생계 목적'으로 제한했다. 희토류 광물 이 포함된 것은 세계시장에서 중국이 사실상 독점 상태를 유지 할 수 있도록 마지막 선물을 준 것이었다. 제5차 핵실험에 따른 2016년 11월 제재에서는 수출 금지 품목에 광물이 추가됐으며 석탄 수출액 상한선이 설정됐다. 2017년 2월에는 미국의 압력으 로 중국이 그해 남은 기간 석탄 수입 중지를 발표했다.

2017년에는 2번의 추가 제재가 있었다. 첫 번째 제재는 북한산 석탄, 철, 철광석, 납 등 광물 수출 전면 금지와 해산물, 섬유 수출 금지를 내용으로 하며, 이로 인해 북한의 연 수출액은 최소 10억 달러가 감소할 것으로 예상됐다. 또한 이 제재로 제3세계 국가에 서 북한의 해외 노동자를 고용하는 데 제한이 생기고 북한과 거 래하는 외국 무역은행에 대한 엄격한 조치가 예고됐다. 그해 두 번째 제재는 석유 수입을 차단하고 빠져나갈 마지막 구멍을 막아 러시아를 포함한 나라들에서 북한 노동자가 계속 고용되는 상황 을 끝내기 위한 것이었다. 2006년 첫 제재 결의를 시작으로 현재 까지 유엔 안보리는 모두 11차에 걸쳐 대북제재를 결의했다.

북한의 '해외 노동자'는 주로 중국과 러시아에 파견되어 있으 며 중동과 유럽에도 일부가 일하고 있다. 이들이 벌어들이는 액 수는 7억5000만~10억 달러로 추정되며, 그중 상당 부분이 해마 다 북한 정부로 송금된다. '북한인 노예 노동'에 반대하는 전 세계 차원의 운동으로 이들의 고용 금지가 추진되고 있다. 하지만 현실적으로 이 해외 노동자 자리는 북한에서 선망의 대상이며, 이를 돈 벌 기회로 여기는 북한 사람들은 청탁을 해서라도 해외 노동자가 되려고 한다.

제재와 관련 문제 중 하나는 제재 이행이다. 2017년 2월 유엔 전문가 패널은 193개 유엔 회원국 중 116개국이 제재 이행 관련 보고서를 제출하지 않았다고 밝혔으며,[10] 그 결과로 이들 국가에 대한 이행 촉구가 대규모로 이뤄졌다. 미국은 미얀마, 소말리아 등에 특사를 보내 유엔 방침에 따를 것을 강요하는 한편, 북한 대사관을 결혼식장으로 빌려주고 돈을 챙기는 방글라데시나 대사관을 숙박업소로 전용해 수익을 올리는 독일 같은 나라들을 찾아냈다.

미국은 조직적으로 움직이기 시작했다. 2017년 12월 미국은 남한과 일본을 주빈국으로 한 유엔사령부 파견국가 외무장관 회의를 소집했다. '의지 연대'를 소집해 필요하다면 65년 동안 멈춰 있는 전쟁을 다시 시작하기 위한 것이었다. 유엔은 보란 듯이 초청하지 않았다. 유럽연합, 러시아, 중국도 역시 초청되지 않았고 시진핑은 분노했다. 3월 미국은 워싱턴 DC에서 같은 형식으로 '전문가회의'를 소집하고 라이베리아 같은 나라를 추가해 '제재의 강제 집행과 밀수 통제'에 관한 논의를 진행했다.

또 다른 쟁점은 인권이다. 북한의 인권 상황이 심각하지 않다고 생각하는 사람은 없다. 하지만 문제는 이를 미국을 포함한 나라들이 북한에 대한 공격 도구로 사용하고 있다는 점이다. 유엔 북한인권조사위원회는 기본적으로 회원국들의 동의에 의해 설립된 기구였다. 조사위원회의 보고서 내용은 비판적이었지만, 내용 자체는 1994년 김일성이 사망하기 오래전의 수용소 경험을 포함해 수십 년 전 상황을 담고 있었다. 내용 일부는 가짜 증인들의 증언이기도 했다(제4장 참조). 보고서 내용을 그대로 받아들인다고 해도 그 내용이 김정은을 국제사법재판소에 제소할 수 있을 정도로 명백한 증거가 되기도 힘들었다. 김정은은 이 보고서가 의뢰된 시점으로부터 겨우 1년 전에 집권했기 때문이다. 유엔이 인권 개선을 원한다면 유엔 국가별인권상황정기검토라는 절차를 이용하는 것이 가장 효과적이다. 북한은 이 절차에 적극적으로 참여했으며 권고사항을 대부분 수용했다.

유엔 안보리 주변에서는 유엔 헌장 제5조와 제6조를 적용하자는 움직임이 있었다. 제5조는 '안전보장이사회에 의해 취해지는 방지조치 또는 강제조치의 대상이 되는 국제연합회원국에 대해서는 총회가 안전보장이사회의 권고에 따라 회원국의 권리와 특권의 행사를 정지시킬 수 있다', 제6조는 '이 헌장에 규정된 원칙을 끈질기게 위반하는 국제연합회원국은 총회가 안전보장이사회의 권고에 따라 기구로부터 제명할 수 있다'는 내용이다. 그렇게 되면 북한은 유엔을 탈퇴하거나 축출될 가능성이 높다. 유엔은 영양실조에 시달리는 160만 북한 어린이를 계속해서 지원하고 있지만, 이는 유엔 자체의 비상 기금에 전적으로 의존하며 회원국들의 자금 지원은 완전히 끊긴 상태다.

미국, 남한, 일본 그리고 유럽연합은 모두 유엔 제재 수위를 넘어선 추가 제재를 하고 있다. 미국은 북한의 자금 세탁을 의심해

금융거래도 제재한다. 또한 북한에 다녀온 모든 선박과 비행기, 북한 항구에 기항했던 배와 물건을 바꿔 실은 선박은 180일 동안 미국에 들어갈 수 없다. 오토 웜비어 사건 이후로는 미국 시민의 북한 방문과 북한 시민의 미국 방문이 금지됐다. 2010년 천안함 침몰 사건 이후로 남한은 북한과의 무역을 극도로 제한하고 북한 선박의 남한 입국을 금지했다. 일본은 납북자 문제와 관련해 북한과의 모든 무역과 북한으로의 자금 송금을 동결하고 의심스러운 단체나 개인의 자산을 동결할 수 있도록 했다. 유럽연합은 무역 제한 물품 목록을 가지고 있다. 그중 대부분은 북한이 유럽연합에 한 번도 수출한 적이 없는 것들이나 사치품이다. 미국, 남한, 일본, 유럽연합은 유엔과 함께 별 일관성 없이 개인에 대해서도 제재하고 있다. 한 나라에서는 제재 대상인 개인이 다른 나라에서는 대상이 아닌 식이다.

유럽연합

북한은 모든 것을 알고 있지만, 항상 그 모든 것을 이해해주지는 않는다. 유럽연합에 관해서는 특히 더 그렇다. 북한은 유럽연합이 결핍, 난민 위기, 이슬람 테러, 포퓰리즘에 힘겹게 대처하고 있다는 것을 알고 있다. 하지만 이 모든 것에도 불구하고 포괄적 공동행동계획(이란 핵협정)을 통해 이란이 핵개발 계획을 동결하고 파기하게 한 주역은 유럽연합이었다. 그다음 이야기에는 두 가지 측면이 존재한다. 부정적 측면은 트럼프가 이란 핵협정 밖의 내용을 문제 삼아 협정 자체를 파기했다는 점이다. 이란이 중동의 '잘못된' 나라에 정치적 도움을 주고 미사일 등의 물류 지원을 했다는 이유였다. 이란의 미사일 프로그램은 협상 범위에 들어있지 않았다. 이 모든 상황은 미국과 지속가능한 거래를 할 수 없다는 생각을 북한이 갖도록 만들었다. 긍정적 측면은 이란 핵협상에 유럽연합, 프랑스, 독일, 영국의 지원이 계속되고 있으며 트럼프 정부의 위협과 압력에도 불구하고 이런 움직임이 궁극적으로 적절한 보장국가들의 도움을 받아 북한이 더 넓은 범위의 거래를 할 가능성을 높인다는 점이다.

북한은 28개 회원국 중 6개국이 한반도에 병력을 파견했어도 한국전쟁 개입에 의해 거의 오염되지 않은 유럽연합이 '중립'세력이 될 수 있다고 생각하고 있다. 하지만 유럽연합 정책결정자들은 점점 미국 쪽으로 기울고 있다. 북한은 유럽연합이 미국의 도발이 어느 정도인지 모른다고 생각한다. 2014년 독일이 타우루스 KEPD 350 공대지 미사일 250대 이상을 남한에 팔기로 계약을 맺은 것은 충격이자 실망이었다. 북한은 미사일 판매에 대해 거센 비난을 퍼부었다. 사정거리 500km에 6m 두께의 콘크리트를 뚫을 수 있는 이 미사일 계약은 '독일이 진정으로 한반도의 평화를 원하는지 의심하게 하는 반평화적 행위'였던 것이다.[11]

유럽연합은 1998년 12월에 북한과 정치 대화를 시작했지만, 2001년 5월 예란 페르손, 크리스 패튼, 하비에르 솔라나 트로이카가 평양을 방문하기 전까지는 북한과 외교 관계가 없었다.

2000년에 이미 유럽연합은 직접(9500만 달러) 또는 세계식량계획 (4400만 달러)과 유럽 NGO들(990만 달러)을 통해 식량과 인도주의 원조를 하고 있었다. 21세기 초반 유럽연합은 세계경제에서 독립적인 정치 단위가 될 시기를 맞은 것처럼 보였다. 산업, 경제 통합 다음 단계는 정치 통합이었다. 종속에 의한 통합이 아닌 개별 국가의 이익을 지키는 통합이었다. 유럽연합이 북한에 개입하는 방식이 이렇다고 생각하는 사람도 있다. 전략적으로 유럽연합은 미국의 접근방식과는 극명한 대조를 이루는 방식을 선택했다.[12] 남한 김대중 대통령의 방식에도 일부 영향을 받았다고 생각된다. 그해 5월 트로이카의 북한 방문으로 북한은 2003년까지 미사일 발사를 유보했으며 유럽연합-중국 간 방식으로 유럽연합-북한 간 인권 대화를 한다는 데 합의했다. 당시 유럽연합은 북한에 인도주의 원조를 하고 있었다. 식량과 의약품 제공, 역량 강화 지원, 기술 원조와 시범 농업 프로젝트 진행, 지속가능한 천연자원 개발 지원과 교통기반시설 원조, 유럽연합 섬유 수출창구 확대 등이 원조 내용이었다. 〈로동신문〉에는 유럽연합이 미국에 도전할 수 있는 유일한 패권세력이라는 사설이 계속해서 실렸다.

하지만 시기상조였다. 유럽연합의 공동외교안보정책은 빛을 보지 못했다. 유럽연합은 너무 멀리 앞서 나갔고 미국은 다시 천천히 줄을 당기기 시작했다. 유럽연합은 인도주의 원조와 정치 대화를 계속 진행했다. 2004년 9월 단기 식량 원조를 단계적으로 줄이고 장기 개발 원조를 해달라고 요청하면서 북한은 당시 활동하던 유럽의 NGO들이 유럽위원회 산하 조직으로 이름을 바꿔 계속 활동하도록 특별 허가를 내줬다.

유럽연합의 인권 대화는 초기부터 헤리티지 재단과 프랑스 정부의 방해를 받았다. 서너 차례 인권 대화가 진행된 뒤 성과가 나오기 시작했다고 유럽위원회 관료들이 말하던 시점인 2003년 유럽연합은 프랑스 주도로 제네바 유엔 인권위원회 북한인권결의안에 일본과 함께 후원국 서명을 했다(제4장 참조). 북한은 유럽연합의 사전 통보를 받지 못했다. 당연히 대화는 중지됐다.

북한과 유럽연합의 가장 최근 접촉은 2018년 4월 북한 외무성 유럽담당국장이 브뤼셀을 방문해 이뤄졌다. 북한은 이를 15차 정치 대화로 간주하고 있다. 프랑스, 영국, 미국, 일본 모두 불편한 심기를 드러냈다. 14차 정치 대화는 2015년 6월 평양에서 열렸고 13차 정치 대화는 그 훨씬 전인 2010년에 열렸다. 예상 못 한 것은 아니지만, 대화가 진행될수록 유럽연합은 미국의 입장을 반복하는 발언을 하게 됐다. 유럽의회도 별로 다르지 않았다. 2017년 1월 유럽연합은 '인권, 민주주의 그리고 법치의 침해'라는 결의를 찬성 65표, 반대 2표, 기권 10표로 통과시켰다.

유럽연합 내부의 분열은 심각한 상태다. 앞에서 살펴봤지만, 한편에는 영국의 지원과 부추김을 받는 프랑스가 있다. 두 나라 모두 어떤 형태의 개입에도 적의에 찬 극렬한 반대를 하는 강경한 태도를 취해 페데리카 모게리니 유럽연합 외교·안보 고위대표를 좌절시키고 있다. 유엔 안보리 상임이사국으로서 엄청난 영향력을 행사하는 나라들이기도 하다. 이런 적의는 대통령이 바뀌어도 영향을 받지 않는 프랑스 외무부 내부에 깊숙이 뿌리 내린 듯하다. 프랑스는 북한과 외교 관계가 없는 유일한 유럽연합 회원국이며 항상 유엔 안보리의 제제 수준을 뛰어넘는 제재를 해야 한다고 선봉에 서서 목소리를 내는 나라다. 2015년 이란 핵협상에 가장 서명하기 싫어했던 나라도 프랑스였다. 2018년 봄에는 이란에 아무것도 주지 않으면서 미사일 문제를 해결하려고 하기도 했다. 에마뉘엘 마크롱 프랑스 대통령이 독일의 압력으로 입장을 결정적으로 바꾼다고 해도 이미 유럽연합을 떠나 미국에 붙은 영국의 반대가 남아 있다.

반대편에는 스칸디나비아 국가들이 있다. 특히 스웨덴은 개입, 대화, 협상을 선호한다. 2001년 트로이카의 평양 방문을 이끈 사람이 당시 스웨덴 총리 예란 페르손이었던 것은 우연이 아니다. 2017년 안보리에서 스웨덴이 한 역할에 대해 일본 외교관들은 스웨덴 사람들은 자기들이 북한 사람인 것처럼 행동한다고 비판하기도 했다.

2017년 8월 모게리니와 북한 외무상 리용호는 손을 마주 잡았지만, 유엔에서 유럽연합과 유럽연합 회원국들은 계속해서 미국의 노선을 따를 것이다. 과거 동북아시아에서 유럽연합은 실제로 역할을 하는 쪽이라기보다는 돈을 내는 쪽이었다. 남한, 일본, 미국의 압박으로 유럽연합은 한반도에너지개발기구에 자금을 대일본을 끌어들이기도 했다. 오직 남한과 일본만 움직인다는 것은 일본 입장에서는 정치적으로 생각할 수 없는 일이었다. 유럽연합은 6자회담에도 초대됐지만 패튼은 이를 거절했다.

지난 10년 동안 엄청난 상황 변화가 있었다. 중국이 일어나고,

2011년에는 유럽연합-대한민국 간 FTA가 발효됐으며, 2018년에는 역사상 가장 큰 규모의 무역협상인 유럽연합-일본 FTA가 공식 체결됐다. 유럽연합이 새롭게 이익균형을 맞추고 있다는 뜻이다. 이는 트럼프 행정부가 출현하면서 확실한 사실로 굳어졌다. 미국 행정부에 대한 불안감이 생긴 남한은 유럽연합이 어느 정도 개입하는 방식의 협상에 관심을 보이면서 유럽연합과의 관계를 강화하고 있다.

제9장

결론: 싱가포르 이후

2018년 6월 싱가포르 북미정상회담은 내용보다는 볼거리 위주의 회담이었다. 실제로 정상회담 자체가 트럼프의 변덕 때문에 받아들여졌다. 3월 8일 남한의 한 고위관리는 김정은이 트럼프 대통령과의 조기 정상회담을 제의했다는 북한 정부의 보도를 부인했다. 트럼프는 참모들과 상의도 없이 제안을 수락했으며 즉시 발표를 지시했다. 석 달 뒤, 중간에 걸림돌이 어느 정도 있었지만, 정상회담은 성사됐다. 김정은은 수차례 회의와 심야 나들이를 하는 동안 내내 반갑게 인사하면서 싱가포르 사람들의 눈길을 끌었다. 한동안 트럼프는 정상회담을 앞당겨서 빨리 진행하려고 했지만, 결국 즉흥행동을 자제하고 계획대로 움직였다.

두 나라의 국기가 교대로 걸린 역사적인 장면을 배경으로 상징적인 악수를 한 후 트럼프와 김정은은 통역만 대동한 채 40분 동안 비공개로 만났다. 그 후 각자 3명씩을 불러들여 실무 오찬을 겸한 확대 회담을 열었다. 결과는 400단어가 안 되는 성명 발표였다. 체제안전보장과 한반도의 비핵화를 향한 전진을 약속했으며 새로운 북미관계 수립과 한반도에서의 지속적이고 강건한 평화체제 건설, 전쟁포로와 전시행방불명자의 유해발굴, 신원확인자의 즉각적인 유해송환 추진에 관해서도 합의했다.

기자회견에서 트럼프는 '전쟁놀이', '도발' 같은 김정은의 표현을 사용해 한미연합군사훈련 중지도 발표했다. 두 정상은 싱가포르 정상회담 이후 여러 번 정상회담이 더 열릴 것이라는 암시를 계속 흘렸다. 비공개 회담에서 합의했다고 추측하게 만드는 표현도 나왔다. 북한은 행동을 통한 진전을, 미국은 휴전 상황 '수정'을 예고했다.

정상회담은 했지만 얻은 것은 없었다. 하지만 정상회담 자체가 진전이었다. 최소한 뭔가를 만들어 낼 수 있는 토대가 됐다는 점에서, 세계가 몇 달 전보다 훨씬 덜 위태롭고 훨씬 더 안전한 곳이 됐다는 인식을 심어줬다는 점에서 그렇다. 하지만 실제로 그렇게 되는 것은 예상처럼 지극히 어려운 일이 될 것이다. 미국과 북한이 현재 걷고 있는 좁은 외교 행로에서 살짝만 발을 헛디뎌도 한반도를 비롯한 전 세계는 다시 전쟁을 향해 치달을 것이다. 그 상황을 피하려면 미국은 야심을 억제해야 한다.

미국은 싱가포르 정상회담으로 가는 길에서 도를 넘었다. 트럼프가 새로 지명한 국가안보보좌관 존 볼턴이 폭스 뉴스에 나와 미국이 '최대 압박'을 완화하기 전에 북한이 먼저 핵무기와 잠재적 핵무기 개발 프로그램, 화학무기와 생물무기, 중장거리 미사일을 모두 포기하고 일본인 납북자를 돌려보내라고 요구했다. 이런 '이행 요구'는 북한이 제안할 의지가 있거나 김정은이 실행할 수 있는 범위를 넘어선 것이었다. 정복한 나라에나 강요할 수 있는 사항들이었다. 볼턴은 북한을 1945년 8월의 일본처럼 다루고 있었다. 최후의 결정타는 '리비아 모델을 따른다'는 볼턴의 말이었다. 너무나 무리한 말이어서 합의를 위한 노력이 아니라 방해하려는 시도로 보였다. 당연히 분노한 북한은 외무성 제1부상이자 전 6자회담 수석대표 김계관을 통해 격한 반응을 나타냈다. 뒤이어 나중에 대미협상에서 중심적 역할을 맡게 되는 북한 외무성 부상 최선희도 같은 반응을 보였다.

북한에 대한 국제사회의 우려는 지난 12년 동안 가해진 9번의 유엔 안전보장이사회 제재에 그대로 나타나 있다.' 이 제재들은 핵무기와 핵확산, 인권에 초점을 두었으며 북한의 우주 프로그램과 장거리 미사일에 대한 측면 대응 성격이기도 했다. 따라서 의제를 지나치게 확장해 결과를 위태롭게 해서는 안 된다. 현실감각과 균형감각이 필요하다. 김정은에 대응해 정상회담을 취소한 트럼프는 김정은이 편지를 보내 한 발 물러서자 태도를 바꿨다. 이번에는 미국이 요구사항을 줄였고 트럼프는 정상회담은 하룻밤에 이뤄지는 일이 아니라 과정이라고 인정했다.

미국 정부의 핵심 목표는 북한의 핵무기와 잠재적 핵무기 프로그램을 중단시키고 폐기해 완전하고 검증 가능하며 불가역적인 수준의 비핵화를 이끌어내는 것이다. 이 과정이 여러 해 걸린다면 북한은 ICBM과 ICBM 시험·제조 역량을 먼저 포기해야 할 수도 있다. 적어도 비핵화가 끝날 때까지 ICBM을 국제사회의 감시 아래 두어야 할 수도 있다. 미국이 미사일보다 핵무기를 우선순위에 두어야 한다는 정반대의 주장이 있지만, 이는 북한이 맨몸으로 협상 테이블에 나가지 않는다는 핵심 사항을 놓친 것이다. ICBM 없이도 북한은 공격할 수 있다(예를 들면, 해상 공격)는 반론은 오랫동안 있었다. 분명한 질문은 이것이다. 북한이 왜 그런 공격을 해야 하는가?

기간이 늘어나는 것은 기술적 이유 때문이 아니라 정치적 이유 때문이다. 미국은 북한이 핵무기를 분해할 핵기술자들을 국외로 내보낼 준비만 되면 12개월에서 2년 안에 비핵화가 가능하다고 주장한다. 만약, 진짜로 아주 만약에 김정은이 일정을 그렇게 앞당길 생각이 있다고 해도 북한은 미국이 비핵화 과정 막판에 좋은 망명 조건을 제시해서 북한 핵과학자와 핵기술자를 모두 빼돌릴 수 있다는 불안감을 가지고 있다. 이에 대한 분명한 반론은 모든 과정을 국제사회의 감시 아래 북한 내에서 진행하면 된다는 것이다.

검증 사찰의 문제에 관해서는 북미 양측이 정치적으로 받아들일 수 있는 개입 수준과 기술적으로 필요한 수준 사이의 간극을 좁혀야 할 것이다. 북한은 한반도 비핵화에 서명했다. 하지만 북한 사찰단이 남한의 용산 미군기지에 들어와 핵물질을 조사할 정도가 되지 않으면 북한에서 할 수 있는 일에는 한계가 있다. 북한은 미국에 우선권을 줘서 NPT 재가입을 피하기 위해 IAEA의 검증 사찰에 저항하고 있다. 국제사회가 아무리 선택지가 없다고 해도 일방주의로 치닫는 또 다른 미국의 모험을 얼마나 낙관적으로 생각할지는 미지수다.

미국과 북한은 모두 의제의 내용에 관해 투명해져야 한다. 유엔 안전보장이사회의 우려에 대처하는 것은 최소이자 최대가 되어야 한다. 비핵화와 비확산, 장거리 미사일, 인권은 무거운 짐밖에 되지 않을 것이다. 막판에 유럽연합이 주도권을 쥘 가능성도 있다. 2014년부터 북한은 유럽연합-북한 인권 대화 재개를 제안해오고 있기 때문이다. 인권 대화는 죽어있는 정치 대화를 되살리면서 동시에 할 수 있는 일이다. 북한은 중국처럼 사회적·경제적 권리에 초점을 맞출 것이다.

과거에 북한은 기존 합의들을 위반하면서 우주계획을 장거리 미사일 개발과는 별개로 간주해왔다. 미국이 원하는 바대로 북한의 우주계획은 이번 합의에 포함되어 있을까? 위성을 궤도에 올리는 기술에는 재진입 기술이 포함되어 있지 않기 때문에 미국은 결국 북한의 우주계획을 묵인할 수 있을까? 북한의 위성 발사를 위해 발사시설을 제공할 나라가 있을까? 북한과의 과거 협상 경험에 비추어 볼 때 결과는 나중에 가 봐야 알 수 있을 것이다.

또한 미국은 북한이 핵확산국들의 월마트 역할을 그만할까 봐 걱정한다. 앞에서 살펴봤듯이 2000년대 중반 북한은 이란, 시리아, 미얀마의 핵 프로그램에 도움을 줬다. 하지만 북한이 핵보유 상황을 완전히 공개한다면 핵확산을 막는 감독 활동이 상대적으로 심해져 핵물질의 나라 간 이동이 제한될 수 있다. 이는 간단한 문제가 아니다. 영변 핵시설만 해도 건물이 200개가 넘는다. 하지만 부분적이더라도 조기 선언과 조기 사찰 수용은 김정은의 의지를 보여주는 중요한 신호가 될 것이다. 더 큰 문제는 북한의 핵과학자들이다. 폼페이오는 이들을 대거 미국으로 데려가야 한다고 제안했다. 하지만 더 좋은 방법은 북한 핵과학자들을 재교육해 소련 붕괴 후의 핵과학자들처럼 잠재적 핵무기 프로그램을 관리하게 하는 것일 수도 있다.

워싱턴과 베이징

처음에 북한은 두 가지 수가 있었다. 첫 번째는 과감하고 근본적인 전환이다. 마지막으로 남아있는 중국과의 관계를 포기하고 미국 중심으로 선회하는 방법이다. 중국과 소련 사이의 냉전 결승전은 북한에 유리하게 작용했다. 김정은의 목표는 똑같은 상황을 미국과 만드는 것이었다. 북한이 부속물, 즉 한 세대 또는 그 이상의 기간 동안 미국의 피보호국이 된다는 생각이었다. 미군 기지를 유치하겠다는 암시를 하기도 했다. 하지만 미국은 북한에 유리한 행동을 하려고 해도 항상 중국에 제지당했다. 미국의 관심이 줄어들어도 대기하고 있는 나라가 또 하나 있었다.

북한과 미국 사이의 초기 교류는 김정은이 '영원한 동지도 영원한 적도 없다'는 파머스턴 독트린을 신봉하고 있음을 미국이 몰랐다는 사실을 드러냈다. 트럼프 행정부도 중국의 감독과 속박에서 벗어나려는 북한의 이례적인 노력을 이해하지 못했다. 북한의 이런 노력 중 눈에 띄는 것으로는 김정은이 이란을 버림으로써 진지함을 보이고 인권 상황을 개선하거나 앞에서 말한 핵물질들의 보유 상황을 완전히 공개하겠다는 암시도 있었다. 상상을 초월한 움직임이었다. 트럼프가 북한의 제안을 무시하는 것이 분명해지자 김정은은 차선책을 찾기 시작했다. 중국과 마지못해 화해하는 것이었다. 3월과 6월에 베이징에서, 5월에 다롄에서 열린 시진핑-김정은 회담은 김정은의 의도를 그대로 드러내준다. 북한은 비핵화 과정을 받쳐주고 감시해줄 외부 파트너를 찾고 있

그림 33. 평양 길거리에서 담배를 피우면서 카드놀이를 하는 사람들.

었다. 싱가포르 정상회담은 시진핑과 중국 입장에서는 놀라울 정도의 성공이었다. 회담 몇 주 전만 해도 중국은 북한이 중국을 곧 버릴 것이라고 우려했지만, 중국은 싱가포르 회담 이후 정치적인 회전문을 통과해 앞으로 나아갈 수 있었다. 김정은이 에어차이나 비행기를 타고 싱가포르에 도착하는 장면은 중국에 더없이 소중한 장면이었다.

이와 대조적으로 미국의 급진주의자들은 막후에서 중국과 협상을 벌여 한반도를 통일하는 방법을 구상하고 있었다. 동북아시아의 현실과는 정반대 방향으로 열심히 움직이는 이들에게 중국은 훨씬 더 설득하기 힘든 상대였다. 중국은 통일 한국이 미국과 동맹국이 되어 중국의 턱 밑에 있는 것보다 현재 상태를 선호하기 때문이다. 앞에서 말했듯이 북한은 조기 통일이 흡수 통일과 별 차이 없다고 본다. 남한에서는 설사 문재인이 힘으로 통일하지 않겠다는 자신의 약속을 뒤집도록 설득당한다 해도 남한 사람들은 불가피하게 발생할 통일 비용을 감당하려는 의지가 거의 없다. 브뤼셀에서 열린 한 회의에서는 남북통일이 남한의 '생활수준 20% 하락'을 의미할 뿐이라는 주장이 제기되기도 했다. 남한 입장에서 통일은 열광의 대상이 아니라 공포의 대상이다. 특히 젊은 사람들은 더 그렇게 생각한다.

문제는 미국의 최상위층이 관심이 없다는 데도 있다. 그들은 북한을 잘못 이해하고 있다. 트럼프는 북한에 맥도널드가 들어서고 바닷가에 콘도가 지어지면 미국 기반의 다국적 기업이 북한 경제를 쥐고 흔들 수 있다는 전망을 제시했다. 하지만 북한이 원하는 바는 관계 정상화, 국가안전보장, 미국의 경제적 족쇄에서 벗어나 김정은이 '북조선' 특유의 경제를 스스로 건설할 수 있게 되는 것이다. 북한은 힘과 안전, 번영을 원하며, 베트남과 중국, 더 나아가서 남한과 일본처럼 되고 싶어 한다. 미국의 자유시장 자본주의가 아닌 국영기업, 재벌, 자이바쓰를 가진 나라가 되자 한다. 이는 경제적으로 활기차고 효율성 높은 아시아의 일당제 국가들이 선택한 산업구조다. 미국이 북한에 진지하게 투자하게 된다면 그건 미국의 보상 차원이 아니라 북한의 양보 차원이 될 것이다. 미국의 고장 난 정치제도는 남한, 중국, 독일이 전폭적으로 참여하고 나서도 오랫동안 북한에 대한 제재를 거두지 않음으로써 미국 기업들의 대북 투자를 막고 스스로 해를 입을 것이다.

싱가포르 정상회담 전 미국은 최종적인 비핵화가 이뤄질 때까지 북한에 '최대 압박'을 행사하겠다고 했다. 정상회담이 성사된 현재 이 말이 쉽게 나오지는 않고 있지만, 그런 정서는 여전히 남아 있다. 자기가 한 선동을 자기가 믿으면 절대 안 되는 법이다. 하지만 미국은 그렇게 했다. 2017년 말이 되자 마지막 제재가 북한에 충격을 주기 시작한 것은 사실이다. 북한 북동부에서는 식량 부족 현상이 발생했고 전기 공급 시간도 평소 수준 이하로 짧아졌다. 하지만 이 때문에 북한이 핵 억지력 발표를 한 것은 아니다. 발표는 11월 28일 ICBM 발사 성공이라는 기술적 성공 때문이었다. 이 성공은 북한이 미국 본토 전체를 타격할 수 있는 사정거리를 확보했다는 증명이 됐으며, 이 내용을 담은 김정은의 신년사가 발표되자 걷잡을 수 없을 정도의 외교 움직임이 뒤따랐다.

이유가 과학 때문이든 고통 때문이든 '최대 압력'이라는 말은 3월의 싱가포르 정상회담 개최 발표와 김정은의 잇따른 중국 방문 이후 수명을 다했다. 정상회담 이후 이 말은 완전히 묻혔다. 중국은 제일 나중에 들어와서 제일 늦게 나갔다. 제재 결의에 서명하고, 제재를 이행하고 강제한 마지막 나라였다. 중국은 북한이 중국의 영향권에서 빠져나갈 수 있다는 위험과 정권 제재에 가장 심하게 영향을 받은 사람들이 북·중 국경의 중국 쪽 지역에 살면서 일한다는 사실을 잘 알고 있다. 제재 자체는 엄격하게 시행됐지만, 구체적인 이행은 점점 더 관대해졌다. 작은 가위가 들어있다는 이유로 응급의료 키트 수만 상자가 북한에 반입되지 못하던 시대는 오래전에 지났다. 2018년 7월 현재 지린성에는 부동산 붐이 불고 있다. 북한 국경 지역의 부동산 가격이 폭등했고, 모험심 강한 사람들은 북한 시장에 나온 주택이나 아파트를 살 수 있었다. '최대 압박' 정책을 그대로 유지하려는 미국의 노력은 자신들에 대한 부인이며, 국내 차원에서는 정치적 올바름을 위해 중국과 북한의 친선관계에 굴복하는 행위다.

유엔 제재는 단계적으로 부과됐다. 한 번 부과될 때마다 수위가 점점 높아졌다. 북한이 역사의 테이프를 거꾸로 돌리고 있다면 논리적으로 이 과정도 역으로 적용되어야 한다. 북한 입장에서는 이 테이프가 결국 다 풀릴 때까지 아무것도 얻지 못한다는 것은 말도 안 되는 얘기다. 미국의 입장에서도 그렇게 되면 정치를 잘한 것이 아니게 된다. 김정은은 과감하게 위험을 무릅쓰고 있다. 군 지도부의 열광적 지지를 받으면서가 아니라 그들의 인내를 지켜보면서다. 자신의 노력이 성과를 못 내면 김정은은 상처를 입고 약해질 것이다. 이는 인민이 당의 지도에 철저한 주의를 기울이라는 김정은의 지난봄 호소나 트럼프가 정상회담을 취소하겠다고 위협했을 때 김정은이 보낸 비공식 서한에 여실히 드러난다. 춥고 배고픈 사람에게는 나중에 만족할 수 있다는 설득이 잘 통하지 않는다. 중국의 뒤를 따라 남한도 북한의 발전을 도와준 것에 대한 보답을 원하게 될 것이다. 그리고 그 과정에서 중국은 자신의 이익을 챙길 것이다. 미국은 따라가지 말고 앞서가야 한다.

그림 34. 라선 수산물가공공장 노동자들이 중국행 냉장트럭에 물품을 싣고 있다.

이 모든 것이 잘못된다면

이 과정에는 3가지 주요한 위험 요인이 있다. 첫 번째 위험 요인은 악감정이다. 미국에는 이 과정에 참여해도 아무것도 얻을 수 없다는, 거의 신념에 가까운 생각을 하는 사람들이 있다. 이들은 김정은이 김정일과 다르다는 점을 인정하지 않는다. 이들은 합의가 불가능하며, 설령 합의가 이뤄진다고 해도 김정은과 북한은 속임수를 쓸 것이라고 믿는다. 김정은 같은 지도자와의 합의 진행 자체가 기본적으로 터무니없는 일이라고 생각하는 사람들도 있다. 또한 미국에서처럼 공개적이진 않지만, 북한에도 같은 생각을 하는 사람이 분명히 있을 것이다.

두 번째 위험 요인은 양쪽이 각각 서로에게 속아 넘어갈 가능성이다. 대표적인 예는 무아마르 카다피다. 카다피는 미국과 서방을 믿다 결국 허를 찔렸다. 어떤 합의가 이뤄진다고 해도 북한은 미국의 현 대통령이나 미래의 대통령이 개성 한복판에서 식량 폭동, 봉기, 반란이 일어났을 때 인내할 수 있을지에 확신하지 못하고 있다. 또한 그 반대로 김정은이 트럼프를 바보로 생각해 비핵화 약속을 지킬 생각이 없이 트럼프를 이용하고 있을 가능성도 있다. 그렇다면 미국은 이전 상태로 돌아갈 것이다. 이 두 시나리오 모두 현실화될 가능성이 충분하다. 하지만 이런 상황은 약속 이행과 투자, 그리고 믿음으로 극복할 수 있다. 그렇게 되려면 합의와 그 이후의 과정에서 합의 당사국들을 굳게 결속시킬 사람들과 기관들이 주인의식을 가져야 하며, 진전에 박차를 가하고 중간에 이견을 조정할 수 있는 장치도 확실히 해야 한다.

가장 중요한 것은 세 번째 위험 요인이다. 내재적으로 가능한 것들에 대한 무시다. 미국과 북한 모두 이런 태도를 보인다. 두 나라 모두 서로를 이해하지 못하고 있다. 정치가 획득 가능성의 기술임을 잊어버렸거나 아예 알지 못하는 한 이 두 나라는 불가능과 지킬 수 없는 약속을 요구하고 찾을 수 없는 것을 찾으려 할 것이다. 두 나라 모두 이 과정이 잘못되면 75년 전에 임의로 그어진 선 양쪽에 사는 수천만 명이 엄청난 피해를 볼 수 있음을 충분히 인식해야 한다.

한반도는 이제 어디로 갈까? 여전히 상황은 매우 위험하다. 앞으로의 여정은 길고 복잡하고 지극히 어려울 것이다. 평화를 이루기보다 천국에 가기가 더 쉬울지도 모른다. 미국이 세계를 지옥으로 몰지 않으려면 외교를 선택하는 수밖에 없다. 외교 외에 미국이 선택할 수 있는 모든 방법은 같은 결과를 초래할 것이다. 각 방법 간의 유일한 차이점은 지옥으로 모는 속도 차이밖에 없다. 전쟁으로 가는 길에는 군사 타격, 비밀공작과 전복작전을 통한 '정권 교체', 경제 봉쇄와 무역 금지 수준에 육박하는 가혹한 정권제재 부과 등이 있다. 실제로 이 치명적인 세 가지 수단은 무력 충돌로 가는 3차선 고속도로다.

전쟁은 다시 일어날 수 있다

한반도가 2018년 초반의 상태를 유지하면서 계속 미래로 진행했다면 서방에서 예측하지 못한 전쟁이 발생했을 수도 있다. 공식적으로 중국은 중조 우호협력상호원조조약에 따라 북한이 공격받으면 북한을 돕게 되어 있다. 1961년에 체결된 이 조약은 아직도 유효하며 2021년까지 자동 갱신된다. 하지만 2017년 중국은 중국 판단에 북한이 공격하거나 전쟁을 도발한다면 이 조약이 적용되지 않음을 분명히 했다. 반대로 중국은 어떤 충돌이 있더라도 DMZ 북쪽에 병력을 배치하거나 기지를 세우지 않는다는 미국의 약속도 믿지 않고 있다. 미국은 중유럽과 동유럽에서 소련과 했던 비슷한 약속을 깬 적이 있기 때문이다. 솔직히 미국은 그런 충돌이 일어난 후 반란과 시민폭력이 계속됐을 때 선택할 방법이 거의 없을 것이다.

중국은 이 모순적 상황을 어떻게 해결할 수 있을까? 중국은 북한과 함께 미국에 대항해 싸우고 싶은 생각이 없으며 미국이 북한을 공격하는 것도 원하지 않는다. 답은 이렇다. 중국은 북한 문제 자체를 근본적으로 해결할 수 있다. 중국은 북한이 파괴되기 직전에 개입할 가능성이 있다. 북한군 장성이나 중국이 개입해 '혁명을 구해주길'(중국인민지원군이 한국전쟁에서 썼던 표현이다.) 바라는 당 간부와 사전에 정밀하게 계획된 일일 것이다. 중국의 의도는 빠르고 희생을 최소화하는 쿠데타일 수도 있다. 이 쿠데타를 통해 북한과 북한이 보유한 핵무기를 확보하고 김정은의 자리에 중국의 꼭두각시를 앉힌 다음 빠르게 철수하려 할 것이다. 하지만 이 시나리오는 말처럼 쉽지 않다. 이미 2014년 가을, 당시 조선로동당 국제담당비서였던 강석주는 필요하면 북한은 중국과 싸울 것이라고 밝힌 바 있다. 문제는 중국이 개입하면 미국과 남한이 어떻게 반응할지다.

앞에서 살펴봤듯이 북한에서 미국과 일본은 철저히 악마로 묘사된다. 반면, 중국에 대해서는 아무리 불만이 있어도 한국전쟁에서 도움을 준 나라라는 인식이 자리 잡고 있다. 그 도움의 정도가 실제보다 형편없을 정도로 낮게 평가되고 있지만 말이다. 2014년 조국해방전쟁승리기념관이 재개장했을 때는 중국인 참전군인 수백 명이 참석했다. 최근 들어 중국 지도부는 북한을 '배신'했다고 비판을 받았지만, 중국 사람들, 특히 국경 지역에 사는 조선족들에 대해서 북한 사람들은 아무 말도 하지 않고 있다.

중국은 미국과 군사 대 군사 조정을 할 정도로 한반도의 미래를 우려하고 있다. 2017년 마러라고에서 열린 도널드 트럼프와 시진핑의 정상회담에서 합의된 경제, 법 집행, 민간, 군사영역 의제 중 현재 현실화되고 있는 것은 군사영역 의제뿐이며 그것도 대부분 북한에 한정되어 있다. 중국 정부는 부인했지만, 중국 선양의 북부전구사령부와 서울의 미군사령부 사이에 핫라인이 개설됐다는 보도도 있었다. 2016년 8월에는 미 합참의장 조지프 던퍼드가 중국 북부전구사령관 쑹푸쉬안과 북한 국경 근처에서 만나 군사작전을 참관하기도 했다. 당시 미 국무부 장관 렉스 틸러슨이 북한 정권 붕괴 가능성에 관한 질문에 답한 내용도 같은 맥

락에서 해석할 수 있다. 중국이 한반도전쟁 이후 밀려들어 올 난
민에 대비해 수용소를 짓고 있다고 발표했을 시점이었다. 틸러슨
은 다음과 같이 말했다.

> 북한 내부에서 어떤 일이 발생할 수 있다. 그 일은 외부에 있는
> 우리가 일으킬 수 있는 일이 아닐 수도 있다. 그 일로 모종의 불안
> 상태가 촉발된다면 우리에게 가장 중요한 것은 그들이 이미 개발한
> 핵무기를 확보하고 그 무기들을 가지지 않기를 바라는 사람들의 손
> 에 그 무기들이 들어가지 않도록 하는 일일 것이다.[2]

북한 핵시설의 위치를 찾아낸다면 중국은 무기 경쟁에서 우위
를 차지할 것이다. 하지만 중국의 손에 북한이 들어가는 것을 '그
무기들을 가지지 않기를 바라는 사람들의 손에 그 무기들이 들어
가지 않도록' 미국이 저지할지는 확실하지 않다. 병을 고치는 치
료가 병보다 더 고통스러울 수도 있기 때문이다. 어쨌든 성공한
다면 중국의 위치는 미국을 제치고 협상에서 우위를 차지할 것이
고 트럼프는 무기력해질 것이다. 남한도 북한이 종속국과 식민지
사이의 애매한 상태에 놓인 것에 분노하고 통일도 이제 환상에
불과하다고 생각하게 될 것이다.

따라서 백악관이 뒷짐을 지고 있을 것이라고 상상하긴 힘들어
진다. 그렇다면 미국이 개입하면서도 전쟁을 재래식 전쟁에서 핵
전쟁으로 변화시키지 않을 방법이 있을까? 북한과 핵무기시설,
미사일 발사시설, 제조시설을 정치적·군사적으로 통제할 기회가

생긴 상태에서 이 두 '해방자'들을 어떻게 떼어놓을 수 있을까? 중국은 미국보다 정치적·군사적 장애물이 적다. 북한은 미국과 미국인을 악마로 생각하기 때문에 병력으로 밀어붙일 중국군과는 달리 조선인민군은 미군에 결사항전할 것이고, 북한은 DMZ 바로 북쪽까지 대대적으로 병력을 전방 배치해 미군의 진격을 늦출 것이다.

하지만 빠르게 치고 들어가서 핵무기를 확보하고 바로 빠지는 공격이 성공하려면 우선 핵무기와 핵물질이 어디에 저장되어 있는지를 알아야 한다. 미국이 이라크에서 '대량살상무기'를 찾아내는 데 실패한 후부터는 CIA가 영변 핵시설, 미사일 발사 장소와 제조공장 외에 더 많은 것을 알고 있다고 생각하는 사람은 거의 없다. 그 정도로는 충분하지 않다.

합의 가능성

전쟁을 피하려면 평화 프로세스가 진행되어야 한다. 전쟁의 주요 두 당사국이 반드시 서로 대화해야 한다는 뜻이다. 대화는 2018년 3월에 시작됐다. 국무장관 지명자 마이크 폼페이오가 평양을 두 번 방문했다(한 번은 비공개 방문, 다른 한 번은 공개 방문이었다). 절정은 싱가포르 정상회담이었지만, 회담 후 발표된 공동성명에는 이렇다 할 내용이 없었다. 내용이 빈약했던 이유는 이 공동성명이 추후에 자세하게 논의될 합의사항들의 기초로만 기능하면 됐기 때문이다. 이 과정의 규모는 이란 핵협정을 생각해보면 추산할 수 있다. 이란 핵협정 문서는 핵문제만 110쪽에 부가조항이 수백 쪽에 이른다. 이런 합의는 협상에만 몇 달이 걸리며 최종적이자 가장 어려운 단계인 이행 절차가 수반되어야 한다. 이행에는 10년 이상이 걸릴 것이고 언제든지 무너질 가능성이 있다.

핵확산에 관한 미국의 우려와 정권 교체, 경제적인 목조르기에 대한 북한의 우려를 덜어주고, 두 나라 사이의 완전한 불신을 줄이면서 개발 원조의 필요성을 만들어낼 합의는 어떤 모습이 될까? 신뢰는 말이 아니라 행동에서 자란다. 이 합의는 초반에는 성공적인 모습이 많이 보이다가 뒤로 갈수록 늘어질 것이다. 그 과정조차도 정밀하게 조정되어야 한다. 북한의 일방적 행동 중 일부, 예를 들어 핵실험시설의 파괴 같은 행동은 북한의 선의를 드러내기도 했지만, 그만큼의 의심도 불러일으켰다. 핵기술 전문가들에게 완전히 투명하게 공개되지 않았기 때문이다.

북한과의 모든 '합의' 중에서 실제로 효과가 있었던 것은 제네바 합의밖에 없다. 그 제네바 합의도 결국 실패했으니 어떤 합의도 불가능할 것이라고 주장하는 사람도 있다. 내 주장은 어떤 합의든 효과를 내려면 제네바 합의를 모방해야 한다는 것이다. 제네바 합의는 10년이라는 짧은 기간이지만 북한의 핵 프로그램을 중지시켰다. 뭐가 잘못된 것이었을까? 주인의식이 없었다. 한반도에너지개발기구의 초대 사무총장 스티븐 보스워스는 "제네바 합의는 서명한 지 2주도 안 되어서 정치적 고아가 됐다."라고 말했다. 새로운 합의가 탄생하려면 명확한 참여 비율 설정, 주인의

식, 보증해줄 나라들이 필요하다. 합의의 지속성은 보증하는 나라가 얼마나 강력한지에 의해서만 결정된다.

아일랜드-영국 간 평화 프로세스의 시작이라고 할 수 있는 1973년 서닝데일 합의는 북아일랜드에서의 무장투쟁을 끝내기 위해 체결된 합의다. 1년도 안 돼서 이 합의는 무너졌다. 하지만 그 25년 후 결국 평화적 합의를 이룬 벨파스트 협정은 이 서닝데일 합의와 매우 닮았다. 당시 북아일랜드 사회민주노동당 부당수 시무스 말론은 모든 성공한 대화의 결과는 '알기 쉬운 서닝데일'이 될 것이라고 내다봤다. 북한과 관련해서 미래의 모든 합의는 '알기 쉬운 제네바 합의'가 될 것이다.

북한이 제안하는 것은 하룻밤 사이에 이뤄지는 비핵화가 아니다. 그런 마지막 기회이자 가장 좋은 기회는 2011년에 지나갔다. 현재 북한의 협상력은 그때보다 훨씬 더 세졌다. 당시 미국은 핵무기 개발 가능성을 돈으로 사서 없앨 생각을 하고 있었다. 지금의 북한은 팔 수 있는 완전한 핵 억지력을 가지고 있다. 아니, 그렇다고 주장하고 있다.

이 주장이 완전히 사실인지는 검증되지 않았다. 재래식 탄두가 탑재된 미사일을 남태평양 깊숙이 떨어지도록 시험 발사를 하는 것은 전쟁을 뜻한다. 미국에 가장 유리한 경우는 북한이 능력 면에서 회색지대에 계속 남아 있는 상황이다. 즉, 워싱턴 DC 근처에서 미사일을 터뜨릴 능력은 확실히 있어도 적재능력 부족, 재진입 기술 부재, 원시적인 유도장치 때문에 미국 수도를 타격할 능력은 거의 없는 상태를 말한다. 북한의 핵 억지력 가격이 그렇게 비싸진 데는 다 이유가 있다.

김정은이 신년사에서 일방적으로 핵 프로그램 중지를 선언하자, 평창 동계올림픽에서 남북정상회담, 트럼프와의 회담, 시진핑과의 베이징, 다롄 회담까지 외교 무대가 활짝 열리기 시작했다. 34년 동안 중국, 러시아, 몽골 외에는 지도자가 다녀보지 못한 나라에서 이 정도면 세계일주라고 할 수 있다.

북한은 미국과 더 넓은 세상에 각각 하나씩 최소한의 요구사항을 가지고 있다. 미국에게는 그만두겠다는 약속을 원한다. 위협하지도, 해치지도, 제재하지도, 방해하지도, 간섭하지도 말라는 것이다. 이 약속은 미국이 정통성과 자존감을 부여하는 검증 가능하고 불가역적인 확실한 안전보장을 해주고, 유엔과 국제사회의 제재 완화나 철회를 방해하지 않으며, 세계은행과 국제금융기관에 북한을 거부하도록 한 조치를 해제함으로써 실현될 것이다. 남한과 세계는 인도주의 원조, 개발 원조, 해외 투자를 통해 북한의 재정 상황을 큰 폭으로 끌어올릴 것이다.

부드러운 정상회담에서 어려운 협상으로 가는 길에서 북한은 더 열심히 하는 모습을 보였다. 정상회담 전 무기 시험 유보, 핵실험장 폭파, 미사일 시험시설 해체 약속, 한국전쟁에서 실종된 유엔사령부 소속 군인의 유해 수색 협조 등에서 알 수 있다. 이에 대한 반응으로 트럼프도 연합군사훈련 중지에 합의했다.[3] 당연히 다음 단계는 영변 원자로를 가동 중지해 북한이 보유한 무기급 플루토늄의 양을 제한하는 일이다. 그 뒤에는 북한이 NPT에 재가입하고 IAEA 사찰을 수용하는 단계가 남았다.

바로 여기에 첫 번째 문제가 있다. 북한은 NPT에 다시 가입하기를 꺼리고 있다. 지난번 재가입했을 때 너무 간섭을 많이 당했다. 북한은 두 가지를 우려하고 있다. 범죄자 수용소 방문 요구와 IAEA가 북한이 깨끗하다는 결론을 내릴 때까지 계속될 수없이 많은 사찰이다. 북한에게 비핵화는 남한으로부터의 간섭조차 배제하고 순수하게 북한과 미국 사이의 쌍방 간 문제다. 결국 사찰은 미국 주도가 될 것이고 사찰 범위와 빈도는 기술적 필요성이 아니라 정치적 이해관계에 의해 결정될 것이다. 통상적 절차가 이렇게 무시된다면 세계가 어떻게 반응할지는 알 수 없다.

분위기 조성에는 초반 움직임이 핵심적인 역할을 하지만, 불가역적인 행동은 핵심적인 시험수단이 되기도 한다. 영변 원자로 해체는 에너지 프로젝트, 즉 비핵화 과정에서 남한으로부터의 에너지 공급을 의미할까? 아니면 평화 합의를 의미할까? 세계의 민간용 핵 산업체들은 이 과정에서 기꺼이 자금을 투자하고 협력자가 될 것이다. 2011년 후쿠시마 원자력 발전소 사고 이후 민간 핵 산업은 한 번만 더 사고가 커지면 끝장날 상황이다. 비핵화 과정 중에 발생하는 에너지 간극을 채우는 확실한 방법 하나는 제네바 합의에서 약속한 경수로를 다시 건설하는 것이다. 그렇게 하면 북한의 핵 자존심도 세워주고 북한의 에너지 부족 현상을 완화할 프로젝트 기간을 줄일 수 있다. 신포 근처의 금호지구에서는 경수로 기초공사가 거의 끝난 상태기 때문이다. 원자로 1~2기를 유틸리티 규모의 대량 에너지를 생산할 수 있는 재생에너지 생산시설로 교체해 미국의 본능적인 반감을 줄이는 방법도 있다. 대규모 조력발전이 유력한 후보다. 한반도의 서해안은 조력발전에 필요한 조수간만의 차가 커 설계만 잘하면 조력발전시설 하나로 경수로 1기의 발전량의 2배 정도 에너지를 생산할 수도 있다. 북한은 1981년부터 1986년까지 8km에 이르는 서해갑문을 건설한 경험이 있기 때문에 큰 터빈 정도만 외국에서 수입하면 공사 대부분을 자력으로 할 수 있을 것이다.

합의의 전체적인 틀은 미국과 북한에 달렸지만, 이행 과정을 거쳐 결말에 도달하려면 다양한 보장국가나 기부국가, 또는 둘 다의 역할이 필수적이다. 그 이유는 두 가지다. 정치적 역량 강화와 자금 확보다. 경제를 일으키려면 북한에는 엄청난 자원이 필요하지만, 북한은 미국이 유일하게 돈을 내는 나라가 되기는 고사하고 아예 돈을 내지 않으리라는 것을 너무나 잘 알고 있다. 제네바 합의라는 선례에서 보면 미국은 잔돈 정도만 낼 수도 있다. 하지만 수용 가능한 합의가 되려면 1994년보다 훨씬 심각해진 에너지 부족 문제를 해결할 상당량의 원조가 필요하며, 이를 위해서는 상당히 많은 재정 자원이 확보되어야 한다. 제네바 합의 사항을 지키기 위해 경수로 2기를 건설하는 데 필요하다고 추산된 초기비용은 약 45억 달러였다. 비용은 사실상 경수로 계획이 폐기됐던 2002년에 상당히 많이 상승했고, 그 격차는 결국 메워지지 않았다.

백악관은 기부할 국가가 필요하다는 사실을 인정하고 있다. 미국은 핵으로 무장한 북한이라는 위험으로부터 세계를 구할 것이고 세계는 필요한 비용을 나눠 내야 한다는 것이 미국의 주장이다. 이 비용은 1994년에 필요했던 비용의 최소 2~3배는 될 것이다. 도널드 트럼프는 미국이 실제로 돈을 내는 상황을 결코 받아들이지 않을 것이며 미 의회도 그럴 것이다. 남한은 총비용의 최대 70%를 책임지겠지만, 파트너가 필요할 것이다. 중국은 일대일로 계획(남한도 계획에 포함되어 있다.)의 일환으로 자금을 지원할 것이다. 러시아는 이 과정에서 자국의 이익을 챙길 수 있을 것이다. 북방 국가들과의 경제 협력을 추구하는 문재인의 '신북방정책'과 러시아의 극동개발정책인 '신동방정책'은 철도, 도로, 송유관을 북한으로 확장한다는 점에서 퍼즐 조각처럼 잘 들어맞는다.

다음으로 중요한 것은 보장국가가 있어야 하고 감독이 이뤄져야 한다는 것이다. 제네바 합의 체결과 거의 동시에 미국 정부의 일부 세력은 합의사항의 확장을 도모하기 시작했다. 이런 성향은 지금도 남아 있다. 트럼프의 이란 핵협정 탈퇴는 미국으로부터의 일방적인 보장 또는 트럼프 대통령의 편지가 아무 소용없음을 의미한다. 북한 입장에서는 정치를 통해 최종 합의를 보려면 최대한 크고 영향력 있는 다자간 협의체의 지원과 보강이 있어야 할 것이다. 미국이 언제 일방적으로 행동할지 모르기 때문이다. 가장 이상적인 곳은 유엔 안전보장이사회일 것이다.

이는 1953년 휴전협정을 대체할 평화 합의에 이르는 과정에도 똑같이 적용된다. 다자간 협의체의 보장이 반드시 선행되어야 한다. 김정은의 신뢰 구축 방법은 하드웨어를 위주로 한다. 똑같이 그렇게 대응할 수 없는 미국은 정치적으로 움직일 것이다. 휴전협정은 유엔사령부와 조선인민군, 중국인민지원군 간에 체결된 협정이다. 이승만이 휴전협정에 서명을 거부했기 때문이다. 이승만은 미국이 계속 싸워 승리하길 바랐다. 휴전은 정치적으로는 악몽이며 법적으로는 매우 복잡한 실체다. 유엔사령부와 유엔의 공통점은 똑같이 유엔이라는 말이 들어간다는 것밖에는 없다. 주도권을 가진 쪽에서 보면 유엔사령부는 완전히 독립적인 실체다.

앞에서 언급했지만 2018년 1월 미국은 '의지 연대'를 소집하기 위해 밴쿠버에서 회의를 열었다. 전쟁터로 돌아가기 위한 준비였다. 하지만 이제는 합의가 가장 중요한 주제가 됐다. 북한 입장에서는 합의를 최대한 튼튼하게 만들고, 남한을 포함하는 것을 넘어서 다자간 과정으로 만들어 범위를 넓혀야 유리하다. 북한이 싱가포르 정상회담에서 3자간 선언을 거부한 데는 이런 속내가 있었던 듯하다. 협상 범위 확장은 남한과 중국을 포함하는 것부터 시작될 것이다. 미국, 남한, 북한, 중국이 유엔에서 종전 선언을 하는 것도 한 방법일 수 있다. 1954년 제네바 협상 형식을 다듬어 협상 범위를 넓힐 수도 있을 것이다. 제네바 협상에서는 소련, 프랑스, 영국이 추가로 참여해 베트남과 한반도 교착상태 해결을 시도했다. 유럽연합은 프랑스와 영국을 대체할 수 있을 것이다. 이 방법이 매력적인 것은 러시아가 들어오고 일본이 빠진다는 데 있다. 중국도 이제는 아베의 일본이 해를 끼치고 있다는 사실을 결국 깨달아 6자회담 제의를 거의 하지 않고 있다.

여러 가지 우려가 있긴 해도 이런 합의로 북한의 핵무기 보유가 정당화되거나 유엔 제재가 무효가 되지는 않을 것이다. 위험은 이 합의를 미국이 공식 평화조약으로 전환하도록 북한이 허용할 때 발생할 것이다. 평화조약은 미 의회의 비준을 받아야 하는데, 미 의회는 이런 문제에 관해서는 신뢰할 수 없는 존재다. 합의는 인질로 잡힐 것이다. 한편에는 트럼프와 트럼프가 추진하는 미국 내 안건을 좌절시키려는 민주당 의원들이 있고, 다른 한편에는 북한과의 관계 개선을 비핵화와 인권 문제에 입법적으로 연결하려는 공화당 의원들과 일부 민주당 의원들이 자리 잡고 있다. 하지만 필수 사항을 포함한 합의가 이뤄지면 그 합의는 더 강건하고 튼튼해질 것이며, 합의가 미 상원에서 방치되지 않고 유엔 안전보장이사회의 승인을 받는다면 북한은 더 자신감을 느끼게 될 것이다.

폼페이오의 7월 방북은 이 과정이 얼마나 험난할지 잘 보여주고 있다. 폼페이오는 예상대로 자신의 협상 상대인 김영철 통일전선부장을 만났지만, 그게 다였다. 양측은 완전히 엇갈렸고 서로 원하는 바가 달랐다. 북한은 싱가포르 선언에서 합의된 사항, 즉 종전 선언 이행 소식을 기대하고 있었다. 종전 선언은 3단계로 구성되는 과정의 첫 번째 단계여야 했다. 나머지 두 단계는 평화 합의와 그 뒤를 잇는 미군 철수였다. 또한 종전 선언은 북한의 안전보장을 확실히 하는 첫 번째 단계여야 했다.

하지만 폼페이오는 요구만 했다. 요구사항은 북한의 핵 보유 상황 완전 공개와 핵 신고서 제출, 북한이 치를 떠는 '완전하고 검증 가능하며 돌이킬 수 없는' 비핵화, 그리고 사찰이었다. 조선로동당 부위원장 리수용 같은 사람은 폼페이오의 이런 무모한 발언을 '폭력 행위'로 간주하며, '우리는 아직 전쟁 중인데 어떻게 미

토킹 투 노스 코리아

국은 우리가 사찰 수용을 고려할 거라고 상상할 수 있는가? 우리는 아직도 트럼프의 약속을 믿지만, 그의 측근은 옛날 방식으로 돌아가려고 한다'고 비난하기도 했다. 폼페이오가 이 판에서 밀려나면 볼턴이 돌아올 수 있다는 경고는 북한의 귀에 들어오지도 않은 듯했다. 이어진 브뤼셀과 유엔 방문에서 폼페이오는 실의에 빠진 모습을 보였다.

그 후 트럼프는 비핵화에는 시간제한이 없다는 내용을 트위터에 올렸지만, 제재 상황에 관한 질문에는 답하지 않았다. 비핵화가 진전을 보이면서 그간의 유엔 제재들은 끝까지 계속되지 않고 해제될 것으로 보인다. 북한은 자신들은 핵실험을 동결하고 핵시설을 해체하고 폭파했는데 미국은 무엇을 했냐며 불만을 표출하고 있다. 연합군사훈련 재개 발언이 나오고 평화를 향한 행진은 멈췄다. 동력을 유지하려면 정상회담이 계속 이뤄져야 할 수도 있다. 김정은-트럼프 쇼는 시리즈물이 될지도 모른다.

10년 전 이라크 사태를 지켜보고 나서 나는 북한에 대해 '정권교체'가 아니라 '정권 변화'가 더 좋은 정치적 선택이라고 생각했다. 10년이 지난 지금, 중간에 리비아 사태와 북한의 변화를 지켜보면서 나는 내 판단을 의심할 이유가 없어졌다. 한반도에 사는 사람들을 위해서 나는 다시 10년이 지났을 때 우리가 모두 미래의 올바른 쪽에 서 있기를 희망한다.

감사의 말

우선 그전과 지금 스태프들의 도움에 감사의 말을 전한다. 권소영은 한국에서만 구할 수 있는 자료와 한국어 원어민만이 가질 수 있는 학문적 지식을 동원해 북한 연구자의 시각에서 중요한 내용을 계속 제공하고 있다. 카밀라 킹스턴은 앞부분 장들의 초안을 잡는 데, 앨피 버켓은 자원해서 뒷부분 장들을 집필하는 데 도움을 주었다. 올해 초까지 거의 10년 동안 작업을 함께했으며 나와 열댓 번쯤 북한에 같이 갔던 마리아로라 드 안젤리스, 두 번이나 카메라를 들고 와준 이리나 칼라쉬니코바, 포레스트 오브 딘에서 같이 작업했던 체리 버로에게도 감사의 말을 전한다. 키아라 자니니는 브뤼셀에서는 마틸드 세주르네, 맨체스터에서는 존 프라이스의 도움을 받아 마리아로라의 역할을 해줬다.

이 책은 조선로동당 국제부 부부장, 포웰이 주도하는 국제중재기구인 인터미디에이트의 팀원들, 트랙투아시아의 내 스태프들과의 대화에서 영감을 받은 책이다. 더 최근에는 빌 유리와 그가 이끄는 훌륭한 프로젝트인 코리아협상이니셔티브가 도움을 주기도 했다. 이 프로젝트는 라이자 헤스터가 주도하는 하버드 협상 프로젝트의 일부다. 이 책은 이들의 도움 없이는 불가능했을 것이다.

2006년 포스코 펠로십을 내게 수여한 하와이대학의 이스트웨스트센터에도, 특히 이재호 박사와 어려운 환경에서 여러 해 동안 큰 도움을 주고 있는 동북아시아경제포럼 관련자 모두에게도 감사의 마음을 전한다. 이창주 박사와 한국국제교류재단 직원들, 이 재단이 주최하는 연례 월드코리언포럼, NK뉴스 직원과 기고자들에게도 감사한다.

현재도 정부에서 일하고 있는 사람들의 이름을 언급하는 것은 적절하지 않을 것 같다. 앞으로의 그들의 경력에 해가 될지도 모르기 때문이다. 하지만 수년 동안 내게 도움과 충고를 해준 그들에게 감사하고 싶다. 자신들은 알 것이다. 평양 주재 영국 대사관과 스웨덴 대사관, 베이징, 서울, 도쿄, 워싱턴 주재 유럽연합 대사관, 중국 외무부와 공산당 국제국, 일본 외무성과 국회, 내각부, 납치문제대책본부, 대한민국 외무부와 통일부, 청와대, 국회, 미국 국무부와 국방부, 백악관, 호놀룰루 주재 태평양사령부, 서울 주재 유엔사령부, 뉴욕 유엔본부, 브뤼셀 주재 유럽연합 대외관계청, 유럽위원회, 유럽의회, 영국 외무부·영 연방부 등에서 일하는 이들이다.

마지막으로 조선로동당 국제부, 북한 외무성, 대외경제성, 조선 아시아태평양평화위원회, 고려호텔, 영국 주재 조선민주주의인민공화국 대사관 직원과 고위관리들에게 감사한다. 또한 대부분의 정치평론가들이 북한 사람이라면 불가능할 것이라고 주장하는 방식으로 내게 얘기해주고 통찰을 제공해준 많은 사람과 친구들에게도 감사의 마음을 전한다. 정치평론가들의 주장이 옳지 않아서 기쁜 마음을 감출 수가 없다. 이름을 말할 수 있는 단 두 사람이 있다. 한 사람은 평양에서 가장 많이 나를 도와줬지만, 현재는 그 과정에 직접 개입하지 않고 있는 리영길 육군 대장이다. 다른 한 사람은 그 과정을 추진하다 2016년 5월 안타깝게도 세상을 떠난 강석주 조선민주주의인민공화국 외무성 제1부상이다.

또 감사해야 할 사람들은 다음과 같다. 브뤼셀의 로렌스 브링크호스트, 코럴린 고론, 닉 코스텔로, 패트릭 코스텔로, 알렉산드르 도볼리, 자스 가브론스키, 티에리 제이콥, 메리 선 킴, 마리안느 미코, 테라자 노보트나, 데이비드 오설리번, 고 줄리런 프리스틀리, 자크 상태, 레오 틴데만스, 크리스티안 비게닌, 마이클 우드. 유럽의 마이크 코윈, 프란츠 폰 대니켄, 케어 딜론, 스튜어트 에머슨, 조 피셔, 켄트 해어슈테트, 메리 헤녹, 파리아 칸, 로나 맥케이그, 볼프강 노바크, 패어 누더, 린다 프라이스, 데시 루사노바, 마크 세돈, 데이비드 슬린, 조지 톨라라야, 모르텐 트라비크, 데이비드 애로. 베이징의 지니 베이, 구오 웽구이, 닉 보너, 사이먼 코커렐, 장 리자, 장 지준. 서울의 홍형택, 고 김대중 전 대통령, 문

토킹 투 노스 코리아

정인, 채드 오캐럴, 제임스 피어슨, 존 사가. 도쿄의 폴 베이컨, 후지타 유키히사, 고 하타 쓰토무, 나카야마 다로, 다카하시 하지메. 뉴욕의 소냐 바흐만, 제프 펠트먼, 새뮤얼 마텔, 스티븐 뇌퍼. 워싱턴의 조 데트라니, 봅 칼린, 프레드 크로추크, 키스 루즈, HR 맥매스터, 캐서린 문, 버즈 파머와 앨리스 파머, 리치 루벤슈타인, 조 윤.

가족에게도 감사한다. 고등학교 졸업과 대학 입학 사이의 비는 시간을 보낼 흥미로운 곳을 찾던 아들 알레산드로는 2014년 김일성대학 최초의 서양인 학생이 됐다. 알레산드로는 그곳에서 다섯 달을 지내면서 다른 곳에서는 결코 얻지 못할 통찰을 얻었다. 그는 땅콩버터를 가지고 평양을 방문한 누나와 엄마에게 감사한 마음을 잊지 않았다. 아들은 그곳에서 대동강 맥주와 북한 소주의 맛을 알게 됐다.

이 책의 내용 일부는 〈글로벌아시아〉, 〈가디언〉, 〈일 매니페스토〉, 〈재팬타임스〉, 〈코리아헤럴드〉, 〈모닝스타〉, 〈뉴스테이츠먼〉, 〈사운딩스〉, 〈트리뷴〉, 중국 외교부 〈월드어페어즈〉 등 다양한 신문과 잡지에도 실렸다. 평화·분쟁연구소(캄보디아 씨엠 립), 동양-서양센터(미국 호놀룰루), 프리드리히노이만재단(평양), 무장충돌방지를 위한 글로벌파트너십(네덜란드 헤이그), 제주평화포럼(제주), 킬월드어페어즈(영국 킬), 코리아소사이어티(뉴욕), 내셔널커미티포노스코리아(워싱턴 DC), 국가인권위원회(서울), 노르딕아시아학연구소(코펜하겐), 평화연구소/브루킹스연구소(오슬로), 군축 및 핵확산 방지에 관한 대한민국-유엔 콘퍼런스(제주), 미국 평화연구소(워싱턴 DC)

등이 주최한 콘퍼런스, 워크숍, 세미나 등에서도 이 책의 내용 일부가 발표됐다.

이 책에 실린 모든 사진의 저작권은 특별한 언급이 없는 한 모두 내게 속해 있으며, 이 책에서 밝힌 의견은 전적으로 나의 개인 책임하에 있다. 내가 감사의 말을 전한 사람 중에는 이 책의 내용 일부에 대해 다른 의견을 가진 사람이 있을 수 있다. 특히 나와 대화를 나눈 북한 사람들은 북한에 대한 나의 시각이 자신들과 다른 것을 알면 실망할지도 모른다. 내가 바라는 바는 북한에 대한 서양의 일반적인 시각과는 다른 시각으로 그들의 나라를 보여주기 위해 노력하면서 선의를 가지고 이 책을 썼다는 점을 그들이 알아주는 것뿐이다. 우리 모두 평화로 가는 점진적인 길을 걸을 수 있는 합의가 한반도에서 이뤄지길 바란다고 나는 믿는다.

<북한 주요 지역 지도>

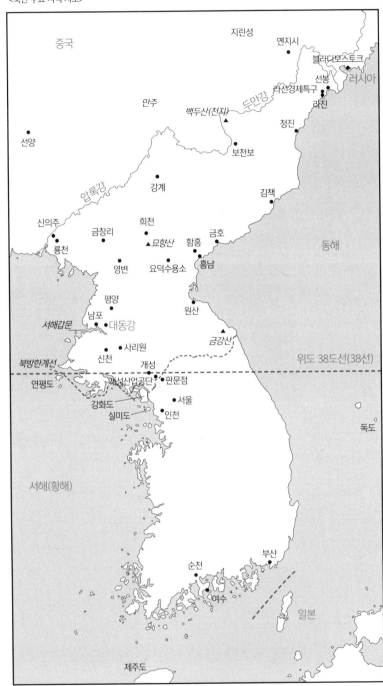

한반도 지역 역사 연표 (1900년 이후)

1904~05년	러일전쟁
1905년	대한제국 외교권 일본에 상실
1910년	한일병합조약 체결
1912년	김일성 출생
1919년	3·1운동
1931년	일본의 만주 침략/김일성, 중국공산당 가입
1941년	김정일 출생
1945년 8월	일본 항복, 한반도 지배 종식
1946년 2월 8일	김일성, 북조선임시인민위원회 위원장 취임
1948년 9월 9일	조선민주주의인민공화국 정부 수립
1950년 6월 25일	한국전쟁 발발
1953년 7월 27일	휴전 협정 체결
1956년	흐루쇼프의 스탈린 비난으로 김일성은 휴전 후 최초로 위기 봉착
1958년	반대세력의 쿠데타 불발 후 김일성 전권 장악. 김일성 개인숭배 시작
1961년 7월	중조 우호동맹상호원조조약 체결
1964년	남한, 일본과 국교 정상화
1966년	북한, 잉글랜드 월드컵 본선 참가
1968년 1월	푸에블로호, 원산 앞 해상에서 나포/북한, 청와대 '습격'
1960년대 말	북한 경제, 성장 둔화 시작/'2차' 한국전쟁
1970년	중국 저우언라이 평양 방문, 북중관계 강화
1972년	조선민주주의인민공화국 사회주의헌법 제정
1975년	김일성, '비동맹운동' 합류, 제3세계 국가들과 외교관계 확장
1976년	CIA가 자금을 댄 쿠바 망명자 집단의 항공기 테러로 북한 고위관리 5명 사망
1977~83년	일본인 17명 납북, 그중 8명에 대해서는 여전히 의혹이 남아 있음
1978년 9월	중일 평화우호조약 체결
12월	중미관계 정상화
1983년 10월	북한, 양곤에서 전두환 대통령 암살 기도로 남한 장관 5명 포함해 21명 사망
1984년	김일성, 모스크바 방문. 북한-소련 화해 시작

1986년	북한 영변 원자로 1호기 임계 도달
1987년	대한항공 858편 폭파 사건, 115명 사망
1991년 9월	남북한, 유엔 동시 가입
12월	남북한, 한반도의 비핵화에 관한 공동선언
1992년	북한, 라선경제특구 조성/핵안전조치협정(NPT) 서명 및 국제원자력기구(IAEA) 첫 북한 사찰
1993년	IAEA, 핵심 시설에 접근 요구/북한, NPT 탈퇴 선언
1994년 6월	지미 카터, 평양 방문
7월	김일성 사망
10월	미국-북한 제네바 합의 체결
1995년 3월	한반도에너지개발기구(KEDO) 설립
1990년대 말	북한에 극심한 기근 도래
1997년 10월	김정일, 3년 유훈통치 마치고 김일성 공식 승계
1998년 2월	김대중, '햇볕정책' 발표
4월	미국, 미사일 기술 교환을 구실로 북한과 파키스탄 경제 제재
8월	광명성 위성 발사 실패
1999년	북한, 클린턴 정부와 미사일 회담
2000년 6월	김정일-김대중 남북 정상회담
2001년 7월	평양에 영국 대사관 개관
2002년 1월	조지 W. 부시, 북한을 '악의 축' 중 하나로 규정
7월	북한, 농업 개혁 시행
2003년 1월	북한, NPT 최종 탈퇴
8월	제1차 6자회담 베이징서 개최
2004년 12월	개성산업공단 시범공단 준공식
2005년	북한, 핵 보유 선언
2006년 7월	북한, 장거리 미사일 시험 발사
10월	북한, 제1차 핵실험 시행
2007년 2월	북한, 4억 달러 원조 대가로 영변 핵원자로 폐쇄 동의
5월	1951년 이후 최초로 남북한 대표단을 태운 열차 휴전선 통과
2008년 6월	북한, 영변 원자로 냉각탑 폭파
10월	미국, '테러지원국가'에서 북한 제외
12월	북한의 IAEA 사찰 거부로 6자회담 결렬

2009년 5월	북한, 제2차 핵실험 시행
12월	북한 화폐 개혁 단행
2010년	천안함 침몰 사건 발생
	11월 북한, 연평도 포격
2011년 12월	김정일 사망으로 김정은 권력 승계
2012년 6월	북한, 추가 농업 개혁 실시, 가족 단위 영농 도입
2013년	북한, 핵 억지력과 경제 동시 발전 꾀하는 병진노선 채택
2월	북한, 제3차 핵실험 시행
12월	장성택 처형
2014년 2월	유엔 조사위원회, 북한 인권상황 조사결과 발표
5월	유엔 인권이사회, 북한의 국가별인권상황정기검토 결과 발표/북한, 산업 개혁 실시, 관리자의 노동 임금 책정 허용
2015년 8월	북한, 핵무기 소형화 성공 발표
12월	북한, 탄도미사일 시험 발사/미국, 추가 제재 부과
2016년 1월	북한, 제4차 핵실험 시행(북한에서는 수소폭탄 실험이라고 주장)
2월	박근혜, 개성산업공단 일방적 폐쇄
9월	북한, 제5차 핵실험 시행
11월	유엔, 북한 제재 강화
12월	박근혜 탄핵
2017년 2월	김정남 암살
5월	문재인, 보궐선거에서 대통령 당선
7월	북한, ICBM 시험 발사
8월	북한, 괌 타격 협박/유엔 안전보장이사회, 역대 최고 강도의 제재 적용 시작
9월	북한, 제6차 핵실험 시행
11월	북한, 미국 본토 전역 타격 가능한 사정거리의 ICBM 시험 발사
2018년 1월	북한, 핵 억지력 완성 및 핵·ICBM 시험 중지 발표/평창 동계올림픽 선수단 파견 합의
4월	김정은, 문재인과 판문점에서 정상회담
5월	김정은, 시진핑과 베이징에서 정상회담
6월	김정은, 도널드 트럼프와 싱가포르에서 정상회담

각주

한국어판 서문

1. 유철, "사회주의위업수행은 치렬한 계급투쟁과정", 〈로동신문〉 (온라인판), 2018년 10월 15일. & 김철명, "미국에서 울려 나오는 곱지 못한 소리들은 무엇을 말해주는가", 조선중앙통신, 2018년 10월 16일

제1장 서론

1. Scott A. Snyder, "The Motivations Behind North Korea's Pursuit of Simultaneous Economic and Nuclear Development", Asia Unbound, Council on Foreign Relations, 20 November 2013, www.cfr.org/blog/motivations-behind-north-koreas-pursuit-simultaneous-economic-and-nuclear-development.
2. Andrei Lankov, "The Limits of North Korea's Meager Economic Growth", NK News, 6 February 2017, www.nknews.org/2017/02/the-limits-of-north-koreas-meagre-economic-growth.
3. Treaty on the Non-Proliferation of Nuclear Weapons, United Nations, 2-27 May 2005, www.un.org/en/conf/npt/2005/npttreaty.html.
4. 2016년 8월 호놀룰루에서의 인터뷰 중 발췌.
5. Report of the Commission of Inquiry on Human Rights in the Democratic People's Republic of Korea, United Nations Human Rights Council, 7 February 2014, www.ohchr.org/EN/HRBodies/HRC/CoIDPRK/Pages/ReportoftheCommissionofInquiryDPRK.aspx.
6. 유럽연합 대외관계청 고위관료와의 개인적인 대화
7. 영국 국방부 의회서면질의답변 123796번, 스티븐 키노크 의원, 2018년 1월 29일.

1. George Orwell, The Complete Works of George Orwell, vol. 13 (London: Secker & Warburg, 1998), p. 317.

2. 김하영, 《국제주의 시각에서 본 한반도》 (책벌레, 2002), p. 234-5.

3. Suzy Kim, Everyday Life in the North Korean Revolution, 1945-1950 (New York: Cornell University Press, 2013)

4. 앤드류 남, 《신한국사통론》 (한림출판사, 1988).

5. Adrian Buzo, The Making of Modern Korea (London: Routledge, 2002), p. 63에서 인용.

6. 이승만 정부의 군사모험주의는 남한 국가기록원 보관문서(1949-50), 이승만과 장면(당시 워싱턴 주재 대한민국 대사)의 편지와 메모, 군사보고서, 북한 공격을 위한 전략지도 등에 잘 드러난다. 조선민주주의인민공화국, Facts Tell: Secret Documents Seized by North Korea from the South Korean Government Archives (Honolulu: University Press of the Pacific, 2001).

7. 당시 대만도 장제스가 중국 본토에서 퇴각해 중화민국 정부를 세운 지 얼마 되지 않았다.

8. Joseph S. Bermudez, North Korean Special Forces, 2nd ed. (Annapolis, MD: Naval Institute Press, 1988), p. 36-7.

9. Security Council Resolutions - 1950, United Nations, www.un.org/docs/scres/try/scres50.htm.

10. 트루먼은 한국전쟁 참전 결정이 대통령 재임 기간에 했던 가장 어려운 결정이라고 주장했다. 그렇긴 해도 그의 결정은 매우 신속했다. John Dickerson, "The Hardest Job in the World", Atlantic (May 2018), p. 46-63.

11. Jed Mercurio, Ascent (London: Vintage Random House, 2007). 한국전쟁에서 미그기 조종사로 활약한 예브게니 예레빈이란 가상 인물을 주인공으로 한 소설이다. Leon Krylov & Yuriy Tepsurkaev, Soviet MiG-15 Aces of the Korean War (Oxford: Osprey, 2008) 참조.

12. Chen Jian, Chuck Downs, Over the Line: North Korea's Negotiating Strategy (Washington, DC: AEI Press, 1999), p. 24에서 재인용.

13. 김일성, "일시적인 전략적 후퇴와 당 조직의 역할", 1950년 9월 27일, 《김일성저작선집》 제6권 (조선외국문도서출판사).

14. 중국 홍십자회, Out of their Own Mouths (Red Cross: Peking, 1952). 미국 전쟁포로에 관해 완전히 신뢰하기는 힘든 내용을 다루고 있다.

15. 중국 홍십자회, Out of their Own Mouths, p. 223-4.

16. Charles J. Hanley, Sang-Hun Choe & Martha Mendoza, The Bridge at No Gun Ri: A Hidden Nightmare from the Korean War (New York: Henry Holt, 2002). 세 명의 탐사보도기자가 공저한 이 퓰리처상 수상작은 1950년 7월 노근리 사건의 자세한 내용을 담았다.

17. Robert Leckie, Downs, Over the Line, p. 29에서 인용

18. C. Turner Joy, How Communists Negotiate (New York: Macmillan, 1955), p. 18.

19. Ha Jin, War Trash (New York: Pantheon, 2004).

20. 이는 《War Trash》의 내용과는 약간 대치되는 부분이다. Hal Vetter, Mutiny on Koje Island (Rutland, VT: Tuttle, 1965) 참조.

21. 콘드론은 중국과 소련이 공산세계를 양분하던 1960년대에 영국으로 돌아와 친소 성향 의 영국공산당에서 계속 활동했다. Alan Winnington, Breakfast with Mao (London: Lawrence & Wishart, 1986) 참조. 미국 시각에서 쓴 책을 보려면 Virginia Pasley, 21 Stayed (New York: Farrar, Straus & Cudahy, 1955), 중국 시각에서 본 책을 보려면 Andrew Condron, Richard Corden & Larance Sullivan (eds.), Thinking Soldiers (Peking: New World Press, 1955) 참조.

22. Eugene Kinkead, Why They Collaborated (London: Longmans, 1960). 1959년 미국에서 출판된 책의 영국판으로 더 단호한 시각을 보이고 있다. 영국 국방부, The Treatment of British Prisoners of War in Korea (London: HMSO, 1955) 참조.

23. Kongdan Oh & Ralph C. Hassig, North Korea Through the Looking Glass (Washington, DC: Brookings Institution, 2002), p. 7.

24. John Halliday & Bruce Cumings, Korea: The Unknown War (London: Viking, 1988).

25. Downs, Over the Line, p. 34.

26. Monthly Review (April 1997)에서 재인용.

제3장 김일성의 북한

1. Victoria Kim, "Korean Diaspora in Uzbekistan", Journal of the Royal Asiatic Society China, No. 77 (August 2017), p. 48-55, particularly note 18.

2. 김일성, 조선인민군 간부들에게 한 연설, "우리 인민의 군대는 노동자 계급의 군대, 혁명 의 군대다: 계급 교육과 정치 교육은 계속 강화되어야 한다." 1963년 2월 8일, 《김일성 저작선집》 제3권, p. 519.

3. Kim Il-pyong, Communist Politics in North Korea (New York: Praeger, 1975), p. 65-76.

4. Andrei Lankov, Crisis in North Korea: The Failure of De-Stalinization 1956 (Honolulu: University of Hawaii Press, 2005). 제4장에 이 공모에 관한 자세한 내용이 설명되어 있다.

5. Sonia Ryang, Reading North Korea (Cambridge, MA: Harvard University Press, 2012).

6. 김일성, "우리 당의 주체사상과 공화국 정부 대내·외정책의 일부 문제점" 일본 〈마이니치신문〉 기자의 질문에 대한 답변, 1972년 9월 17일, "우리 혁명의 주체사상에 대하여" 《김일성저작선집》 제2권 (조선외국문도서출판사, 1975), p. 425-36에서 재인용,

7. Vladimir Lenin, "Our Foreign and Domestic Position and Party Tasks, speech delivered to the Moscow Gubernia Conference of the RCP(B)", 21 November 1920, translated by Julius Katzer, www.marxists.org/archive/lenin/works/1920/nov/21.htm.

8. 김일성, 제4차 최고인민회의 연설, 1967년 12월 16일, 《김일성저작선집》 제21권 (조선외국문도서출판사, 1985), p. 414.

9. 마르크스 초상과 레닌 초상은 5년 전까지 무역성 건물 정면에서 김일성광장을 내려다보고 있었다. 철거 이유는 수선이었지만, 초상들이 다시 걸릴 거로 생각했던 사람은 거의 없다.

10. Ryang, Reading North Korea, 25.

11. 전후 동독과는 달리 소련이 보상금을 요구했다는 증거도 없다.

12. Tessa Morris-Suzuki, Exodus to North Korea: Shadows from Japan's Cold War (Lanham, MD: Rowman & Littlefield, 2007).

13. 성과가 부진하자 이 경제 계획은 3년 더 연장됐다.

14. 김일성, "조국의 통일과 독립, 공화국 북반부에서 사회주의 건설을 위한 모든 노력", 《김일성저작선집》 제1권, p. 510.

15. N. Vreeland & R. S. Shinn, Area Handbook for North Korea (Washington, DC: Library of Congress, 1976), p. 225,

16. Andrea M. Savada, North Korea: A Country Study, 4th ed. (Washington, DC: Library of Congress, 1994), p. 126. Vreeland & Shinn, Area Handbook, p. 224 참조.

17. Savada, North Korea, p. 114-5.

18. 김일성, "국가 활동의 모든 분야에서 자주, 자립, 자위의 혁명 정신을 더욱 철저히 구현하자", 조선민주주의인민공화국 최고인민회의 제4기 제1차 회의에서 발표한 정부 정강, 1967년 12월 16일, 《김일성저작선집》 제4권, p. 557.

19. 김일성, "민주주의인민공화국 정부의 급선무에 대하여", 《김일성저작선집》제3권, p. 399.

20. 노동 과정 혁신에서 조금이나마 진전이 보인 부분이다. Harry Braverman, Labour and Monopoly Capital: The Degradation of Work in the Twentieth Century (New York: Monthly Review Press, 1974) 참조.

21. 사실 김일성은 기술 요원이 1970년 49만 7000명에서 1976년 100만 명까지 늘어난 사실을 과시하고자 했다. 김일성, "1976년 신년사", 〈로동신문〉, 1976년 1월 1일.

22. 한국은행 추산으로 북한의 GDP 성장률은 1975년 5.4%, 1980년 3.8%, 1990년 -3.7%, 1992년 -7.6%, 1995년 -4.6%, 1996년 -3.7%, 1997년 -6.8%, 1998년 -1.1%였다. 대한민국 통일부, 《2000년 북한이해》 p. 153 참조.

23. Savada, North Korea, p. 91.

24. T. H. Ok & H. Y. Lee, "Changes in Occupational Structure among North Korean People", Prospects for Change in North Korea (Berkeley: University of California Press, 1994), p. 267, Table 5.3.

25. Savada, North Korea, p. 59. Vreeland & Shinn, Area Handbook, p. 54.

26. Ok & Lee, Prospects for Change, p. 228, 267.

27. 당시 남한도 상황은 크게 다르지 않았다. '좌익' 가족력이 조금이라도 있는 사람에게는 엄청난 차별과 탄압을 가했다. 구체적인 예는 이문열의 중단편전집 《아우와의 만남》 (민음사, 2016) 서문 참조. 조금 더 일반적인 예는 이남희의 《민중 만들기》(후마니타스, 2015) 참조.

28. Robert A. Scalapino & Chong-sik Lee, North Korea: The Building of the Monolithic State (Berwyn, PA: KHU Press, 2017), p. 325.

29. 김일성, "사회주의 진영을 수호하자", 〈로동신문〉, 1963년 10월 28일

30. Adrian Buzo, The Guerilla Dynasty: Politics and Leadership in North Korea (Boulder, CO: Westview Press, 1999), p. 57-79.

31. "국제공산주의운동을 분열시키려는 책동을 저지하자", 〈로동신문〉, 1964년 4월 19일.

32. 김일성, 조선로동당 제2차 대표자회 발언, "우리 당의 현재 상황과 임무", 1966년 10월 5일, 《김일성저작선집》제4권, p. 378.

33. 구본학, 《자립의 정치경제: 주체사상과 북한의 경제발전, 1961~1990》 (통일연구원, 1992), p. 123.

34. 김정일은 미국-중국 화해와 중국에 방문한 닉슨의 진의에 우려를 표시했다. "청년들을 계속혁명의 정신으로 무장시키자", 노동당 중앙위원회 청년사업부 및 사로청 중앙위원회 책임일꾼들과의 담화, 1971년 10월 1일, 《김정일선집》 제2권, p. 282 참조.

35. 북한의 우표 변천사는 북한이 친중 노선과 친소 노선 사이 변화를 공식 발표보다 더 잘

말해준다. 《조선우표목록(1946-1998)》(조선우표사, 1998) 참조.

36. 비동맹 운동 웹사이트, www.dirco.gov.za/foreign/Multilateral/inter/nam.htm.

37. Benjamin R. Young, "North Korea and the American Radical Left", Woodrow Wilson Center, North Korea International Documentation Project, 6 February 2013, www.wilsoncenter.org/publication/north-korea-and-the-american-radical-left.

38. Arunrasmy Norodom & Julio A. Jeldres, A Life Dedicated to Cambodia (Phnom Penh: HRH The Princess Royal Norodom Arunrasmy, 2012).

39. Sonia Ryang, North Koreans in Japan: Language, Ideology and Identity (Boulder, CO: Westview Press, 1977).

40. 김일성, 8.15 해방 15주년 기념식 축사, "자주 통일을 위하여"

41. Ibid

42. 조국통일민주주의전선, "조국평화통일위원회는 김대중 납치·감금 사건의 진실을 알고 있다", 평양, 1973년 9월 16일.

43. Daniel P. Bolger, Scenes from an Unfinished War: Low-Intensity Conflict – Korea, 1966-69 (Fort Leavenworth, KS: US Army Command & General Staff College, Combat Studies Institute, 1991).

44. Savada, North Korea, p. 261-2.

45. 권력 세습에 반대한 혐의로 숙청된 사람들의 명단은 《북한: 결코 변하지 않는 나라》 (내외통신, 1995), p. 19 참조.

46. 북한 지도부에 관한 자세한 내용은 권소영, "Changes in the Composition and Structures of the North Korean Elite", 통일연구원 영문저널, 12권 2호(2003) 참조.

제4장 기근, 시장, 난민, 인권: 김정일 시대

1. Nicholas Eberstadt, Marc Rubin, & Albina Tretyakova, "The Collapse of Soviet and Russian Trade with North Korea, 1989-1993", Korean Journal of National Unification 4 (1995), p. 87-104.

2. Stephan Haggard & Marcus Noland, Famine in North Korea: Markets, Aid and Reform (New York: Columbia University Press, 2007).

3. Andrew Natsios, The Politics of Famine in North Korea (Washington, DC: US Institute of Peace, 1999).

4. "Democratic People's Republic of North Korea", World Food Programme, 2018,

www.wfp.org/countries/democratic-peoples-republic-korea.

5. "Special Report, FAO/WFP Crop and Food Supply Assessment Mission to the Democratic People's Republic of Korea", Food and Agriculture Organization of the United Nations & World Food Programme, 22 December 1995.

6. Haggard & Noland, Famine in North Korea, p. 130.

7. Resolution on the Famine in North Korea, European Parliament, 23 October 1997 (OJ C 339, 10.11.1997), p. 153.

8. Resolution on the Food Crisis in North Korea, European Parliament, 12 March 1998 (OJ C 104, 6.4.1998), p. 236.

9. 1998년 12월 북한을 방문한 유럽의회 특별대표단 보고서 참조.

10. Glyn Ford, "Through the Looking Glass: Alice in Asia", Soundings 18 (Summer/ Autumn 2001), p. 75-6.

11. Resolution on the Food Crisis in North Korea, European Parliament, 3 December 1998. Resolution on Relations between the European Union and the Democratic People's Republic of Korea, 23 March 1999 참조.

12. "Analysis of the Situation of Children and Women in the Democratic People's Republic of Korea", UNICEF, October 2003, http://www.unicef.org/dprk/ situationanalysis.pdf.

13. Kate Pound Dawson, "DPRK Seeks Shift in Aid to Grow Economy, Prevent Hunger", Voice of America News, 30 September 2004.

14. Glyn Ford, "Feeding the Famine: The European Union's Response to North Korea", 38 North, 12 July 2011.

15. Bradley K. Martin, Under the Loving Care of the Fatherly Leader: North Korea and the Kim Dynasty (New York: Macmillan, 2006), p. 517.

16. 북한 내부의 변화에 관한 자세한 내용은 유엔 식량농업기구와 세계식량계획의 특별보고서 "FAO/WFP Crop and Food Supply Assessment Mission to the Democratic People's Republic of Korea", 11 November 2004, www.wfp.org/content/dpr-korea-faowfp-crop-and-food-supply-assessment-mission-november-2004 참조.

17. 김정일, "사회주의 건설의 력사적 교훈과 우리 당의 총로선", 1992년 1월 3일, 해당 연설은 〈로동신문〉1992년 2월 4일 자에 실리고 같은 날 조선중앙통신으로 방송됐다.

18. 김정일, "력사적 교훈", p. 23.

19. Kongdan Oh & Ralph Hassig, North Korea Through the Looking Glass (Washington, DC: Brookings Institution, 2000), p. 30.

20. 김일성종합대학 개교 50주년 기념식 연설. Martin, Under the Loving Care에서 인용

21. "모든 문제를 새로운 관점과 새로운 높이에서 보고 풀어나가자", 〈로동신문〉, 2001년 1월 9일, 경제 강국을 만들기 위한 '사고와 노동에서의 혁신'이라는 말은 2001년 1월 4일자 〈로동신문〉에 처음 등장했다.

22. "What Is a Refugee?", USA for UNHCR, n.d. https://www.unrefugees.org/refugee-facts/what-is-a-refugee/.

23. Baek Jieun, North Korea's Hidden Revolution: How the Information Underground Is Transforming a Closed Society (New Haven, CT: Yale University Press, 2017).

24. Daniel Gordon (dir.), The Game of Their Lives (London: BBC, 2002).

25. 2002년경에 나는 강철환을 만나 돈을 주고 인터뷰를 했다.

26. Blaine Harden, Escape from Camp 14 (London: Pan, 2015).

27. Song Jiyoung, "Why Do North Korean Defector Testimonies So Often Fall Apart?", Guardian, 13 October 2015, www.theguardian.com/world/2015/oct/13/why-do-north-korean-defector-testimonies-so-often-fall-apart.

28. Blaine Harden, Rescapé du Camp 14 (Paris: Belfond, 2012).

29. Mary Ann Jolley, "The Strange Story of Yeonmi Park", Diplomat, 10 December 2014, https://thediplomat.com/2014/12/the-strange-tale-of-yeonmi-park/.

30. Antony Barnett, "Revealed: The Gas Chamber Horror of North Korea's Gulag", Guardian, 31 January 2004, www.theguardian.com/world/2004/feb/01/northkorea.

31. "서양의 "인권 기준"은 통하지 않는다", 조선중앙통신, 1993년 8월 5일.

32. 1998년 12월 10일 유럽연합 빈 선언에 기초한 내용이다.

33. Bertin Lintner, "Shop Till You Drop", Far Eastern Economic Review, 13 May 2004; Andrew Ward, "Hermit Kingdom Peeps Cautiously Out of Its Shell", Financial Times, 12 February 2004; Jonathan Watts, "How North Korea Is Embracing Capitalism by Any Other Name", Guardian, 3 December 2003; Anthony Faiola, "A Crack in the Door in North Korea", Washington Post, 24 November 2003; James Brooke, "Quietly, North Korea Opens Markets", New York Times, 21 November 2003; Anthony Faiola, "North Korea Shifts Toward Capitalism", Washington Post, 14 September 2003.

34. North Korea: Status Report on Nuclear Program, Humanitarian Issues, and Economic Reforms, US Congress, 23 February 2004.

제5장 김정은

1. Andrei Lankov, "Is Byungjin Policy Failing? Kim Jong Un's Unannounced Reform and Its Chances of Success", Korean Journal of Defence Analysis 29, no. 1 (2017), 26.

2. Daniel Tudor & James Pearson, North Korea Confidential: Private Markets, Fashion Trends, Prison Camps, Dissenters and Defectors (Rutland, VT: Tuttle, 2015), 58.

3. Lankov, "Is Byungjin Policy Failing?", p. 31.

4. Tudor & Pearson, North Korea Confidential, p. 177.

5. 그냥 아스팔트로 포장한 도로였지만, 라선경제특구의 도로보다 훨씬 상태가 좋았다.

6. 2007년 남북정상회담에서 남한이 참여하는 경제특구 확장이 논의됐지만, 현실화되지는 않았다. 노무현의 후임 이명박이 대북 강경 전략을 선택했기 때문이다.

7. Andray Abrahamian, Geoffrey K. See, & Wang Xingyu, The ABCs of North Korea's SEZs (Washington, DC: US-Korea Institute at SAIS, 2014).

8. Lankov "Is Byungjin Policy Failing?", p. 28.

제6장 북한의 일상생활

1. 북한 정치국원과의 개인 대화, 2014년 9월

2. Baek Jieun, North Korea's Hidden Revolution: How the Information Underground Is Transforming a Closed Society (New Haven, CT: Yale University Press, 2017).

3. 김책은 김일성의 빨치산 동료였으며 한국전쟁 중에 사망했다. 김 씨 일가가 아니면서도 북한 내에서 존경받는 몇 안 되는 인물이며, 그의 이름을 딴 대학, 경기장, 제철소, 도시가 있다.

4. Ryang, North Koreans in Japan.

5. 2017년 9월 BBC는 한국어 방송을 시작했다. 이미 다른 방송들이 난립해 있던 이 시장에 BBC가 진출한 이유는 불분명하다. 조지 오웰은 BBC 인도 방송에 얘깃거리를 제공하느라 전쟁 기간 대부분을 허비했지만, 전쟁이 끝나자 아무도 그 방송을 듣지 않았다.

6. 김일성, "혁명 문학과 혁명 예술 창작에 관하여", 문학 노동자들에게 한 연설, 1964년 11월 7일, 《김일성저작선집》 제4권, p. 163.

7. Byungmook Lim, Jongbae Park, & Changyon Han, "Attempts to Utilize and

Integrate Traditional Medicine in North Korea", Journal of Alternative and Complementary Medicine 15, no. 3 (March 2009).

8. World Health Organization, World Malaria Report 2017 (Geneva: World Health Organization, 2018), www.who.int/malaria/publications/world-malaria-report-2017/en/.

9. Associated Press, "No College for North Korean Smokers", Taipei Times, 13 June 2006, www.taipeitimes.com/News/lang/archives/2006/06/13/2003313383 .

10. 1968년에 시작된 18개월 간의 '망고 숭배운동'이 그런 전형적인 예다. Alfreda Murck (ed.), Mao's Golden Mangoes and the Cultural Revolution (Zurich: Museum Rietberg Zürich, Scheidegger & Spiess, 2013).

11. 북한에도 '공산주의 범죄'가 있다. 제임스 처치(가명)는 현재까지 6권의 《오 수사관》 시리즈를 썼다. 시리즈 1편 《고려호텔의 시체》는 주로 고려호텔에 묶는 서방 대표단에 대한 경고다.

12. 전현준, 《북한의 사회통제 기구 고찰: 인민보안성을 중심으로》 (통일연구원, 2003)

13. 여기에는 11호 수용소(여성 전용, 평남 증산), 33호 수용소(미성년자 전용, 평남 숙천), 55호 수용소(평양시 형제산구역), 66호 수용소(평남 동림), 77호 수용소(함남 단천), 88호 수용소(강원도 원산) 등이 포함된다.

14. David Hawk, The Hidden Gulag, 2nd ed. (Washington, DC: Committee for Human Rights in North Korea, 2012) 참조. 44호 수용소(평남 개천), 15호 수용소(가족 수용소, 함남 요덕), 16호 수용소(함북 화성), 18호 수용소(평남 북창), 22호 수용소(함북 회령), 25호 수용소(청진 가족 수용소, 함북)기 포함된다.

15. Ali Lameda, A Personal Account of a Prisoner of Conscience in the Democratic People's Republic of Korea (London: Amnesty International, 1979).

제7장 핵 요인

1. Jeffrey Lewis, "Patriot Missiles Are Made in America and Fail Everywhere", Foreign Policy (28 March 2018).

2. 이는 10여 년 동안 당의 기본 노선이었다.

3. Christine Kim & Ben Blanchard, "North Korea Missile Technology Not Perfected Yet: South Korea", Reuters, 13 August 2017, www.usnews.com/news/world/articles/2017-08-13/north-korea-still-needs-time-to-perfect-re-entry-technology-south-korea-vice-defense-minister.

4. 미 주정부 고위관리와의 개인 대화, 2017년 7월.

5. CIA, "Estimate of North Korea Missile Force Trends", in Department of Defense, Proliferation and Response (Washington, DC: US Government Printing Office, 2002)에서 인용.

6. 요즘 북한 사람들은 할리우드 영화에 다른 어느 나라 사람보다도 더 자주 악당으로 등장한다. 주로 정치적 이유 때문이지만, 더 최근에는 경제적 이유도 작용한다. 1940년대에 악당은 독일, 그리고 일본 사람들이었다가 그 뒤에는 냉전 영향으로 주로 소련과 동구권 사람들이 맡았다. 1980년대 일본 경제가 미국 산업을 집어 삼키려고 위협하자 일본 사람들이 잠시 악당으로 재등장했고, 소련이 붕괴되자 악당 역할은 중국 사람들이 대신하게 됐다. 9.11 테러 이후 그런 역할은 무슬림 테러리스트에게 돌아갔지만, 지금은 북한 사람들이 악행을 저지르는 역할로 가장 많이 나온다. 소련 침공을 다룬 1984년 스릴러 영화 〈불타는 전선(Red Dawn)〉의 2012년 리메이크판은 원래 중국 홍군 낙하산 부대원이 워싱턴 주에 침투하는 설정이었지만, 관객 동원을 걱정한 제작진은 막판에 북한 사람들로 교체했다.

북한을 소재로 한 영화는 1950년대에 세 편 정도 있었고, 이후 30년간 세 편이 더 제작됐다 (1962년의 〈그림자 없는 저격자(The Manchurian Candidate)〉도 그중 하나다). 북한 사람들은 21세기가 되면서 악당으로 등장하기 시작했다. 처음 10년 동안 15편에 나왔고, 그 다음 5년 동안 15편에 더 나왔다. 〈공동경비구역 JSA〉(2000), 〈베를린〉(2013) 등 일부 남한 영화를 제외하면 북한 사람들은 대개 무자비한 인간으로 그려지곤 했다. 〈007 어나더데이(Die Another Day)〉(2002)에서는 피어스 브로스넌이 맡은 제임스 본드를, 〈솔트(Salt)〉(2010)에서는 안젤리나 졸리를 고문하는 역할이었다.

애니메이션 〈팀 아메리카: 세계 경찰(Team America: World Police)〉(2004)과 그 유명한 〈디 인터뷰(The Interview)〉(2014)에서는 폭군으로 그려졌으며, 〈백악관 최후의 날(Olympus Has Fallen)〉(2013)에서는 모건 프리먼이 북한 사람들이 수십 명의 직원을 살해하며 백악관을 습격하는 장면을 지켜보는 내용이 나온다.

TV 쪽도 사정은 비슷하다. 연재물에서도 북한 사람들이 악당으로 묘사된다. 김정일은 〈사우스파크(South Park)〉(2003)에 깜짝 등장하고, 벌써 아홉 번째 시즌에 들어간 리메이크판 〈하와이 파이브 오(Hawaii Five-O)〉(2010)에는 북한과 북한 사람들이 고정적으로 등장한다. 〈블라인드스팟(Blindspot)〉(2016) 시즌 2에서는 북한이 미국 본토에 몰래 핵 공격을 시도하려 했으며, 〈30록(30Rock)〉(2010) 시즌 5에서는 알렉 볼드윈이 납치된 아내를 북한에서 구해낸다.

이런 추세는 소설에서도 나타났다. 데이비드 발다치의 《타깃(The Target)》(뉴욕: 맥밀란, 2014년)에서는 수용소를 탈출한 북한 암살자가 등장한다. 애덤 존슨의 《고아원 원장의 아들(The Orphan Master's Son)》(뉴욕: 랜덤하우스, 2014년)은 사실과 많이 다른 이야기지만, 이 책을 읽은 사람 몇몇은 내게 소설 내용이 진짜냐고 물었다. 나는 그냥 소설일 뿐이라고 대답했다.

7. Michelle Nichols, "North Korea Says Linking Cyber Attacks to Pyongyang Is 'Ridiculous'", Reuters, 19 May 2017, www.reuters.com/article/us-cyber-attack-north-korea/north-korea-says-linking-cyberattacks-to-pyongyang-is-ridiculous-idUSKCN18F1X3.

8. Theresa Locker, "You Can Now Install the Original North Korean Operating System RedStar 3.0", Motherboard, 7 January 2015, https://motherboard.vice.com/en_us/article/pgaxa9/you-can-now-install-the-north-korean-operating-system-redstar-30. Dan Goodin, ">10,000 Windows Computers May Be Infected by Advanced NSA Backdoor", Ars Technica, 21 April 2017, https://arstechnica.com/informationtechnology/2017/04/10000-windows-computers-may-be-infected-by-advanced-nsa-backdoor.

9. Mark Bowden, "The Worst Problem on Earth: Here's How to Deal with North Korea. It's Not Going to be Pretty", Atlantic (July/August 2017), p. 66–77.

10. 윌리엄 페리의 주장이다. 1994년부터 2001년까지 국무부 관리를 지낸 필립 W. 윤도 같은 주장을 했다. 본문은 2005년 2월 3일 페리와 윤이 스탠퍼드대학교 아시아태평양연구소에서 나눈 대화에서 인용했다.

11. Scott Sagan, "The Korean Missile Crisis", Foreign Affairs (November/December 2017).

12. 카터는 2017년 10월에도 그렇게 하려고 했지만, 트럼프와 김정은 둘 다 거절했다.

13. Robert A. Wampler (ed.), "North Korea's Collapse? The End is Near – Maybe", National Security Archive Electronic Briefing Book 205, 26 October 2006.

14. 〈로동신문〉2001년 4월 4일. 2001년 5월 11일 2001년 6월 20일.

15. Julian Borger, "Two Minutes to Midnight: How US Diplomatic Failure Sped Up North Korea's Nuclear Race", Guardian, 30 March 2018.

16. "Rumsfeld: North Korea May Have Nuclear Weapons Already", CNN, 17 October 2002, http://edition.cnn.com/2002/US/10/17/us.nkorea/.

17. 조선중앙통신 보도에 따르면 북한 외무성은 북한이 '날로 심해지는 미국의 핵 위협으로부터 주권과 생존권을 지키기 위해서는 핵무기뿐만 아니라 더 강력한 어떤 종류의 무기도 가질 권리가 있다'고 밝혔다. 조선중앙통신, 2002년 10월 25일. 자세한 내용은 "North Korean Nuclear 'Admission' in Doubt", BBC News, 18 November 2002, http://news.bbc.co.uk/2/hi/asia-pacific/2487437.stm 참조.

18. 나는 이 만남에 관해 2013년 10월에는 강석주와, 2017년 8월에는 제임스 켈리와 각각

대화를 나눴다. 켈리는 어쨌든 의회는 민감한 핵기술을 북한에 즉시 이전하는 방안을 결코 승인하지 않았을 것이라고 덧붙였지만, 둘 다 이전의 입장을 고수했다.

19. 미국이 계속 사용하고 있는 용어인 선제 타격은 상대의 공격을 미연에 방지하는 것이므로 국제법상으로도 어느 정도 근거 있는 말이다. 하지만 실제로 선제 타격은 북한의 핵무기 취득 과정을 중단시키기 위한 사전 타격일 뿐이므로 이는 국제법상의 근거가 없는 행동인 셈이다. 나는 현실적으로 적절한 단어를 사용하고자 했다.

20. William Langewiesche, "The Point of No Return", Atlantic (January/February 2006), p. 111.

21. 북한의 남천강무역회사로 가던 화물선이다. Georg Mascolo, "Nuclear Smuggling: A Smoking Gun", trans. by Margot Bettauer Dembo, Der Spiegel, 7 July 2003, www.spiegel.de/international/spiegel/nuclear-smuggling-a-smoking-gun-a-256226.html.

22. 제6차 시험은 (그리고 아마 제5차 시험도) 출력을 높이고 무기급 플루토늄을 만들어내기 위해 플루토늄과 고농축우라늄, 삼중수소를 섞어서 사용했을 것이다. 화성 미사일에 탑재할 신형 표준 무기의 대량 생산 체제를 갖췄다는 주장이다. Jeffrey Lewis, "North Korea's Nuke Program is Way More Sophisticated Than You Think", Foreign Policy (9 September 2016).

23. "North Korea", Nuclear Threat Initiative, updated July 2017, www.nti.org/learn/countries/north-korea/delivery-systems/.

24. Andrea M. Savada (ed.), North Korea: A Country Study (Washington, DC: Library of Congress, 1994), p. 259-60.

25. Norodom Sihanouk, Shadow Over Angkor: Memoirs of His Majesty King Norodom Sihanouk of Cambodia, vol. 1 (Phnom Penh: Monument Books, 2005), p. 152.

26. John Sweeney, North Korea Undercover (London: Bantam, 2014). Glyn Ford, "Close Shave for Sweeney Tosh", Tribune, 9 May 2014.

27. "Libya Nuclear Chronology", Nuclear Threat Initiative, last updated February 2011, www.nti.org/media/pdfs/libya_nuclear.pdf.

28. Julian Borger, "Two Minutes to Midnight: Did the US Miss Its Chance to Stop North Korea's Nuclear Programme?" Guardian, 30 March 2018, www.theguardian.com/news/2018/mar/30/north-korea-us-nuclear-diplomacy-agreed-framework-1999-pyongyang-mission.

29. John Bolton, Surrender Is Not an Option: Defending America at the United Nations (New York: Simon & Schuster, 2008), p. 103.

30. 미국은 3중 탄도미사일 요격 방어체계를 구축하고 있다. 미국과 일본이 공동으로 개발했으며 두 나라에 공동 배치된 이 방어체계는 단거리 미사일 방어용인 TMD가 하층부를 이룬다. 두 번째 층은 중장거리 미사일 요격용인 사드, 세 번째 층은 NMD로 구성되어 있다.

31. Constitution of Japan, November 3, 1946.

32. Lewis, "Patriot Missiles".

33. Chris Mooney, The Republican War on Science (New York: Basic Books, 2005).

34. Hans M. Kristensen & Robert S. Norris, "Chinese Nuclear Forces, 2011", Bulletin of the Atomic Scientists 67, no. 6 (2011), p. 81-7에서 인용.

35. Léonie Allard, Mathieu Duchâtel, & François Godement, Preempting Defeat: In Search of North Korea's Nuclear Doctrine (Berlin: European Council on Foreign Relations, 22 November 2017).

36. '햇볕정책'이라는 용어에 북한이 비판적 반응을 보이자 '대북화해협력정책'으로 대체됐다.

37. China Daily, "Kim Jong-il Wishes to Visit Seoul - Report", 4 July 2004, www.chinadaily.com.cn/english/doc/2004-07/04/content_345372.htm.

38. 김대중 정부의 '햇볕정책'의 내용과 성과는 통일부가 발간한 Promoting Peace and Cooperation (Seoul: Ministry of Unification, Republic of Korea, 2003) 및 웹사이트 www.unikorea.go.kr 참조.

39. Condoleeza Rice, No Higher Honor: A Memoir of My Years in Washington (New York: Crown, 2011), p. 2. Robert Gates, Duty: Memoirs of a Secretary at War (New York: Alfred A. Knopf, 2014), p. 416.

40. Sang-hun Choe, "Despair Overwhelmed Former South Korean Leader Embroiled in Scandal", New York Times, 23 May 2009, www.nytimes.com/2009/05/24/world/asia/24roh.html.

41. 2018년 2월 1일 마식령에서 남한 스키선수들이 훈련하는 모습을 본 적이 있다.

42. 베이징과 평양에서 개인에게 들었다.

제8장 외교: 화해와 고립 사이

1. 미국 시민 오토 웜비어의 석방 직후 북한 외무성은 스웨덴 대사관에 앞으로 스웨덴을 미국의 이익대표국으로 간주하지 않겠다고 통보했다.

2. 엄밀히 말해 조선민주주의인민공화국 유럽연합 주재 대사는 유럽연합 이사회의 만장일치 승인을 얻지 못해 유럽연합 본부에 파견될 수 없다. 유럽연합 회원국의 인구수에 따라 국가 간 투표 가중치를 두는 가중다수결제로 승인할 수 있는 일등서기관 이하만 파견이

가능하다.

3. David Cyranoski, "DNA Is Burning Issue as Japan and Korea Clash over Kidnaps", Nature 433 (3 February 2005).

4. Gavan McCormack, "Disputed Bones: Japan, North Korea and the Nature Controversy", Asia-Pacific Journal 3, No. 4 (27 April 2005), https://apjjf.org/-Gavan-McCormack/1949/article.html.

5. "Politics Versus Reality", editorial, Nature 434 (17 March 2005), www.nature.com/articles/434257a.

6. 일본의 공산주의 단체인 적군파 대원 12명이 일본항공 351편 여객기를 납치해 쿠바행을 기도한 사건이다. 사무라이 검과 파이프 폭탄으로 무장한 이들은 일본 유명 만화《내일의 죠(あしたのジョ-)》의 노동자 계층 권투선수인 야부키 죠의 이름으로 비행기를 납치했다. 비행기는 태평양을 건널 만큼의 사양을 갖추지 못해 납치범들은 결국 평양으로 향했다. 그중 한 명은 컬트 록 밴드 하다카노 라리즈의 베이스 주자이자 리버풀 FC의 광적인 팬 와카바야시 모리아키였다. 이 밴드의 다른 멤버 한 명은 늦잠을 자다 합류하지 못했다. 사상자는 없었다.

7. Jane Perlez & Yufan Huang, "China Says Its Trade with North Korea Has Increased", New York Times, 13 April 2017, www.nytimes.com/2017/04/13/world/asia/china-north-korea-trade-coal-nuclear.html.

8. 현실은 말과 달랐다. 당시 평양 주재 중국대사관 소속의 한 외교관은 북한과의 관계가 극도로 냉랭했다고 보고한 바 있다.

9. 미 국무부 관리와의 개인 대화에서 인용, 2017년 12월.

10. Ben Kesling & Alistair Gale, "Trump's North Korean Obstacle: Sanctions Are Unevenly Enforced" Wall Street Journal, 25 April 2017.

11. 조선중앙통신

12. EU - Democratic People's Republic of Korea (DPRK) Country Strategy Paper 2001-2004, n.d., European Union, http://eeas.europa.eu/archives/docs/korea_north/docs/01_04_en.pdf.

제9장 결론

1. 절차 문제는 논외로 해도 유엔 안전보장이사회는 2006년부터 2018년까지 11번의 제재 결의안을 통과시켰다. 2006년에 두 번, 2009년에 두 번, 2013년에 한 번, 2016년에 한 번, 2017년에 네 번, 2018년에 한 번이다.

2. Rex Tillerson, speech at the Atlantic Council's Korea Foundation Forum, 12 December 2017, Washington, DC.
3. Guardian, "US and South Korea to Announce Suspension of 'Large Scale' Military Drill", 17 June 2018, www.theguardian.com/world/2018/jun/17/us-south-korea-north-korea-large-scale-military-drills-trump.

토킹 투 노스 코리아

우리는 북한을 정말 제대로 이해하고 있는가

지은이 | 글린 포드
옮긴이 | 고현석
펴낸이 | 이동수

1판1쇄 펴낸날 | 2018년 11월 26일

책임편집 | 이형진
디자인 | 나무디자인 정계수

펴낸곳 | 생각의날개
주소 | 서울시 강북구 번동 한천로 109길 83, 102동 1102호
전화 | 070-8624-4760
팩스 | 02-987-4760
출판등록 2009년 4월3일 제25100-2009-13호
ISBN 979-11-85428-42-0 / 03340

「이 도서의 국립중앙도서관 출판예정도서목록(CIP)은
서지정보유통지원시스템 홈페이지(http://seoji.nl.go.kr)와 국가자료공동목록시스템
(http://www.nl.go.kr/kolisnet)에서 이용하실 수 있습니다.(CIP제어번호: CIP2018036038)」